Verweile doch, du bist so schön

Unsere dritte Anthologie

Verweile doch, du bist so schön

ist ein bunter literarischer Blumenstrauß und erscheint
erstmals in drei Sprachen und zwei Dialekten

Copyright © 2011 by Edition Freiberg · Dresden
(Urheberrechte verbleiben bei den Autorinnen und Autoren)
Printed in Germany · Oktober 2011

Umschlaggestaltung: Anna-Stefanie Kempe · Weimar und Freiberg
Illustrationen: Ilja Klug · Dresden
Computersatz und Layout: I Linh Nguyen · Radeberg
Robert Jahn · Dresden
Mithilfe bei der Texterfassung und den Korrekturen:
Laetizia Praiss · Hildesheim
Druck und Binden: „winterwork" · Borsdorf

ISBN: 978-3-943377-01-9

Dresden

Der Verleger   Dresden

Einen Teufel werde ich tun ...

... und schon gar nicht meine Seele verkaufen.
Diesmal also Goethe, diesmal also „Faust".

DER TRAGÖDIE ZWEITER TEIL

Faust: Das ist der Weisheit letzter Schluss:
    Nur der verdient sich Freiheit wie das Leben,
    Der täglich sie erobern muss!
    Und so verbringt, umrungen von Gefahr,
    Hier Kindheit, Mann und Greis sein tüchtig Jahr.
    Solch ein Gewimmel möcht ich sehn,
    Auf freiem Grund mit freiem Volke stehn!
    Zum Augenblicke dürft ich sagen:
    Verweile doch, du bist so schön!
    Es kann die Spur von meinen Erdentagen
    Nicht in Äonen untergehn. –
    Im Vorgefühl von solchem hohen Glück
    Genieß ich jetzt den höchsten Augenblick.

Diesmal sind es 46 Autorinnen und Autoren, Ilja Klug als Illustrator und Anna-Stefanie Kempe als Gestalterin des Buchumschlages, die versucht haben, aus ihrer sehr persönlichen Sicht all jene unsterblichen Augenblicke festzuhalten, die so wunderbar und schön sind, dass sie eine ganze Ewigkeit verweilen mögen.

Lesen Sie wohl, verehrte Leserinnen und Leser.

Barbara Adler   Chemnitz

Auch dieses

Federleicht schweben,
Lüfte erleben –
schwerelos sein!

Dem Atem anschmiegen,
rhythmisch sich wiegen –
windfühlig sein!

Welt ohne Türen,
Weite erspüren –
grenzenlos sein!

Gleichklang erfahren,
Nähe bewahren –
traumoffen sein!

Nicht kämpfen, nicht wehren
und Stille zerstören,
nichts denken, nichts tun,
nur in sich ruh'n,
lauschen und schauen,
dem So vertrauen.
Leicht, gläubig, klein –
nur da sein, nur sein!

04/92

Die Glocke

Bergan, bergan!
Dem Treiben entfliehen!
Ich trotze den Müh'n.
Voran, voran!

Versunken sind
die Häuser am Hang.
Begleiter schon lang
ist nur der Wind.

Weit reicht die Sicht
auf Berge und Wald.
Ein Blick wie gemalt.
Ich acht' es nicht.

Was mich erfüllt:
das Himmelsgezelt
fernab unserer Welt,
das mich umhüllt,

das tiefe Blau
als Glocke, darin
ich Wanderer bin.
Himmlisches Blau!

01/01

Raureif

Herbstblüher träumen
in kindlichem Weiß;
klitzeklein funkelt
Zierrat aus Eis.

Sonne lockt Farben
aus tristfahlem Kraut,
streichelt mir Wohlsein
unter die Haut.

Schattenspiel wandert ... ,
entzaubert den Blick.
Aber ein Lächeln
bleibt mir zurück.

02/93

Veilchen

Am Gartenrand
wie hingehaucht
ein samtner Flaum,
verborgen fast;
wer Eile hat
gewahrt ihn kaum.

Beug dich hinab
der Mutter zu,
lausch dem Terzett,
dem Farbenklang
Braun, sattes Grün
und Violett!

Verwunschen tönt,
erdhaft und warm
von Teiches Saum
der Unke Ruf
und untermalt
den Veilchentraum.

04/93

Myrtenaster

Verblasstes Lila in Fülle –
Treibgut aus Großmütterzeit –
geknüpft aus zahllosen Sternchen:
Dasein voll Blühfreudigkeit.

Mein Auge sieht nur das Ganze:
williges Wogen im Wind,
weil alle zarten Konturen
vom Farbgewölb eingehüllt sind.

Spielt Sonne über dem Wasser,
leuchtet das Spiegelbild auf.
Ein Lächeln liegt über allem. –
Tag, halte inne im Lauf!

10/02

Lyrik

Empfundenes
oft überdacht,
gewählt, geprüft,
zu Wort gebracht,

beseelt durch Klang,
der Rhythmus bringt –
so, dass hauchzart
Musik mitschwingt.

01/04

Matthias Albrecht Leipzig

Lisa

Der Sommer neigte sich dem Ende zu, die Bäume am See schmückte erstes Herbstlaub: goldene und orangerote Schimmer auf dunkelgrünem Grund. Abends tanzten Mückenschwärme in Ufernähe. Ging man hindurch, teilten sich die Wolken, um gleich darauf wieder zum Ganzen zu verschmelzen und fortzufahren in diesem beständigen Auf und Ab, dessen tieferer Sinn sich dem Betrachter nicht zu offenbaren vermochte.
Ich hatte im Alter von fünfzehn Jahren keinen Blick für derartige Naturschauspiele. Mein Interesse galt ausschließlich einer Beschäftigung mit materiellem, nahrhaftem Hintergrund, sofern eine ordentliche Portion Glück mit von der Partie war: dem Angelsport. Ich nutzte die wenigen Wochenenden im Jahr, die ich bei Onkel Karl verbringen durfte, ausschließlich dafür. Er hatte mich den Umgang mit der Rute gelehrt, und er war es auch, der mir rechtzeitig vor meinem Besuch die Drei-Tages-Lizenz verschaffte, damit ich meinem Hobby frönen konnte, ohne auf seine Begleitung angewiesen zu sein. Ich trug mich mit dem Gedanken, später einmal den Fischereischein zu erwerben; noch blieb dieser mir aus schulischen und finanziellen Gründen versagt.
Der See war groß, tief und beinahe oval. Das gegenüberliegende Ufer konnte man selbst bei klarer Sicht nur als grauen Streifen wahrnehmen. Es gab eine winzige Insel, spärlich mit niederem Bewuchs bedeckt und ein paar hundert Meter von der größeren der beiden östlichen Landzungen gelegen. Die kalten Fluten und die steinigen Uferstreifen des Gewässers lockten selbst im Hochsommer selten Badewillige an.

Die Sonne schien an diesem Spätsommertag warm vom wolkenlosen Himmel. Der See lag spiegelglatt vor mir. Kein Lufthauch regte sich. Auf dem Weg zum Liegeplatz des Bootes musste ich an Grundstücken mit vorgelagerten Gärten vorüber. Durch eine mannshohe Ligusterhecke drangen Gesprächsfetzen an mein Ohr. Den Stimmen und dem Wortlaut nach zu urteilen, unterhielten sich ein paar ältere Einheimische über neu entdeckte Fanggründe, und obgleich mich ein schlechtes Gewissen beschlich, verhielt ich meinen Schritt und sperrte die Ohren auf, während ich mich – in Sorge, beim Lauschen ertappt zu werden – verstohlen nach allen Seiten umsah. Eine Frau öffnete zu meiner Linken das Fenster im Erdgeschoss ihres Häuschens und schaute heraus. Ich war geistesgegenwärtig genug, mich zu bücken und so zu tun, als müsse ich meinen lockeren Schnürsenkel festziehen. Dann ging ich weiter, ohne mich noch einmal umzuschauen.

Ich hatte nicht viel gehört und doch genug, um einen Entschluss zu fassen, der mich in Teufels Küche bringen konnte, sofern Onkel Kurt davon erfahren sollte: Ich wollte zu der mir verbotenen Insel rudern, deren Schilfbewuchs an der westlichen Uferseite den Fang meines Lebens versprach. Den Verlautbarungen nach sollte es keine bessere Stelle für Hechte geben als eben dort. Das gäbe ein Hallo, wenn ich am späten Nachmittag mit einem kapitalen Burschen heimkommen würde! Ich musste ja nicht erzählen, wo er mir an den Haken gegangen war. Schilf gab es um den ganzen See herum und Hechte wohl auch, nur war mir das Glück bislang nicht hold gewesen. Was sollte schon passieren? Gegen die südwestliche Strömung würde ich auf dem Rückweg schon ankämpfen. Vor ein paar Jahren noch, da war Onkel Kurts Sorge möglicherweise berechtigt gewesen, doch inzwischen hatte ich einiges an Körperkraft zugelegt und war zudem kein Kind mehr.

Ich ruderte vorsichtshalber nicht in direkter Linie auf die Insel zu, sondern hielt mich am östlichen Ufer und nutzte die Deckung des Schilfsaumes, bis ich glaubte, weit genug draußen zu sein und vom Bootsliegeplatz aus nicht mehr mit bloßem Auge erkannt werden zu können. Dann gab ich Vollgas. Ich legte mich in die Riemen, dass das Boot ruckartig durchs Wasser schoss. Die angeblich so unheilvolle Strömung kam mir zu Hilfe und schob mich regelrecht zur Insel hin. Dennoch war ich mit meinen Kräften am Ende, als ich den anvisierten Schilfgürtel erreichte.

„Nimm dich vor den großen Steinen in Acht! Die haben scharfe Kanten."

Vor Schreck glitt mir der Riemen aus der linken Hand. Das Boot legte sich gefährlich weit nach Backbord. Beinahe wäre ich gekentert. Erst jetzt bemerkte ich, dass ich nicht allein war. Das Mädchen, das da inmitten der Insel auf einer Decke saß und mir zugerufen hatte, lachte. „Du siehst aus, als hättest du ein Ungeheuer erblickt. Ist mein Anblick wirklich so grauenhaft?"

„Im Gegenteil", rutschte es mir wahrheitsgemäß heraus, und wenn ich, wie ich wohl zu Recht vermuten konnte, infolge der Plackerei nicht bereits einen roten Kopf gehabt hätte – er wäre spätestens in diesem Augenblick fällig gewesen. Ich glaubte im Unterbewusstsein davon ausgehen zu können, dass das Mädchen allein war, und diese Vermutung gab mir einen guten Teil meines Selbstvertrauens zurück. Wenig später war das Boot vertäut und ich stand vor ihr.

„Hallo, ich – eh – hätte nicht vermutet, hier jemanden anzutreffen."

„Ich heiße Lisa." Sie reichte mir die Hand.

„Und ich Tom", sagte ich und fühlte, wie meine Gesichtsfarbe ob der Unterlassungssünde, mich nicht zuerst vorgestellt zu haben, eine noch tiefere Nuance annahm. „Oder Tommy, ganz wie du willst." Ich hielt sie unwillkürlich länger fest, als es das Begrüßungsritual üblicherweise erforderte. Ein paar Sekunden lang ließ sie es lächelnd geschehen, entzog mir dann ihre Hand, blickte an mir herab und sagte: „Du zitterst ja. Ist dir kalt?"

„Ja, eh – nein, ich bin – bin zu schnell gerudert! Bin noch ganz außer Puste."

„Dann setz dich und ruh dich aus."

Das ließ ich mir nicht zweimal sagen, nahm auf der Stelle auf ihrer Decke, die sie mir bereitwillig überließ, Platz und sah mich um. Auf den Ufersteinen hinter uns lag ein quittegelbes, einsitziges Paddelboot.

„Bist du allein hier?"

Sie nickte. „Wie du siehst." Es klang nicht schnippisch. Eher wie eine beiläufige Bemerkung.
„Und du? Kommst wohl zum Angeln her?"
Ich folgte ihrem Blick, der mein Boot mit der darin liegenden Angelausrüstung musterte. „Na ja, hab gehört, hier soll 's Hechte geben. Einer größer als der andere. Ich hab mal einen gefangen. Drüben am gegenüber liegenden Ufer in der Nähe der Anlegestelle. Du weißt schon, dort, wo ..." Ich unterbrach mich, denn sie schien an diesem Thema nicht interessiert zu sein und wühlte stattdessen in ihrer abgewetzten Handtasche aus Jeansstoff. Typisch Frau.
„Willst du eine?" Sie hielt mir eine fast leere Zigarettenschachtel hin.
„Gern." Während ich zugriff, blickte ich ihr ins Gesicht. „Du kommst wohl nur her, um ungestört eine paffen zu können, was?"
Sie biss sich auf die Unterlippe und atmete tief aus. „Du wirst es doch keinem verraten?"
„Natürlich nicht. Wie alt bist du?"
„Ich werd' im November sechzehn."
„Und ich im Oktober. Mann, da sind wir ja gerade mal 'n Monat auseinander ..."
Sie brannte sich ihre Zigarette an und gab mir dann ebenfalls Feuer. „Wenn mich meine Eltern erwischen, dann Gute Nacht."
„Sie sind wohl sehr streng, was?"
Sie seufzte. „Und ob. In letzter Zeit kann ich ihnen kaum noch was recht machen."
„Meine sind da ganz anders", log ich. Das Gespräch stockte. Ich musterte meine Bekanntschaft verstohlen von der Seite. Bisher hatte ich mir aus Mädchen nicht viel gemacht. Das schien sich gerade zu ändern. Ich registrierte es verwundert und belustigt zugleich.
Sie gefiel mir. Langes, kastanienbraunes, weiches, zu einem Pferdeschwanz gebundenes Haar. Ein paar Stirnhärchen berührten ihre schmalen Brauen, unter denen selbstbewusste und doch schwermütig blickende Augen glänzten. Sie trug hautenge, blassblaue Jeans und eine weiße Bluse, durch die sich zwei kleine, feste Brüste abzeichneten. Ihrer zierlichen, schlanken Gestalt standen sie je-

denfalls weitaus besser als die eindeutig zu groß geratenen mancher meiner Mitschülerinnen.

„Findest du sie okay?", fragte sie unvermittelt.

Ich fühlte mich ertappt und wendete, während mir das Blut in den Kopf schoss, den Blick ab. „Ja, also, ich – ich finde, sie sind, na ja, sie sehen ..."

„Sie sehn manches nicht so eng, was?"

Mein Gesichtsausdruck schien, ihrem Blick nach zu urteilen, nicht der intelligenteste gewesen zu sein in diesem Moment. „Nicht so – eng?"

„Deine Eltern!"

„Oh – die." Ich atmete befreit auf. „Ja, weißt du ..."

„Du bist komisch", lachte sie und stieß mich mit der Schulter an. „Aber irgendwie süß."

„Süß?"

Sie schaute mir mit zur Seite geneigtem Kopf tief in die Augen. „Ja." Ich dachte in diesem Augenblick nicht darüber nach, ob es für einen fünfzehnjährigen Jungen ein Kompliment bedeutete, wenn ihn ein fast gleichaltriges Mädchen als süß empfand; ich schwebte auf Wolke Sieben. Längst war die Zigarette aufgeraucht. Statt des Qualms sog ich den dezenten, fruchtigen Duft ihres Parfums in meine Lungen und überlegte fieberhaft, wie ich ihr näher kommen könnte als ich es ohnehin schon war. Ich verfluchte insgeheim die kleine Insel, auf der es nicht mal eine Bank gab, von der aus es mir ein Leichtes geworden wäre, Lisa wie zufällig an der Schulter zu berühren, wenn ich meinen Arm hinter ihrem Rücken auf der Lehne ausruhen ließ. Dann – ich kann nicht sagen, wie es geschehen war – berührten sich unsere Wangen und Sekunden später unsere Lippen, doch noch bevor ich mit der Linken ihre Hüfte umfassen und meinem Verlangen stärker Ausdruck verleihen konnte, wendete sie sich ab, schaute zur Uhr und sprang auf.

„So 'n Mist, tut mir Leid, ich muss los. Wenn ich zu spät komm, gibt 's wieder Zoff!"

Taumelnd kam ich auf die Beine. Bevor ich einen klaren Gedanken fassen konnte, hatte sie ihre Decke verstaut und saß im Boot.

„Schiebst du mich an?"

Ich balancierte auf den Steinen zu ihr, fasste den Bug und hätte beinahe das kleine, knallrot glänzende Plastikherz abgerissen, das an einer kurzen Kette dort befestigt war.

„Sieh dich bloß vor", rief Lisa erschrocken. „Das ist mein Talisman."

„Das Loch war aber schon drin", sagte ich. „Da kann ich nichts ..."

„Das ist schon lange so." Jetzt lachte sie wieder. „Da hat mal ein Schmuckstein gesessen. Jetzt stoß mich ab."

„Seh' ich dich wieder?", fragte ich und gab dem Boot einen Schubs. Sie paddelte rückwärts, lächelte, drehte das Boot. „Morgen gegen Zwei?"

„Ich werde hier sein!"

Dann sah ich ihr nach, bis ich sie hinter der Landzunge aus den Augen verlor.

Nach dem Frühstück am nächsten Morgen eröffnete mir Onkel Karl, dass er heute das Boot für sich benötigte. Natürlich könnte ich mitkommen und auch rudern, wenn ich wollte. Er jedenfalls müsse unbedingt eine neue, lohnenswerte Stelle ausprobieren, von der er erst gestern Abend erfahren habe. Ich fiel aus meiner Wolke Sieben und aus allen anderen dazu. Was sollte ich jetzt tun? Ich durfte mich nicht verraten, und selbst wenn ich es getan und Onkel Karl Verständnis gezeigt hätte, wäre es mir nie und nimmer gestattet worden, nochmals allein zur Insel zu rudern. Meine Stimmung hob sich auch nicht, als ich erfuhr, dass es eben um die kleine Insel ging, die Onkel Karl ansteuern wollte. Im Gegenteil. Was sollte Lisa denken, wenn ich in Begleitung eines Erwachsenen angedampft kam? Ich hätte mich in Grund und Boden geschämt. Doch zu Hause zu bleiben, ging nun gleich gar nicht. Ich tröstete mich mit dem Gedanken, ihr möglicherweise eine Nachricht zukommen lassen zu können.

Kurz nach Zwölf erreichten wir den Schilfgürtel der Insel. Noch zwei Stunden, bis Lisa kommen wollte. Ich war nicht bei der Sache und verpasste ein paarmal den richtigen Moment, anzuhauen, als die Pose unter Wasser gezogen wurde. Onkel Karl fing auch nichts. Er schimpfte leise vor sich hin.

Dreiviertel Zwei! Von der Stelle aus, an der wir lagen, war es mir unmöglich, die Insel zu überblicken. Ich konnte nicht mehr stillsitzen und sagte Onkel Karl, dass mir langweilig sei und ich gern die Insel erkunden wolle. Er könne mich ja wieder abholen, wenn es an der Zeit sei. Er erklärte sich einverstanden, obwohl er sich, wie er kopfschüttelnd meinte, nicht vorstellen konnte, was es auf dem winzigen Eiland zu erkunden gab.

Als mich Onkel Karl abgesetzt hatte und wieder hinter dem Schilf verschwunden war, zog ich das kleine Marmeladenglas hervor, in welchem eine Nachricht für Lisa lag für den Fall, dass ich gezwungen gewesen wäre, es auf dem Rückweg unbemerkt von Onkel Karl, doch vor ihren Augen, ins Wasser zu werfen. Möglicherweise musste ich es hier zurücklassen, falls sich mein Schatz verspätete oder Onkel Karl früher nach Hause wollte.

Mein Schatz! In Gedanken nannte ich sie bereits so. Ob ich wohl ein Recht dazu hatte?

Die Zeit verrann. Es war bereits kurz vor halb Drei. Ich stand auf dem flachen Hügel, auf welchem wir gestern gesessen hatten und hypnotisierte die Spitze der Landzunge. Dann fiel mein Blick auf die Stelle, an der ihr Boot gelegen hatte. Ich stand da mit offenem Mund, zu keiner Bewegung fähig. Das längliche Ding, das da kieloben halb im Wasser und halb auf den Steinen lag, war eindeutig einmal ein Paddelboot gewesen. Ein gelbes, einsitziges Paddelboot. Die Farbe war verblasst, die Plaste der Außenhaut rau und rissig, ein großes Leck klaffte im Rumpf, Algen hatten sich angelagert. Aber es war einmal gelb gewesen. Zweifellos. Warum war es mir gestern nicht aufgefallen? Es lag doch direkt neben dem großen, flachen Stein, von dem aus ich Lisas Boot ins Wasser geschoben hatte.

Ich wusste, dass es unmöglich sein konnte, aber instinktiv suchte ich am Bug nach dem kleinen roten Herzen. Tatsächlich gab es eine dünne Kette. Sie war zerrissen. Nur noch wenige, völlig verrostete Glieder, die mit der Öse des Bugs verbunden waren. Ich wühlte zwischen den Steinen im Schlamm. Hinter mir hörte ich Onkel

Karls Stimme: „Wir fahren zurück, Tom. Kommst du? Heut beißt nichts. Wer weiß, was die Leute da gehört haben woll'n ..."
„Hier ist ein Paddelboot!", rief ich ihm zu. Meine Stimme überschlug sich. „Ein gelbes Paddelboot! Aber – aber – es ist alt und – und kaputt ..."
„Das lag bereits dort, als ich vor knapp zwanzig Jahren zum ersten Mal auf die Insel kam. Was da alles illegal entsorgt wird, ist schon eine Schande. Kommst du jetzt?"
Als ich im Boot saß, schmerzte mein linker Arm. Millionen kleiner, feiner Nadeln hämmerten auf ihn ein. Meine Fingerkuppen brannten. Ich fühlte eine große Leere in mir. Onkel Karl meinte, meine Niedergeschlagenheit mit dem missglückten Angelausflug begründen zu müssen. Ich ließ ihn in dem Glauben.

Ich habe Lisa nie wiedergesehen, sooft ich auch bei Onkel Karl zu Gast war und der Insel mit dem Bootswrack einen Besuch abstattete. Meine im Marmeladenglas hinterlassene Nachricht blieb unberührt und unbeantwortet.

Unsere Begegnung liegt nun bereits siebzehn Jahre zurück. Das kleine, rotbraune, rissige Plastikherz mit dem Loch in der Mitte, in welchem ehemals ein Schmuckstein geleuchtet hatte, bewahre ich seitdem in meiner Nachtschrankschublade auf. Ich pflegte es noch lange Zeit allabendlich kurz vor dem Schlafengehen hervorzuholen und in meiner Hand zu halten, als könnte ich mit diesem Ritual meine Träume beeinflussen und durch die Zeit reisen bis hin zu jenem Tag im September des Jahres ...

Welchen Jahres auch immer.

Thekla Batereau Schkopau

Fotoshooting

Schon mal gehört, schon mal probiert?

Was macht die Frau, der Mann nicht alles, um die ewige Schönheit und Jugend zu erhalten und zu pflegen.
Ob Liften, Zähne weißen, Fett absaugen, Brüste vergrößern oder verkleinern und vieles andere mehr im Schönheitswahn, warum auch nicht, verehrte Leser.
Und warum nicht mal in Pose setzen, wie ein echtes Model die Szenerie erleben mit einem umwerfenden Styling, sich von der allerbesten Seite zeigen mit einem Foto für die Ewigkeit!
Wenn Sie das Wort übersetzen wollen, finden Sie im Internet den „Shootingstar" als den Aufsteiger mit Blitzkarriere!
Wer möchte nicht einmal im Mittelpunkt stehen und das Glücksgefühl genießen, begehrenswert zu sein, die Aufmerksamkeit zu erregen, interessant zu werden und dem Alltag zu entfliehen ...
Modeln scheint in der Tat anstrengend zu sein, dennoch wird sich der Beteiligte dem Model-Feeling oder auch Stargefühl kaum entziehen können, wenn die Prozedur professionell von Stylisten oder Visagisten durchgeführt wird.

Maik und Fredi sind ein solches Paar, von Kopf bis Fuß in ein schwarzes schickes Outfit gehüllt. Die Kleidung ist nur durch einen schwarzen Gürtel mit Silberschnalle unterbrochen. Sozusagen geil für jegliche Frauenwelt!
Die Körper durchtrainiert und muskulös mit schlanker Taille, die Gesichter markant, dennoch mit weichen, überaus angenehmen Zügen ausgestattet. Die schwarzen lockigen Haare modern kurz geschnitten und mit Haargel gestylt, eine Art der „Chippendales-Männer-Auftritte".

Wow! Was für Männer, olala! Die auf einem Laufsteg, sie hatten Klasse und waren sexy obendrein und ließen alle Frauenherzen höher schlagen.
Im Hintergrund läuft ohrenbetäubende Discomusik in Endlosschleife ab. Niemanden stört es, der Friseurladen ist auf Fotoshooting mit angemeldeten jungen Schönen aus Stadt und Land eingerichtet und das für mehrere Stunden!
Dem einzigartigen Bild für die Ewigkeit geht voraus das Frisieren mit Föhnen und Einsprayen und das perfekte Make-up sowie einem Foto „vorher" und dem Stunden später folgenden „nachher"!

Aufregung und Einzigartigkeit der Atmosphäre lassen allerdings das Angebot und Reichen von Häppchen mit zartem Schinken und Trinken von Schokolade oder Kaffee kaum die Mägen öffnen! Man wartet auf das, was mit der Einzelnen passiert, die Entfremdung des eigenen Gesichtes hin zur fotogenen oder telegenen Diva, vielleicht für Film und Fernsehen?

Nun ja, Maik und Fredi verstanden ihr Handwerk und gingen sehr rationell vor, was dem Verlauf durchaus Lächerliches bescherte. Zunächst im Gänsemarsch laufend und hintereinander gesetzt harrten die jungen Damen der Dinge, die nicht lange auf sich warten ließen ... Sozusagen am Laufband und im Laufschritt rasierte Fredi mit einem leichten Handrasierer die Gesichter, wie Hühner auf der Stange wartend mit den Köpfen nach hinten gebeugt, glatt, Maik indessen legte wieder vorn beginnend, nacheinander den bald ganz Schönen mit seinen gebräunten, geschmeidigen und warmen Fingern die Grundierung des Gesichtes an, es folgte über Fredi das Pudern, auch er mit zarten Händen den Pinsel führend.
Dann kümmerte sich Maik um Lidschatten und die Augen inklusive Wimpern „bitte nach oben schauen und nicht zwinkern, Augen bitte zu, Augen bitte auf", Fredi legte im Folgenden nacheinander den Hühnern Rouge auf und kramte dann in einem Riesenbeutel von Lippenstiften die richtige Farbe für den entsprechenden Typ heraus.

Kommandos: „Bitte Lippen leicht öffnen" wurden sofort befolgt bis hin zum Ankleben von Wimpern über Maik und wiederum der Bitte: „Augen zehn Minuten geschlossen halten" und dem erlösenden Satz: „Bitte Augen öffnen, nach oben schauen, es hält, bravo." Fertig!
Den Alltag hinter sich gelassen, konnte nun das Posieren der Schönsten im Land als Hauptakt vor der Kamera beginnen, nachdem das Lieblingsoutfit begutachtet worden war.
Erotisch frivol oder eher brav seriös? Reine Ansichtssache!
Die jungen Hühner wussten allerdings, was sie wollten!
Ob das Make-up dieser Wahnsinns-Wattzahl an Beleuchtung standhielt? Die Augen tränten, es begann zu laufen, ... der Fotograf Maik beruhigte: „Das macht nichts, es wird nichts zu sehen sein, ein wenig vorsichtig tupfen ...", wie beruhigend!
„Locker bleiben, nicht verkrampfen, Gesicht nach links, den Körper nach hinten beugen, weiter hinter, Rücken dabei gerade halten, aber Kinn nach oben, zur Decke schauen, Arm nach vorn ziehen, Hand unter das Kinn, nein ... zu viel, Zeigefinger und Ringfinger mehr strecken ..." eine Traktur ohnegleichen!
Dreißig, vierzig, ach, zig mal Klick waren es, und nur die acht allerschönsten Fotos werden auszuwählen sein. Das Fotoshooting endete nach mittlerweile drei Stunden mit dem Abschminken und der Rückkehr in den Alltag.
Ein Häppchen konnte man sich nach der Strapaze jetzt wohl gönnen, kein Make-up störte, die Anspannung und das einzigartige Stargefühl waren recht schnell der Ernüchterung gewichen. Die Endlosschleifen-Musik stand still.

Ich war auch dabei, das einzige ältere Huhn!!!

Hatte sich der Aufwand gelohnt? Das Ergebnis darf man auf meiner Webseite unter „News" bewundern! Bilden Sie sich nun über mein Porträt-Foto „danach" selbst ein Urteil. Ich hoffe doch, es ist sehr schön geworden! Und verweilt ewig!

Augenblicke des Erfolgs

Läuft das Geschäft, ist alles gut. Läuft es nicht so gut, beginnen die Qualen. Ganz allmählich, langsam und zunächst unauffällig für den Beobachter verändert sich der Gründer. Er hat zwar gelernt, dass er dem Markt unterworfen ist und jede Trendwendung sich auf sein Unternehmen auswirken kann. Er hat auch gelernt, dass er mit einer so genannten Krise cool umgehen und analysieren muss, um sich bewusst zu machen, dass er positiv zu denken trainiert hat. Und doch, die hämischen Bemerkungen der Neider: „Ich wusste doch gleich, dass der sich mit seiner Gründung übernimmt ...", die jeder Grundlage entbehren, bleiben in der Seele hängen. Auch mir blieb es nicht erspart, im beginnenden zweiten Gründungsjahr Niederlagen hinzunehmen und einzustecken.
Und dabei war es gar nicht der fehlende fachliche Biss, so glaubte ich zunächst im Negativen, der die Kunden wegtrieb, sondern es ging grundsätzlich um das „kein-Geld-ausgeben-müssen" oder um Ausfälle potentieller Auftraggeber durch Krankheit.
Der Kampf um die eigene Existenz ist ein völlig anderer, steht man auf den eigenen Füßen. Ich ertappte mich schon bei dem Gedanken, dass ich an mir zu zweifeln begann, nicht alles im Griff gehabt zu haben. Wurde ich von Bekannten gefragt: Na, wie geht's denn so?", antwortete ich lächelnd: „Wunderbar, es könnte nicht besser sein ..." – im Übrigen, dachte ich, was interessieren die da draußen deine Sorgen? Wer hat denn keine? Und wer will sie sich tatsächlich anhören? Interessiert den Kunden dein Problem? Er will in keinem Fall dein Problem kaufen! Und er hat Recht. Du beherrschst doch das Management in- und auswendig. Nun zeige es allen, was in dir steckt.
Also, Lächeln als reine Fassade auch für die, die mit dir in die Gründung gegangen sind. Es sind alles Konkurrenten geworden, und man greift sich nicht so ohne weiteres unter die Arme. Überall lauern potentielle Gefahren, also Kunden, die hinter der Fassade der großen Freundlichkeit „weggeschnappt" werden könnten!

Die Familie hat es in schweren Zeiten der engen Finanzen besonders schwer. Die Stimmung gereizt, aufgeheizt und vor allem geprägt von eigenen Selbstzweifeln und Vorwürfen. Wo geht das Ganze hin, wenn die Finanzen ausbleiben? Wo liegt der Fehler? In der Gründung, zum falschen Zeitpunkt oder überhaupt? Bedürfnisse fallen aus bzw. sind so eingeschränkt, dass nur das Nötigste für das normale Leben gekauft wird.

Mein Vorteil insgesamt bestand darin, dass ich als geschiedene Single lebe, keinen Partnerfrust erleben muss und ich keinen Kredit für das eigene Büro im Haus aufnehmen musste.

Selbstverständlich beginnt man sich zu sehnen nach geordneten und geregelten Verhältnissen, d. h. des stets gleichen Rhythmen zu folgen, an Vorgesetzte und Kollegen zu denken, mit denen es nicht einfach war zu arbeiten, zu denken an die Gehaltstüte und den längst verdienten Urlaub.

Aber im gleichen Atemzug, und das nenne ich schizophren, antworte ich auf die Frage: „Na, wie sieht's aus, Sie können sofort bei uns beginnen ..." – „Nein, danke, ich komme schon zurecht ..." Nie wieder in diese Abhängigkeit geraten, nie wieder dieser unvergleichlichen Fremdbestimmung ausgesetzt zu sein, lieber sein eigener Chef sein und bleiben!

Beiße die Zähne zusammen, da musst du durch! Sieh das alles positiv, es kommt auch wieder anders, heute war die Sitzung, der Anruf, dass dein Projekt bewilligt wird, kommt heute, ganz bestimmt ...! Aber es tut sich heute nichts, gar nichts, und der Blick auf das Konto wird immer düsterer und länger, du gehst mehrmals am Tag nachschauen und rechnest hoch!

Dein Partner, das Telefon, du hasst es aus vollem Herzen. Du fluchst und rennst aus dem Büro, weil du es drinnen nicht aushältst und du dir so gern eine Massage gönnen würdest wegen der starken Verspannungen im Nacken. Aber du kannst es dir nicht leisten, auch nicht zu shoppen, obwohl du gelernt hast, dass du dich belohnen sollst, wenn du Ärger und Frust aussitzt.

Und du beruhigst dich in Selbstgesprächen und gehst Fragen diskret aus dem Weg.

Kann man verstehen, wie es dem Gründer zumute sein muss, trotzdem zu lächeln? Lächeln zu können, noch oder zu müssen und dann nicht mehr authentisch zu sein!
Urlaub auf Balkonien, warum denn nicht, es gibt Sonderausstellungen, Eintritt frei, und das ist meine Belohnung endlich doch noch. Wenn der Anruf eingeht und ein zweiter, ein dritter folgt, Kunden kommen nach Krankheitsgeschehen doch zurück, macht sich ein warmes Dankbarkeitsgefühl breit, „geht doch!", was bist du mal wieder für ein Hasenfuß gewesen, du schaffst das, weil du es so willst, und nächstes Jahr ist bestimmt ein kleiner Urlaub möglich, wenn das Projekt greift. Die Hoffnung stirbt zuletzt, und deiner Familie musst du auch etwas gönnen, die leidet schwer unter dir, und doch sind wir miteinander verbandelt in guten wie halt auch schlechten Zeiten.
Sorry reihum, die Falten sind tiefer geworden, aber noch immer stehst du als einsamer Fels in der Brandung, ganz stabil auf dem Erdboden. Und in deiner Not wirst du kreativ, findest neue Ideen, mögliche Geschäftspartner, und das Geschäft geht weiter … Und ich erlebe positiven Stress ohne Haarausfall und Panikattacken. Ich beginne die nächste Geschichte zu schreiben, um mich zu entlasten, vielleicht wird sie ja von anderen gelesen, die auch so sind wie ich und die auch einfach mal in die Welt hinausbrüllen: „So eine Sch …!", und die auf die Trommeln schlagen und ihren ganzen Frust herausprügeln … die mich verstehen.
Es hilft und ist so sympathisch menschlich. Und ich bekomme ein dickes Dankeschön für wertvolle Hilfe, man wird mich weiterempfehlen, und das tut so gut und bügelt alle Falten und Qualen weg. Das Lächeln ist echt.
Günter, meinen inneren Schweinehund, habe ich überwunden, wieder einmal. Und ich bin stolz und schlafe die Nacht erschöpft, aber zufrieden durch.
Doch alles richtig gemacht. Und irgendwie auch ein bisschen verrückt.

Verweile doch … und halt mich fest.

Reflexionen zum Goethe-Zitat

Wer kennt ihn nicht, den Klassiker schlechthin der Weltliteratur. „Faust" zu lesen bedeutet, immer wieder Neues zu entdecken, vielleicht auch mit der eigenen Lebensweise zu vergleichen oder Schlüsse zu ziehen. Die Gretchen-Tragödie erzählt von den Konflikten der menschlichen Seele, die uns auch heute begleiten und uns nicht fremd sind.

Im Gegenteil, sie sind aktueller denn je.

Und ich greife den Begriff „Glück" für mich heraus. Glück bedeutet, objektiv gesehen, für mich die Lebenslage, in der sich ein Mensch befindet. Subjektiv gesehen wird Glück als Gemütszustand beschrieben, als ein Lustgefühl, das aus dem Zustand der vollkommenen inneren Zufriedenheit entspringt. Und Glückseligkeit wird beispielsweise von Kant interpretiert im Sinne, dass alles nach Wunsch und Willen in Erfüllung geht.
Wenn ich über meine Fähigkeit nachdenke, Menschen zuhören zu können und ihre Probleme klären zu helfen, kommt das meinem Glücksempfinden doch ziemlich nahe.
Und ich hänge dem Verweilen des glücklichen Augenblicks, einem Menschen geholfen zu haben, genauso nach, wie es jedem anderen so ginge, nicht nur an sich selbst zu denken, sondern für andere in Not befindliche Menschen da sein zu dürfen.
Ein warmes dankbares Gefühl überkommt mich dabei, verbunden mit gut durchbluteten Händen und einem kräftig schlagenden Puls, der einer inneren Zufriedenheit im Herzen Platz macht. Es ist meine kleine Sichtweise der Dinge ohne Anspruch auf Vollständigkeit.
Und es gibt sehr einfache simple Ereignisse, die die Menschen froh machen und auffordern, zu verweilen, weil sie so schön sind ...!

Ich hatte in einer Einrichtung zur Mittagsstunde ein Coaching zu veranstalten mit einer kleinen Gruppe von Mitarbeitern. Das fachliche Thema und die damit verbundene Diskussion sollte ausklingen mit einer leichten Entspannung. Dafür benötigte ich lediglich meine Stimme und einen CD-Player mit einer traumhaften Musik und die Bitte an die Gruppe, eine entspannte Haltung einzunehmen und sich auf mich einzulassen.

Ich dachte mir einen phantasievollen Spaziergang durch einen Sommergarten aus und begann zur leisen Musik einfühlsam und beruhigend zu sprechen. Der anfangs in solchen Veranstaltungen oft lächerlich wirkenden Gesellschaft – was soll das, das hat noch nie bei mir gewirkt – folgte hier zunehmend eine allmählich eintretende atemberaubende Stille bei geschlossenen Augen und tiefen Atemzügen aller Teilnehmer.

Auch ich hatte Mühe, mich von meiner aufkeimenden Müdigkeit zu befreien und den „Faden" nicht zu verlieren in meiner imaginären Lustwandlung. Denn ich fühlte den leichten Sommerwind, der sich verspielt in den Haaren fing, schnupperte die weiche milde Luft und hörte das Zwitschern der Vögel und das Rauschen der Bäume.

Eine kleine Zeitreise, für jeden individuell nachvollziehbar.

Zehn Minuten reichten aus, um diese Gruppe aus der Arbeitswelt zu entfernen und eintauchen zu lassen in das Reich der Träume und geheimen unbewussten Wünsche. Der Aufforderung, sich langsam zu recken und zu strecken und in die Realität zurückzukehren, kam man mit schwerem Herzen nach, aber dennoch sehr erfrischt.

„Bitte mehr davon", bat man mich und „es kann auch etwas länger dauern …".

Verweile doch, du bist so schön ... auch eine Art, über die Verschiedenartigkeit des Begriffes Glück nachzudenken, ohne sich dabei philosophisch zu ergießen.

Das kleine Zauberwort „Dankeschön" trägt ebenso dazu bei, anerkannt zu sein und belohnt zu werden. Wem tut das nicht gut! Und so häufig wird es heute nicht mehr gebraucht, da alles einer gewissen Selbstverständlichkeit und großen Flüchtigkeit unterliegt.

Als wenn es eine Schwäche wäre, zuzugeben, dass es schöne Augenblicke gibt, die dem entzückten Verweilen dienen, dem Auge, dem Herzen und sogar dem Verstand gut tun. Ein Innehalten, der Hektik bewusst zu entkommen und das sich Erfreuen daran, genau diese Momente wieder zu ersehnen und für sich zu genießen. Auch Fürsorge für sich zu betreiben.

Verweile doch ... das ist doch in der Tat schön!

Ruth Bierawski Ütteroda

Die Glücklich-Schwerelose

Wenn ich das rauschende Meer besinge,
in seine Tiefen lustvoll dringe,
als Möwe mich in die Lüfte schwinge,
dann bin ich die Glücklich-Schwerelose.

Ich fühle heiße Sonnenluft,
ich atme süßen Blütenduft,
ich höre, wie die Möwe ruft,
und spiegle rötend mich in der Rose.

Ich bin von allen Pflichten frei,
den Namen des Glücks ruf' ich herbei,
und schwebe lächelnd durch den Mai,
und meinen Mann ich zärtlich kose.

Doch kehr' ich zurück in mein eignes Land,
die Berge ich lächelnd als Heimat empfand,
dann strecke ich aus die segnende Hand
und bin eine Glücklich-Schwerelose.

So nah

Immer wieder das große Glück,
im quellenden Grün zu wohnen;
nah bei Pflanzen, nah bei Tieren,
ihren Herzschlag nah zu spüren,
sie zu lieben und zu schonen.
Leben, fließend, atmet Glück.

Und die Menschen, meine Lieben,
sind mir treu und nah geblieben,
nah, pulsierend, schlägt das Leben,
will uns seinen Reichtum geben.
Leises Singen, lautes Schrein,
rauschhaft nah dem Ursprung sein.

Weingetränkte Tage

Der Himmel ist noch leicht betrübt,
von fernher Regenwolke zieht,
und Sonne lächelt schwach hervor,
und stark der Vögel schöner Chor.

Und in den Himmel steigen,
die steilen Berge felsig grün,
wo schon seit langen Zeiten
die Winzer ihre Weine ziehn.

Und in der Tiefe fließt der Rhein,
gleichmütig durch die Zeiten.
Wie Herz und Auge froh sich weiten,
so schön kann unser Leben sein.

Zwar alles Leben ist begrenzt,
doch Phantasie auch hier erglänzt.
In diesen weingetränkten Tagen
ist Leben weit entfernt von Klagen.

Am Kamin

Verträumt schauen wir in den Rauch,
in das knisternd flackernde Feuer.
Ruhig schwenkt meine Hand den Kelch
des Glases Rotwein, alt und teuer.
Leise duftender, harziger Hauch.
Und ein Flüstern von dir zu mir,
als müssten wir ein Geheimnis bewahren,
dabei sind wir ein trauliches Wir,
gereift wie der Wein in langen Jahren.

In stetem Wandel

Die Landschaft bis zum Horizont,
so wellengleich gehoben,
ist frühlings-sommerlich besonnt,
erschrickt, wenn Wetter toben.

In stetem Wandel meinem Blick,
liebkosend ausgesetzt,
weiß sie nichts von dem stillen Glück,
in das sie mich versetzt.

Denn wenn mein Herz sich traurig wähnt,
sie tröstend wirkt und es erhellt.
Sie ist für mich die kleine Welt,
die sich zur großen dehnt.

Regina Cheema Dresden

Wie im Nebel

Ich bin blind und doch kann ich sehen.
Ich bin gelähmt und doch kann ich gehen.
Es ist wie im Nebel, nichts kann man sehen!
Wer weiß, wohin meine Schritte gehen?
Ich bin taub und doch kann ich hören.
Ich bin stumm und doch kann ich reden.
Ich kann nicht denken, doch hab ich Gedanken.
Ich hab kein Gefühl, und weiß doch was ich will.
Die Erde dreht sich und ich will mit.
Ich habe Angst vor dem ersten Schritt.

Ich werde alles verlieren, doch bleib' ich mir treu.
Ich seh' keine Linie, und kenn' doch meine Grenzen.
Es ist wie im Nebel, nichts kann man sehen!
Wer weiß, wohin meine Schritte gehen?
Ich kann nicht atmen und doch hol' ich Luft.
Ich kann nicht fliegen und doch schwebe ich.
Ich kann nicht weinen und doch habe ich Tränen.
Ich kann nicht singen und habe doch eine Melodie.
Leere Gedanken, Wahnsinnsträume, ein leiser Kuss.
Ich weiß, dass es ist, und dass es sein muss.

Zwischen den Gefühlen

Zwischen den Gefühlen –
zwischen weiß und schwarz –
seh' ich einen Regenbogen.
Er hat deine Augen, ungelogen.

Wieder mal

Wieder mal bin ich das schwarze Schaf.
Wieder mal trifft es mich im Schlaf.
Wieder mal bin ich an ALLEM schuld.
Wieder mal hab' ich keine Geduld.

Alleine sein

Bin froh, wenn mich keiner hört
und meine Gefühle zerstört.
Geheimnisse in meinem Herzen,
wie brennende Kerzen.

In mir

Sehnsuchtsvolle Gedanken,
Träume ohne Schranken.
Sehnsuchtsvolle Gefühle in mir
nach dir – nach dir in mir.

Vier vierzeilige Gedichtanfänge, die Lust
auf mehr machen sollen.

Andere meinen Namen nennen

Ich bin ein Grenzgänger in Gedanken,
bin ein Wort ohne Schranken.
Lerne mich selber nie kennen,
andere meinen Namen nennen.
Ich bin ein Vogel über den Wolken,
bin ein Lachen, dem andere folgen.
Weiß selber nicht, wer ich bin,
andere geben mir einen Sinn.
Ich bin ein Läufer in der Nacht,
bin eine Träne, die erwacht.
Suche mich immer wieder neu,
andere finden mich dabei.
Ich bin unsichtbar im Labyrinth,
verstecke mich, wo die Träume sind.
Kann mich selber nicht sehen,
andere sind es, die mich verstehen.
Ich bin ein Schwimmer im Sand,
bin ein Stern in der Hand.
Ich hab' meinen Weg nie verloren,
andere haben zu viel geschworen.
Ich bin ein Sucher im Lebenswind,
bin ein Taucher im Hier und Jetzt.
Ich kann mich ohne Spiegel sehen.
Ich weiß, wer ich bin!

Alles zu viel

Zu viel Gefühl, zu viel Liebe.
Keine Luft zum atmen,
kein Land in Sicht.
Du drückst mich an die Wand,
kann keinen Schritt gehen.
Nimm nicht meine Hand,
will im Regen stehen.
Zu viel wir, kein ICH und DU,
doch das gehört dazu.
Keine Minute ohne mich,
das BIN ich nicht.
Die Wand ist kalt,
doch ich tast' mich voran;
mach keinen Halt,
damit ich sehen kann.
Ich seh' dir ins Gesicht,
doch du siehst mich nicht.
Kein Wort mehr,
in mir ist alles leer.
Zu viel Gefühl, zu viel Liebe.
Keine Luft zum atmen,
kein Land in Sicht.

Die Antwort bist DU!

Woher kommen nur die Worte,
die ich laut sagen kann?
Woher kommen nur die Fragen,
die ich laut fragen kann?
Woher kommt nur der Traum,
gedankenverloren und geheim?
Woher kommt nur der Wind,
der mich zum atmen bringt?
Die Tage vergehen nicht,
auch wenn die Nacht vorüber ist.
Alles nur, weil ich dich vermiss.
Wieso stell ich mir Fragen,
die ich gar nicht brauch?
Wieso schmeck ich eine Zigarette,
obwohl ich gar nicht rauch?
Wieso hab ich das Gefühl,
das ich deine Nähe spür?
Wieso fühl ich Regen auf der Haut?
Die Minuten vergehen nicht,
auch wenn die Stunde vorüber ist.
Alles nur, weil ich dich vermiss.
Warum vergeht die Zeit nicht,
obwohl der Zeiger sich dreht?
Warum bin ich müde,
obwohl ich mich beweg?
Warum spür ich Wärme,
obwohl ich frier?
Warum seh ich Schatten,
obwohl Licht ich seh?
Zwölf Fragen, die ich fühl.
Und höre ich mir zu, dann weiß ich,
die Antwort bist DU!

Hannelore Crostewitz — Markranstädt

Die Annäherung

„Zart-gelbgrüne Spitzen bring ich hervor, zu einer Zeit, wo das keiner wagt. Und breche die Knospen mit einer Erwartungsspannung auf, die höchstens der betörende Duft dieser prächtig gedeihenden Blüten überbietet. Ich stehe frisch im Saft und bin die Jahreszeit, auf die jeder sehnsüchtig und irgendwie immer am allerlängsten wartet."

So sprach Bruder Frühling zur Sonne, die er anhimmelte, ohne, dass er auch nur irgendeinen Trieb versteckte und zu einer Zeit, da sie ihm wieder mal einen strahlenden Boten geschickt hatte.
„Du könntest meine Frau werden, und es würde immerzu und überall Frühling sein, sprießen und blühen und duften – das wäre doch zauberhaft schön, findest du nicht?"
Die Sonne lächelte, fühlte sich geschmeichelt und meinte:
„Nun, vielleicht, wenn dein Vater, das Jahr, uns seinen Segen dazu gibt", und zog ein Stückchen weiter.
Da begegnete ihr der Sommer; der auf ihrem PC die Favoritenliste anführt.
Wahrhaftig: Er zeigte sich voller Temperament, hatte das leuchtende Blau in seinen Augen, was ihr à la bonne heure gefiel, dass sie gleich mehrere strahlende Boten hinschickte, woraufhin er wiederum sich öffnete. So warm wurde ihm ums Herz, dass er zu ihr aufsah und sie beinah anbetete:
„Sonne, heirate mich; schau, welche Hitzewellen mich bei dir überkommen, zusammen würden wir abwechselnd Sommerwiesen erstellen, Land und Wasser erwärmen, uns selbst allerdings würden wir noch nackt und bloß genügen."
Wenn das der Sonne auch außerordentlich gefiel, so viel Direktheit trieb schließlich selbst ihr eine verschämte Röte ins Gesicht, an-

dererseits hatte sie auch das Frühlingsgesäusel noch im Kopf und sprach also:
„Ja, vielleicht, wenn dein Vater, das Jahr, uns seinen Segen dazu gibt, dann will ich es mir überlegen."
Und voller Überschwang hing sie sich an eine Windböe und ließ sich von ihr und dem Ort ein ganzes Stück wegtragen. Als sie wieder losließ, fiel sie fast dem Herbst in die Arme, weil der sie schon erwartet hatte.
„Hallöchen, liebe Sonne", sprach der pralle Frechdachs, und zauberte sich einen farbigen Anzug nach dem anderem aus dem Hut, dass die bei ihm noch immer Hochstehende nur so staunte.
„Du kannst gewiss sein, bei mir wird es dir nie langweilig. Es gibt Tage, da kann ich dich in ein richtiges Drachenland führen. Das Obst schüttele ich dir täglich zu Füßen und mit gesundem Rebensaft will ich dich füllen, dass es nur so eine Freude ist. Heirate mich, was glaubst du, wie ich die Korken knallen lasse, wenn wir zwei erst unser erstes Früchtchen haben!"
Lauthals lachte die Sonne über so viel Verwegenheit, bedachte aber, dass sie wohl am ehesten beim Sommer verweilt hätte und so plauderte sie jetzt aus:
„Du, ich komme gern mal wieder vorbei, auf ein, zwei Drinks ganz sicher; vielleicht auch auf ein paar stürmische Nächte – ob das freilich zu einer Heirat führt, weiß ich nicht. Aber es kann sein, wenn dein Vater, das Jahr, uns seinen Segen dazu gibt."
Und wer gleich drei Verehrer hat, trägt fast immer die Nase ein Stück höher. Diese Sonne also auch. Erhaben stieg sie auf und entfernte sich dann weiter und immer weiter, so dass ihre Energie in Bezug auf die Erde abnahm und es dauerte nicht lange und auf der Erde wurde es kälter. So, dass sich alles in Wolle einmummelte, denn der etwas raue Bruder Winter hatte Einzug gehalten und nach Tagen erneut sie, die Sonne, – mochte sie noch so weit weg sein – dann doch entdeckt.
„Liebe Sonne", ersuchte der gut Betuchte sie, „war es nicht schon jeher dein Wunsch, ganz in weiß zu heiraten? Wann immer du möchtest, ich kann dir das erfüllen. In Puderzucker will ich dir die

Welt packen, damit sie ganz still und leise ist, wenn du heimlich an ihr schleckst. Polarisierender kann es gar nicht sein. Mein Schnee und dein Glitzerzauber, das gefällt den Menschen, glaube mir."
Die Sonne hätte ihren Spruch im Schlaf aufsagen können. Zirpte es für den Ungewöhnlichen aber gern noch einmal.
„Genau weiß ich es nicht, aber vielleicht hast du recht. Wenn dein Vater, das Jahr, uns seinen Segen dazu gibt ..."

Dann kam der Tag, an dem der Familienrat tagte. Als alle vier Brüder dem Vater bedeuteten, sie wollten jeder für sich die Sonne heiraten, kam der Alte schon ins Grübeln. Durchaus. Nein, seinen Segen konnte er keinem dazu geben. Hatte er sich nicht gerade deshalb vier Söhne angeschafft, damit sie sich ergänzten? Damit es diesen natürlichen Kreislauf gab? Hatte er bei ihrer Bildung was verpasst? Der Vater, das Jahr, kratzte sich am Kopf.
Von Teamarbeit hatten die wohl noch nichts gehört. Das Jahr mit seinen vielen Erfahrungen aber wusste, dass weiterhin jedem seiner Söhne ein Stück Sonne zukommen musste ...
Sonst würde man auch ihm, dem Jahr, womöglich nur Schlechtes nachsagen.
Plötzlich hatte er die rettende Idee.
Dazu ließ er die Söhne kurz im Dunkeln und zog sich selber mit der Sonne zurück.
Das Strahlen stellte sich erst hinterher ein.
Was war geschehen? Dem Vater, dem Jahr, war die letzte Pisastudie wieder eingefallen; also hatte er sich – was er schon immer wollte – endlich seinen eigenen PC angeschafft, hatte kurz einen Crashkurs bei der Sonne genommen und nun seinen Söhnen das Wikipedia erklärt.
Die aber hingen, schneller, als er denken konnte, schon wieder mit der Sonne in der Mailpost. – Korrespondierten nun elektronisch.
War das zu fassen?

Na gut, sagte sich der Alte, solange es auf dieser Ebene blieb ...

Zum Mysterium der Schönheit

Während ich als Kind mit Schönheit nichts Sonderliches anzufangen wusste – zumal ich glaubte, auf der gegenteiligen Seite zu stehen – hat sich diesbezüglich in mir inzwischen etwas vollzogen. Eine gar seltsame Veränderung.

Begegne ich heute einem für mich ästhetisch schönen Menschen, vermag mein Blick von ihm kaum zu lassen; es dürstet dem Auge danach, als hinge seine – und damit meine – wahrhafte Existenz einzig davon ab, ja nur so viel wie möglich an Mut aus dieser Anmut zu schöpfen.
Nicht, dass ich kitschig veranlagt wäre.
Gleichwohl weiß ich, dass Schönheit manchmal eine leichtfüßige Laune der Natur ist, ihr also weder ein Verdienst noch ein Vergehen zukommt.
Und doch: Was geht schon über den Grübchenzauber eines nicht erwarteten und noch viel weniger zu fassenden Angelächeltwerdens? Oder über einen verrückten tangotanzenden Schalk in graugrünen Augen? Ach, gleich, und sei es bloß für den Bruchteil von Sekunden – die Sprache verschlägt es einem.
Ist das passiert, kann ein heftiges Zittern einen ergreifen und/oder man verliert das Gleichgewicht ...
Frau auch. Völlig egal.
Man träumt davon, und man träumt nur noch davon, und ist man erwacht, träumt man erneut davon und nichts, was jetzt wichtiger wäre, denn man kann nicht an gegen den eigenen Adrenalinspiegel, der inzwischen zweifellos in die Selbstständigkeit gegangen ist und nur nach: „Mehr, mehr, mehr ...," schreit.

Nun, in den Träumen mag das noch angehen. Aber was macht man mit der Wirklichkeit? Himmel, es bleibt einem nichts übrig, man macht sich auf. Geht entschlossen auf Suche. Wird dann das Ziel ersichtlich und man gerät an diese Schönheit in der Tat als Einzige oder Einziger näher heran als alle anderen, könnte es sein, dass sich der Adrenalinspiegel irgendwann einpendelt; denn dieses Höchstmaß an Einsatzeifer wäre ein Leben lang keinesfalls auszuhalten. Aber ein schönes Ziel wäre es doch, oder?

Das allerletzte meiner ureigenen Geheimnisse werde ich freilich hier nicht preisgeben, nur eines noch:

Mit den Jahren ist mir aufgefallen, das Alter, es scheint großzügig und umfassend zu sein wie ein Mantel. Einerseits. Andererseits ist das Alter fast wie ein guter Psychologe geartet, ist ganz und gar neutral und vermag quasi Männlein, Weiblein, Schönheit und so manches mehr weise in sich aufzunehmen ...

Reina Darsen
Dessau-Roßlau

Leben

Schallwellen
jenseits hörbaren Wahrnehmens
ertasten die Frucht im Mutterleib.
Ein Bildschrim macht sie
sichtbar.

Einen Fötus,
nicht größer als einen Daumen,
nimmt das Auge staunend wahr.
Ein dunkler Fleck das Herz, es
pocht.

Der Ort der Fruchtbarkeit
behütet das werdende Leben.
Es gedeiht und wächst, bis seine
Vollendung die schützende Hülle
sprengt.

Ein Schrei,
befreit und zornig gleichermaßen
verkündet dem Universum:
„Hier bin ich, Welt, umarme
mich!"

2011

Warten auf Worte

Wir reden zu wenig,
entfernen einander auf diese Weise.
Missverständnisse beleben die Phantasie,
bleiben ungeklärt.

Abneigung glimmt auf
aus schwelendem Unausgesprochenen,
wächst mit beharrlichem Schweigen,
schürt Zwist.

Beredte Mimik verletzt die Seele.
Quälende Gedanken sinnen nach Gründen,
ohne Antwort, ohne Erlösung.
Es schmerzt.

Es ist, als schließe sich eine Tür
ohne das freundliche, vertraute Adieu.
Was bleibt ist das geduldige
Warten auf Worte.

2011

Wilma Deißner   Gräfenhainichen

Frau Müller und Herr Meier

Frau Müller und Herr Meier kennen sich schon seit vielen Jahren. Wie man sich eben so in einem kleineren Ort kennt. Man trifft sich auf der Straße, in einem Geschäft oder beim Arzt. „Guten Morgen Frau Müller", „hallo Herr Meier, wie geht es Ihnen? Gesundheitlich alles in Ordnung? Wir haben uns ja lange nicht gesehen und doch wieder erkannt", antwortet Herr Meier. „Wahrscheinlich sehen wir uns jetzt öfter. Ich bin dem Heimatverein beigetreten, in dem auch sie Mitglied sind. Habe bisher nur Lobenswertes gehört. Mit meinem Engagement will ich mit dazu beitragen, dass es so bleibt oder noch größere Formen annimmt. In meinem Kopf habe ich viele gute Ideen. Auf alle Fälle freue ich mich auf die erste gemeinsame Sitzung."

Aller drei Wochen – immer an einem Freitag – trifft sich der Verein. Heut ist Herr Meier das erste Mal dabei. Anfangs hält er sich sehr zurück, doch so nach und nach wird er immer lebhafter. Er hat sich gut auf den Abend vorbereitet und unterbreitet seine Ideen. Die Mitglieder sind von Herrn Meier sehr angetan. Er ist kein Wichtigtuer, nein er hat, wie man so schön sagt, Nägel mit Köpfen gemacht. „Herzlichen Glückwunsch Herr Meier zu ihrem gelungenen Einstand, machen Sie weiter so! Solche aktiven Leute wie Sie gibt es heutzutage nur wenige."
„Danke Frau Müller für ihre aufmunternden Worte, vielleicht können wir uns auch mal außerhalb dieser großen Runde treffen, um bestimmte Themen im Vorfeld abzuklären. Wie ich weiß, laufen Sie gern, würde mich ihnen anschließen, dabei können wir diskutieren. Na, was sagen Sie zu meinem Vorschlag!" „Finde ich gut! Allerdings muss das Wetter passen, in strömendem Regen bleiben wir zu Hause, zur Not können wir telefonieren."

Frau Müller und Herr Meier treffen sich im Frühling zu ihrem ersten Lauf. Strahlend blauer Himmel, Sonnenschein, nicht zu warm, nicht zu kalt starten sie ihre erste gemeinsame Tour durch den Wald. Viele bunte Blumen säumen den Wegrand. Sogar einige Rehe wechseln von einer Waldseite auf die andere. Beide genießen die herrliche Natur und den Duft des Mischwaldes. Von dem Zauber der Umgebung gefesselt sind sie sehr schweigsam. So richtig zum Reden kommen sie heut nicht. Spielt auch keine Rolle, nächste Woche ist auch noch Zeit.

„Ich denke Frau Müller, dieser heutige Tag ist ein gutes Omen. Wollen wir uns nächste Woche Montag wieder treffen? Muss ja nicht in Stress ausarten." „Gerne Herr Meier, auch mir hat es heut sehr gut gefallen, gleiche Zeit, gleicher Treffpunkt."

Wochen und Monate gehen ins Land. Während dieser Zeit treffen sich Frau Müller und Herr Meier hin und wieder zu ihrem Lauf, diskutieren sehr viel und stellen fest, dass Ihre gemeinsame Arbeit Früchte getragen hat. Sie sind mit sich zufrieden, obwohl sie einige Hürden nehmen mussten. In großer Runde wurde oft kontrovers diskutiert. So wohlwollend, wie alles begann, folgten zeitweise harte Kämpfe, die sie auch gut gemeistert haben. „Ja, ja Herr Meier – ohne Kampf, kein Erfolg."

Frau Müller und Herr Meier sind sich während ihrer Treffen näher gekommen. Frau Müller spürt, dass Herr Meier sie nicht nur sehr schätzt, er empfindet mehr für sie. Aus den freundschaftlichen Gefühlen wächst etwas heran, dass sie noch nicht deuten kann. Auch sie mag Herrn Meier, er ist unkompliziert, geradeaus und nie launisch. Sein offenes Wesen, überhaupt seine ganze Art tun ihr gut und gefallen ihr. Sie spürt auch, dass aus ihrer anfänglichen Freundschaft mehr geworden ist, dennoch zögert sie, sich auf ihn einzulassen. Sie fühlt sich hin und her gerissen. In ihrem Innern weiß sie, es ist nur eine Frage der Zeit, bis sie auf das Werben von Herrn Meier eingehen wird.

An einem Spätsommerabend treffen sie sich wie so oft im Wald. Die Luft ist mild, die Gräser, Kräuter und Pilze verströmen immer noch ihren betörenden Duft. Das Heidekraut blüht früher als in den Jahren zuvor. Sie registrieren alles wie in einer Nebelwand. Irgendetwas ist heut anders. Liegt es an der lauen, schwülwarmen Luft oder sind es ihre Herzen, die so laut schlagen? Plötzlich verhält Herr Meier seinen Schritt, er geht auf Frau Müller zu und nimmt sie behutsam und doch fordernd in seine Arme. Frau Müller sträubt sich nicht mehr. Sie geben sich ihren lange unterdrückten Gefühlen hin und spüren beide ein großes Glücksgefühl.

2010

Emilys Hochzeit (Wedding in USA)

Freunde aus dem Staat NY haben mich eingeladen, um an einem ganz besonderen Anlass teil zu haben. Der besondere Anlass ist meine Emily, die ich mit etwa 16/17 Jahren bei mir zu Gast hatte. Sie will heiraten! Ich bin sehr erstaunt und überrascht. Emily war vor nicht allzu langer Zeit 17 Jahre alt.

Wer ist dieser junge Mann, der ihr Herz erobert hat? Wo kommt er her? Wie lange kennen sie sich schon? Ist „ER" der richtige Mann für ein gemeinsames Leben in guten und in schlechten Zeiten? Ich hoffe es! Viele Gedanken gehen mir durch den Kopf, dann fällt mir ein, dass im Jahr 2006, als ich zu Besuch in Bloomfeld weilte, meine Emily von einem jungen Mann sprach, der ihr Herz erobert hat. Ist es dieser junge Mann? Als sie mir von ihm erzählte, funkelten ihre Augen, tausend Sterne konnte ich in ihnen erkennen. Seitdem sind vier Jahre vergangen. Ist es ihre große Liebe von damals?

Eine gute Woche vor der Hochzeit bin ich bei den Brauteltern Paula und Sam zu Gast. Alle Familienmitglieder, die in der Nähe wohnen, kommen am Tag meiner Anreise, um mich zu begrüßen, auch Emily. Sie strahlt mich an und sagt: „Omi, das ist mein Evan, bei deinem letzten Besuch habe ich dir von ihm erzählt." „Willkommen zu unserer Hochzeit", begrüßt er mich. „Hattest du eine gute Reise? Wir freuen uns sehr, dass du den weiten Weg auf dich genommen hast. Ich komme aus Florida, da ist es das ganze Jahr über warm und nur einige hundert Meilen von hier entfernt!" In Emilys Augen sehe ich wie im Jahr 2006 diese vielen funkelnden Sterne. Die Sorgen, die ich mir um sie gemacht habe, verfliegen. Beide strahlen viel Liebe und Zärtlichkeit füreinander aus.

Die Vorbereitungen für die Hochzeit sind in vollem Gange. Gemeinsam gehen wir einkaufen, kochen und backen. Paula und ich gestalten den Tischschmuck. Es bereitet uns große Freude, den Ballsaal des Brautpaares zu schmücken. Die Perlen, die Emily und ich auf vier kleine Ringe gefädelt haben, werden für jeden Gast mit einem zart lila Bändchen zusammengehalten und als Geschenk vom Brautpaar auf die jeweiligen Plätze gelegt. Mit dieser kleinen Geste sollen die Gäste an die Hochzeit erinnert werden, denn diese Ringe können am Stiel eines Wein- oder Sektglases angebracht werden.

Heut ist der Tag der Trauung. Sie findet nicht in der Kirche, sondern in einem gepflegten Park des Belhurst Castle in Geneva statt, der an einem der legendären Fingerseen liegt.
Am Ufer spielen Kinder. Der strahlend blaue Himmel spiegelt sich im Wasser wider. Kleine Schlittschuhläufer, Schmetterlinge und Libellen geben sich ein Stelldichein. Hin und wieder schnappt ein Fisch nach Futter und Luft. Es hört sich glucksend an, wie flupp oder blubb? Verträumt schaue ich diesem Wunder der Natur zu. Kinderlachen, das ich von weitem höre, kommt immer näher, plötzlich zupft mich etwas am Ärmel. Eine zarte Kinderstimme sagt: „Hallo!" Ich drehe mich um und bemerke einen etwa 2jährigen Jungen mit seiner Mama. Er ruft mir zu: „Wo bin ich? Suche mich!" Zwischen Spielen und Erzählen lernen wir uns kennen.

Mein kleiner Spielkamerad ist der Sohn des Referenten, der um 16.00 Uhr das Brautpaar trauen wird.

Seit den frühen Vormittagsstunden ist die Braut mit ihren sechs Brautjungfern in ihrer Hochzeitssuite im Schlosshotel. Frisöse, Kosmetikerin und Fotografen sind unentwegt in Bewegung.
Diese Hektik löst auch bei mir ein innerliches, allerdings nicht unangenehmes Kribbeln in der Magengegend aus.
Die Ruhe, die meine Emily die ganze Zeit ausstrahlte, ist wie weggewischt. Sie ist sehr nervös. Ihre Nerven sind so angespannt, dass sie ihrer Mama, als wir nach ihr schauen, aufschluchzend in die Arme fällt. „Ma, Omi, ich wollte andere Sträuße für mich und die Brautjungfern. Die hier sind nicht die richtigen. Ich bin so unglücklich! Was mache ich nur?" Behutsam versuchen wir Emily zu beruhigen. Die Anspannung löst sich etwas, trotzdem ist sie immer noch sehr aufgewühlt. Im Stillen wünsche ich mir, dass die Zeit so schnell wie möglich vergeht, damit sie ihren Seelenfrieden wieder findet. Später schmücken wir die Stühle, die auf der Wiese im Park aufgestellt sind. So wie beim Tischschmuck ist hier die Farbe „Lila" angesagt.

Endlich ist es soweit. Die Gäste nehmen auf den Stühlen Platz. Bevor die Zeremonie beginnt, werden die Großmutter des Bräutigams und ich von den Brüdern des Brautpaares zu unserem Platz geleitet. Die sechs Brautjungfern, die einheitlich in lila gekleidet sind, folgen mit ihren Begleitern und stellen sich im Halbkreis neben dem Altar auf, wo auch Evan seine Emily erwartet. Der dunkle Anzug unterstreicht seine sportliche Figur.
Plötzlich geht ein Raunen durch die Reihen. Angeführt von den Blumenkindern schreitet die Braut am Arm ihres Vaters in Richtung Altar.
Ein langes, weißes Kleid mit einer Schleppe umspielt ihren Körper. Ihr Gesicht ist von einem Schleier umhüllt. Auch nicht eine Haarsträhne lugt hervor. Voller Rührung überreicht der Brautvater seine Tochter an den Bräutigam.

Der befreundete junge Pfarrer beginnt mit der Trauung. Die drei Tugenden Glaube, Liebe, Hoffnung sind in der Rede eingebunden. Mit zu Herzen gehenden Worten reichen sie sich die Hände. Beide schauen sich tief in die Augen und geloben ewige Treue. Was mich sehr berührt, ist das gegenseitige Waschen ihrer Füße, einer ist für den anderen da. Dieses Zelebrieren ist für mich völlig neu. Ich bin sehr ergriffen. Meine Augen werden feucht, die Tränen netzen mein Gesicht. Doch was ist das? Emily kniet vor Evan und hat Schwierigkeiten, ihm seinen Schuh an seinem noch feuchten rechten Fuß anzuziehen. Ich springe auf, und helfe ihr. Lächelnd schaut sie mich an und sagt: „Danke Omi!" Diese kleine Episode lockert nicht nur bei mir, sondern auch bei den übrigen Gästen die Ergriffenheit etwas auf.
Nach der Trauung, die mit Livemusik und Gesang feierlich umrahmt wurde, verweilen wir im Park am See, denn Fotografieren ist angesagt!

Pünktlich 18.00 Uhr begeben wir uns in den Ballsaal. Alles ist bestens vorbereitet. Die großen runden Tische, die mit Tischkärtchen versehen sind, laden uns ein, Platz zu nehmen. Der Zweiertisch von Braut und Bräutigam ist so angeordnet, dass sie mittig unter uns sitzen.
Wir freuen uns auf den Eröffnungstanz des Brautpaares, das Hochzeitsessen und auf ein Glas Wein. Zwischendurch allerdings gibt es Toaste auf das Brautpaar. Die Worte des Brautvaters gehen mir sehr zu Herzen. Auch ich möchte Beiden einige Worte mit auf den Weg geben. Da mein amerikanisches Englisch nicht perfekt ist, lese ich ihnen meine Wünsche vor, die da lauten:
„Meine liebe Emily, es ist für mich ein unsagbar schönes und erhabenes Gefühl, zu wissen, dass Du ohne deine ‚Großmutter aus Deutschland' nicht heiraten wolltest. Uns verbindet etwas, was Du und ich mit Worten kaum ausdrücken können. Seit Eurem Besuch bei uns in Deutschland im Jahr 2004 ist zwischen uns eine tiefe Verbundenheit entstanden, die von Jahr zu Jahr gewachsen ist. Ich bin stolz, Deine Großmutter aus Deutschland zu sein. Du hast mich

freudestrahlend bei Deinen Kommilitonen und Freunden vorgestellt. Ich habe es aus Deinem Mund sehr gern gehört und höre es heut noch gern. Wer hat schon eine Großmutter in Deutschland, ohne blutsverwandt zu sein?

Ich liebe Dich, meine wunderschöne Braut Emily, und danke Dir für Deine Liebe!

Mein liebes Brautpaar, ich wünsche euch von Herzen eine wunderschöne Hochzeitsfeier mit all euren Gästen. Der Segen Gottes, den ihr vor dem Traualtar empfangen habt, soll ein Leben lang euer Wegbegleiter sein. Mögen all eure großen und kleinen Wünsche in Erfüllung gehen. Sicher wird es in eurem gemeinsamen Leben auch Höhen und Tiefen geben. Vertraut auf Gott!

In Liebe, Eure Omi Wilma!"

Beide erheben sich von ihren Plätzen, sie sind emotional sehr aufgewühlt. Wir nehmen uns in die Arme und sind sehr glücklich. Evan, der mich erst hier zur Hochzeit kennen gelernt hat, nimmt mich erneut in seine Arme und sagt: „Omi, ich bin so stolz dein Enkel zu sein und das ich zu deiner Familie gehören darf. Ich hab dich lieb!" Auch bei den Gästen, es sind weit über 170 Personen, sind meine Worte tief in die Herzen gedrungen. Beim Resümieren stelle ich fest, dass die Hochzeit in Amerika sich kaum von einer Hochzeit in Deutschland unterscheidet. Nichts war übertrieben, grell und kreischend, wie es so oft in Spielfilmen und in den Medien gezeigt wird.

2010

Marguerite (Blume)

Es war einmal ...

So fangen fast alle Märchen an, doch Marguerite (Blume) ist gegenwärtig, sie ist lebendig, quirlig, wie ein Wirbelwind. Eben steht sie noch in der Küche, kaum drehe ich mich um, mäht sie schon wieder den Rasen. Sitzt sie in ihrem gemütlichen Sessel, hat sie das Strickzeug in Händen. So ganz nebenbei trifft sie Vorbereitungen für ihre Wellnessgruppe, im nächsten Augenblick sitzt sie am Klavier, stets ist sie irgendwo im Einsatz. Ihre Hilfsbereitschaft wird von jung und alt gern angenommen. Die Fäden ihrer großen Familie hält sie fest in ihren Händen, organisiert Treffen und kümmert sich um die Belange bedürftiger Menschen, doch morgens, in aller Frühe genießt sie es, in Ruhe gründlich die Zeitung zu lesen. Das Kreuzworträtsel ist dann auch fertig gelöst, über das Wetter national/international (Washington, Berlin, ...) oder über bestimmte politische Ereignisse diskutieren wir später.

„Marguerite", woher kenne ich sie und wie lange schon?

Im Jahr 2003 hat alles begonnen. Ich wurde gebeten Kontakt zu einem Handglockenchor in den USA aufzunehmen, um ein Konzert in unserem Städtchen zu organisieren. Anfangs war ich gar nicht so begeistert, denn Arbeit war bei mir nie Mangelware. Nach einigem Zögern sagte ich dann doch zu. So gingen Briefe und Emails von Deutschland nach Amerika und umgekehrt. Ist ja heut alles kein Problem mehr! Die moderne Technik macht es möglich! Da ich kein Wort Englisch sprach, besorgte ich mir ein Übersetzungsprogramm. Übersetzungsprogramme sind gut, sie helfen, wenn auch nicht immer korrekt. Für konkrete Dinge, wie Terminabsprachen und so weiter hatte ich Friederike, sie lebte viele Jahre mit ihrer Familie in den USA und kannte Marguerite gut. Marguerite ist die Direktorin des Handglockenchores, mit ihr stand ich immer in schriftlicher Verbindung.

Die Zeit raste nur so dahin. Alle Vorbereitungen für die Konzerte und unsere Gäste waren getroffen. 46 Personen sollten im Juli 2004 für 2 Nächte bei Familien wohnen. Die Bereitschaft, Gäste aus den USA in Familien unserer Verwaltungsgemeinschaft aufzunehmen, war hervorragend. Die fremde Sprache rückte auf beiden Seiten in den Hintergrund. Wichtig waren Gastgeber und Gast. Die Kommunikation war gar nicht so einfach, doch mit einigen Worten deutsch auf der einen Seite, englisch auf der anderen Seite, mit Mimik und Gestik und natürlich die innere Bereitschaft aufeinander zuzugehen, ermöglichten unvergessliche Stunden.
Die Konzerte in unserer Kirche wie auch in Zahna bei Lutherstadt Wittenberg waren für Publikum und Gäste ein einmaliges Erlebnis. Beide Kirchen waren sehr gut besucht, das Interesse für die Handglocken groß. Freundschaften wurden geschlossen, die zum Teil heut noch bestehen, so auch bei mir.

2005 flog ich auf Einladung in die USA. Es war mein erster Flug. Die Herzlichkeit, wie ich empfangen wurde, gab mir das Gefühl, keine Fremde zu sein. Treffen wurden organisiert. Ich lernte viele Menschen kennen und das Land lieben. Für einige war ich ein Stück Heimat, sind sie doch nach dem Krieg als Deutsche in die USA ausgewandert. Mein Freundeskreis wurde immer größer.
Nach meinem Besuch belegte ich über die Volkshochschule einige Semester Englisch. Mein Schulenglisch ist bei weitem nicht so gut, dass ich alles verstehe was gesprochen wird, doch den Inhalt vieler Gespräche erkenne ich, das hilft mir bei der Konversation. Wichtig ist für mich, dass bei der Unterhaltung langsam, klar und deutlich gesprochen wird.

Alle Jahre zu Weihnachten schreibt Marguerite einen ausführlichen Brief an ihre Familie und Freunde. So auch 2009! Sie wünscht ein frohes Weihnachtsfest, ein gesegnetes neues Jahr und gibt einen Rückblick auf das Jahr, das zu Ende geht. Sie berichtet von ihrem großen Trip durch viele Staaten der USA und bietet mir an, sie im Jahr 2010 zu besuchen. Ein Satz in ihrem Brief berührt mich sehr.

Ich zitiere: „Wilma, ich vermisse Dich und unsere Gespräche, ich möchte Dich gern wieder sehen und Dir mein Land zeigen". Ich nehme die Einladung von Marguerite an und bitte sie, eine Tour zusammenzustellen. Sie ist begeistert! Es dauert nicht lange und die erste Planung liegt vor, Marguerite wird meine Reiseleiterin. Der Monat Juni soll es sein!

Marguerite holte mich von Paula ab. Voller Freude nahm sie mich in ihre Arme, meine Augen wurden feucht. Ich sah es ihrem Gesicht an, dass sie mich sehnlichst erwartet hat. In ihrem Haus angekommen, ging ich in meinen wunderschönen Wohnraum, der mit frischen, zarten, blauen Blumen versehen war. Es war ein so liebevolles Willkommen, wie man es sich besser nicht wünschen kann. Wir haben bis in die Nacht hinein erzählt. Meinen Traum New York City in ihr Tourenprogramm mit aufzunehmen, hat sie am nächsten Tag gleich in die Tat umgesetzt. Zwei Tage, eine Übernachtung und ein Besuch im Broadwaytheater sollten es sein. Das Musical „West-Side-Story" hatte an diesem Abend Premiere.
In NY City wohnten wir, wie so oft auch in den anderen Staaten, im „Holiday Inn", allerdings nicht im 2., sondern im 24. Stock. Von meinem Fenster aus konnte ich auf das Empire-State-Building schauen. NY City bei Tag und Nacht zu erleben, war für mich atemberaubend.

Geführt von Blume, wie ich sie öfters nannte, und Katharina, ihre Enkelin, lebte ich die beiden Tage und die Nacht wie in einem Traum. NY City bei Nacht ist noch schöner als am Tag. Ich fühlte mich in dieser Stadt mit den riesigen Wolkenkratzern sehr wohl. Die vielen Menschen aller Nationalitäten, die schon am frühen Morgen unterwegs sind, geben der Stadt etwas Besonderes, einen besonderen Reiz. Ich erlebte kein Gedränge, keine Ausschreitungen, alles war friedlich. Ähnliche Gefühle hatte ich, als ich mit meinen französischen Freunden Nicole und Raymond Paris bei Tag und Nacht erleben durfte. Ich schämte mich nicht meiner Tränen, die mir bei diesem Erleben über die Wangen liefen.

Auf dem Weg in die verschiedenen Staaten lernte ich die Familien von Marguerite kennen. Egal, wo ich hinkam, ich wurde mit offenen Armen empfangen. Eine für mich sehr wichtige Begebenheit war der Besuch bei Karan und Mike in New Jersey. Marguerite sagte mir, dass Ihre Kinder und Enkelkinder sehr aufgeregt sind, den deutschen Besuch kennen zu lernen. So war es dann auch. Alle Familienmitglieder waren da. Marguerite stellte mich ihnen vor: „Das ist Wilma, meine Freundin aus Deutschland." Mit meiner unkomplizierten Art hatte ich schnell das Vertrauen meiner Gastgeber gewonnen und die innerliche Aufregung legte sich bei ihnen. Ich durfte in Sams Zimmer schlafen. Auf einem großen Bild stand in roten Buchstaben von Sam in deutsch geschrieben: „Willkommen". Jetzt war ich sehr aufgewühlt, damit hatte ich nicht gerechnet. Überhaupt war Sam für mich nicht nur ein 13jähriger wohlerzogener Junge, er war auch ein Gentleman. Er strahlte in seinem Wesen so etwas Liebevolles und Klares aus, das mich sehr für ihn einnahm. Alle drei Kinder waren mir in der kurzen Zeit ans Herz gewachsen, doch Sam nahm eine Sonderstellung ein. Ich kann es nicht definieren, es war einfach so. Die Verabschiedung war sehr liebevoll und herzlich.
Zu Hause bei Marguerite angekommen, plante sie die nächste Reise. Washington war unser Ziel. Bis ins kleinste Detail stellte sie die Tour zusammen. Internet, Bücher und Landkarten waren im Vorfeld ihre Arbeitsmaterialien. Ich war ihr keine große Hilfe, allerdings brauchte sie mich auch nicht, denn sie war und ist eine sehr gute Reiseagentin.

Marguerite hat ein großes Haus und einen wunderschönen Garten. Zwischen unseren Reisen nahmen wir uns einige Tage Zeit, um für die nächste Tour gerüstet zu sein. Außerdem musste der Rasen gemäht und das Unkraut gejätet werden. Ein bisschen Hausputz und Wäsche waschen, gehörten auch dazu.
Die Freundschaft zwischen Marguerite und mir besteht seit sechs Jahren. Während dieser Zeit sind wir noch näher zusammen gewachsen. Wir können uns aufeinander verlassen. Einer ist für den

anderen da. Gegenseitiges Vertrauen ist eine gute Basis für eine Freundschaft.

Im nächsten Jahr besucht mich Marguerite. Mai/Juni 2011 ist bei uns beiden im Kalender festgehalten. In dieser Zeit grünt und blüht es in den Gärten, auch die Margeriten und schon bin ich beim Thema, weshalb meine Geschichte den Titel „Marguerite – (Blume)" trägt. Es liegt an der Übersetzung von der englischen Sprache ins Deutsche. Wenn meine amerikanische Freundin eine Email mit den Worten: „Liebe Grüße, Marguerite" beendet, übersetzt mein Translator „Liebe Grüße, Blume".

2011

Der Pinienzapfen

Zu meinem Geburtstag schenken mir meine Enkelkinder einen Korb mit herrlichen Früchten. Zwischen Äpfeln, Pflaumen, Apfelsinen, Ananas und Weintrauben steht stolz ein Zapfen. Ich nehme ihn heraus und schaue ihn an. Stefanie sieht meine großen fragenden Augen. Ich glaube, so richtig gescheit sehe ich in diesem Moment nicht aus. Sie lächelt mich an und sagt: „Oma, das ist ein Pinienzapfen. Er mag es besonders gemütlich. Stelle ihn an einen warmen Platz, dann knackt der Zapfen und beginnt sich langsam zu öffnen. Danach kannst du die freigelegten Pinienkerne einsammeln. Die Innenkerne kannst du pur essen, zur Verfeinerung von Salaten und vielen anderen raffinierten Speisen verwenden."

Es vergehen fast 14 Tage. Ich sitze, wie so oft, am Fenster, bereite meine heutige Lesung vor und genieße die Sonnenstrahlen auf meinem Rücken. Nach dem langen, kalten Winter tut das richtig gut. Nicht nur ich sitze in der Sonne, auch mein Pinienzapfen, der mitten auf dem Tisch steht. Ich begrüße ihn. „Hallo, mein kleiner

Zapfen, lachst du mich an? Siehst heut freundlicher aus als sonst. Und wie du glänzt? Es gefällt dir wohl auch, die warme Sonne zu spüren? Schaust du heut wirklich anders aus oder bilde ich mir das nur ein?"

In meine Arbeit vertieft, höre ich ein lautes krrrrrrrrch. Ich schrecke auf und schaue nach der Ursache. Hat mein Kühlschrank dieses Geräusch ausgelöst, ist es die Mikrowelle, mein Wasserkocher, spukt es in meiner Wohnung oder habe ich gar eine Maus? Als dieses krrrrrrrrch nicht aufhören will, stelle ich fest, dass der Zapfen sich von unten her aufgeplustert hat. Er ist richtig dick und mollig geworden. Außerdem hat er sich leicht geöffnet. Ich bin sprachlos! Die ersten Kerne kann ich dem Zapfen entnehmen. Sie sehen wie Mandeln aus. Doch längst ist nicht alles aufgebrochen. Ich drehe ihn jetzt auf die andere Seite und beobachte ihn. Obwohl ich vorbereitet bin, erschrecke ich mich ein zweites und auch drittes Mal. Jetzt ist es allerdings ein mehrmals lautes „Knacken"!

Ich erzähle meinem Sohn von meiner Beobachtung und zeige ihm die Kerne, die ich dem Zapfen entnommen habe. Er schaut mich an und dann auf die, wie mit Pulver geschwärzten Kerne und sagt: „Du siehst lustig aus, deine Hände sind ja genau so schwarz, wie die Pinienkerne. Im Gesicht hast du auch kleine dunkle Farbtupfer." Wir lachen beide.

René fragt mich, ob er sich einige Kerne für seinen Garten nehmen darf, die er dann im Frühjahr in die Erde bringen will. Verschmitzt antworte ich ihm: „Aber gerne, nimm dir so viel du möchtest."

Mein geöffneter Zapfen, der aussieht wie ein kleiner Tannenbaum, hat in einem wunderschönen Übertopf auf meinem Fensterbrett einen Ehrenplatz erhalten.

2011

Rita Deuchler   Chemnitz

Die Liebe

Die Liebe ist ein Meisterwerk,
bedingungslos – von Herzen,
d'rum zeige ich sie täglich dir,
den Frühstückstisch zier'n Kerzen.

Liebe ist ein Glücksgefühl,
wenn dein Herz in mir schlägt,
deshalb zeige ich täglich dir,
was mich gerad' bewegt.

Liebe ist ein Spiegelbild,
so zwischen dir und mir,
und wenn wir täglich was für tun,
bleibt sie auch immer hier.

Liebe ist Veränderung,
ja, an- und miteinander wachsen.
Die Liebe bleibt, die Liebe wächst,
durch reden – geben – flachsen!

Die EHE

EHE, das heißt Partnerschaft,
heut' und alle Zeit.
EHE, das heißt doppelt Kraft,
Jahr für Jahr zu zweit.
EHE ist ein starkes Band,
Herz mit Herz verbunden,
EHE heißt Gemeinsamkeit,
auch in einsam' Stunden.
EHE kann ein Kraftquell sein,
heut und alle Tage.
EHE bringt auch Freundschaft ein,
klärt so manche Frage.
EHE wird auch Alltag werden,
Stunden, Tage, Jahre.
EHE fordert hier auf Erden,
Glück, das man bewahre.
EHE unter diesem Stern –
heißt, sich stets vertrauen,
und im Glauben an euch selbst,
Brücken neu zu bauen.
Für diese EHE, Gottes Segen,
schenkt euch Glück auf allen Wegen!

Geburtstagswünsche ab Vierzig

Kerzen in der Sonne glänzen,
woll'n verkünden von den Lenzen,
die du hier auf dieser Welt
gut gelebt und eingestellt.

Jetzt geht's in die nächste Runde –
tönt es aus der Lebenskunde,
mit Erfahrung und Bedacht. –
Weisheit kommt nicht über Nacht.

Viele Jahre hieß es lernen,
aber auch mal Fehler machen. –
So steht Glück nicht in den Sternen,
TUN kennt keine halben Sachen.

Für die Jahre, die jetzt kommen,
heißt es aus dem Leben schöpfen,
Klarheit folgt, nichts ist verschwommen,
darauf eine Flasche köpfen.

Lass dich aus der Ferne drücken
bis zum nächsten Wiederseh'n.
Sollte es jetzt doch mal zwicken –
Mensch – du lebst, ist das nicht schön?!

Frühling

Wieder ist ein Jahr vorbei,
helle Sonne wärmt die Erde,
farbenfroh zeigt der April,
dass es Frühling werde.

Wieder ist ein Jahr vorbei,
Frühlingshoch im Monat Mai.
Sattes, grünes Blätterdach,
Sonn' und Schattenalmanach.

Sonne glitzert in den Flüssen,
Auf und Ab empfinden müssen.
Leise gurgelt mancher Bach,
Sonn' und Schattenalmanach.

Wind und Wasser

Natürlich
öko-
logisch,
was,
wenn die Kraft
versiegt?
Beim Wind
wohl
unwahrscheinlich,
schau,
wie der Baum sich biegt.
Das Wasser
ist's, was Sorgen macht,
es kennt das Maß
nicht mehr,
nur Trockenheit
und Sintflut
fast,
macht uns
das Leben schwer.

Schreiblust

Schreiben, schreiben voller Lust,
Spaß zu haben, wenn du's tust.
Sollst du dadurch wohl erkennen,
darfst dich einzigartig nennen.

Ach ich kann es gar nicht fassen,
die Gedanken fließen lassen.
Ja mein Stift, er wird geführt,
Wort für Wort alsbald gekürt.

Wird daraus ein schöner Reim,
darf ich wohl zufrieden sein.

Gerhard Dorbritz   Bad Belzig

"Kultur ist jeder zweite Herzschlag"

Kulturarbeit war nicht nur Hobby
Der Schriftsteller Hans Marchwitza prägte den Satz: "Kultur ist jeder zweite Herzschlag unseres Lebens." Das weist der Kultur einen wichtigen Platz im Leben der Bürger zu.
In Belzig war es nach Kriegsende um die Kulturarbeit gar nicht so schlecht bestellt. Was fehlte, war ein jährlicher Höhepunkt. Den wollte ich schon für 1960 schaffen. Es gab in der Region Beispiele wie das Zerbster Heimatfest oder das Ketziner Fischerfest. Aber alles, was nach Heimattümelei aussah, musste verworfen werden, um die Entwicklung einer sozialistischen Kultur nicht zu hemmen.

Die Burgfestwoche
Kurzfristig gewann ich Bürger und Bürgerinnen, die ein Festkomitee bildeten. In der ersten Sitzung machte ich den Vorschlag, ein Burgfest zu feiern. Es gab dafür so viele Vorschläge, dass daraus eine Burgfestwoche wurde, und zwar schon in der zweiten Septemberwoche. Ab sofort tagten wir in jeder Woche. Jeder übernahm eine Aufgabe – von der Festplakette bis zum Feuerwerk. Das Programm wurde gedruckt und mit der Festplakette (Erwachsene 1 Mark, Kinder 0,50 Mark) durch die Hausvertrauensleute in allen Haushalten verteilt oder verkauft. Durch das persönliche Ansprechen war der Erfolg schon gesichert, bevor das Fest begonnen hatte. Ich hatte durch die Vorbereitung der Feuerwehrtreffen bzw. die Organisierung der Betriebsfeste eine gewisse Erfahrung. Aber bei dieser Sache war eine ganze Stadt zu beteiligen. Wie wir das in der kurzen Zeit geschafft hatten, ist mir heute noch ein Rätsel.
Die Eröffnung der ersten Burgfestwoche in der zweiten Septemberwoche des Jahres 1960 auf der Burg Eisenhardt im Club- und Speiseraum der Jugendherberge geschah mit dem Gemisch-

ten Chor unter Leitung von Paul Richter und mit Unterstützung des Vereinsvorsitzenden Werner Lehmann. Damit war der Grundstein gelegt und das Lehrlingsstück vollbracht. Das Gesellenstück war die zweite Burgfestwoche. Inhalt und Zeitpunkt mussten verändert werden, denn im Mittelpunkt stand die Krankenhauseinweihung – am 7. Oktober 1961.
Bei den Veranstaltungen stieg die Teilnehmerzahl. Das zeigte uns, dass wir auf dem richtigen Weg waren. Unser Meisterstück legten wir mit den Veranstaltungen zu „150 Jahre Schlacht bei Hagelberg" ab. Eine Sonntagszeitung schätzte im August 2010 die Burgfestwochen ein – das hätte ich nicht besser machen können. Die Teilnehmerzahl war an diesem Tag im Jahre 1963 so hoch, dass wir überlegten, das Burgtor zu schließen. Wann hat es das schon mal gegeben! Erwin Krüger, Mitarbeiter des Rates der Stadt und Initiator der Heimatstube, hatte auch eine Burgfest-Chronik verfasst, die leider am 16./17.6.1972 im Rathaus verbrannte. Es ist mir nicht möglich, alle Höhepunkte zu nennen, vielleicht schafft eine Arbeitsgemeinschaft dies bis zur 50. Burgfestwoche. Eine Einschätzung der 47. durch Frau Kreyßing liegt bereits vor.

Die Kulturkommission
Von 1970 bis 1990 habe ich als Stadtverordneter die ständige Kommission Kultur der Stadtverordnetensammlung geleitet. Bereits zu Jahresbeginn diskutierten wir den Entwurf des Programms der Burgfestwoche. Nach Möglichkeit stellten wir jedes Jahr ein bestimmtes Thema in den Vordergrund: Kreistreffen der Sänger, der Feuerwehr, der Sportler usw. Leichter wurde es für uns, als die Konzert- und Gastspieldirektion Potsdam das Programm gestaltete. Viele namhafte Kulturschaffende, von Heinz Quermann bis Ellen Tiedtke, kamen nach Belzig. Chöre und Orchester, Solisten und Schlagersänger gestalteten das Musikprogramm. Ich schlug eine Hobbyausstellung vor. Dies fand so großen Anklang, dass der Saal in der HO-Gaststätte „Burg Eisenhardt" im nächsten Jahr nicht mehr ausreichte. So wurde die Ausstellung in den Saal des „Fläminggarten" verlegt. Den kleinen Saal nutzen wir für eine

Bastelstraße. Wilhelm Uhlig war mit seinem Modell „Die Wartburg" gekommen. Da stand dann wieder der Vorwurf „Heimattümelei" im Raum.

Später organisierten das Kreiskabinett für Kulturarbeit, die Abteilung Kultur beim Rat des Kreises und der Kulturbund die Ausstellung „Freizeit, Kunst und Lebensfreude". Sozialistische Brigaden sollten ihr Können zeigen. Vom Kreiskabinett wurden in Zusammenarbeit mit der DSF und der Gewerkschaft mehrere Großveranstaltungen mit bekannten sowjetischen Ensembles organisiert und es gab Konzerte mit dem Orchester vom Hans-Otto-Theater Potsdam und dem Elbe-Elster-Theater aus der Lutherstadt Wittenberg.

Ein kleines Erlebnis möchte ich zum Besten geben: Nach einer Veranstaltung im Theater der Einheit (zuerst 420 Sitzplätze, nach der Rekonstruktion 320 Plätze) anlässlich eines Feiertages war für die Teilnehmer ein gemütliches Beisammensein mit Tanz im „Fläminggarten" vorgesehen. Die Führungsspitze vom Kreis und Partei war beim Festempfang der sowjetischen Genossen der Garnison Altes Lager in der Gaststätte „Burg Eisenhardt". Im Saal vom „Fläminggarten" erwarteten die Anwesenden nun eine Rede von mir, weil ja die andere Prominenz nicht anwesend war. Ich sagte nur: „Das gemütliche Beisammensein ist hiermit eröffnet!" Das kam wohl besser an als eine lange Rede, denn als der Höhepunkt des Abends erreicht war und die Kapelle den Fehrbelliner Reitermarsch spielte, sangen die Leute dazu: „Wir wollen unsern alten Bürgermeister wieder haben". Auch das hat es gegeben …

Der Kulturbund

Der Kulturbund mit dem Robert-Koch-Klub und anderen Arbeitsgemeinschaften hat das Kulturleben in der Stadt äußerst positiv beeinflusst. Sehr aktiv waren die Numismatiker, Philatelisten, die Natur- und Heimatfreunde, aber auch der Fotoclub, der von Horst Leo, Walter Lumpe und seit 1969 von Günter Kästner geleitet wurde. Auch Gerhard Lucke, der bei der Sparkasse tätig war, hat viele Fotos für die Presse und die Stadt geschossen.

Vergessen möchte ich nicht den Zirkel für angewandte Kunst unter der Leitung von Gerda Kischnik und Ilse Gommert. Ihre Arbeiten waren auf Ausstellungen ein besonderer Hingucker. Ein Wandteppich ging sogar nach China. Höhepunkt ihrer Arbeit waren die Modenschauen mit den von den Mitgliedern gestalteten Kleidern, Blusen, Röcken und dem Modeschmuck. Als ein Ansager fehlte, bat mich meine Frau als Mitwirkende, auch das noch zu übernehmen. Was tun? Ich machte es und war in Brück, Dahnsdorf, Medewitz und Lübnitz mit von der Partie. In jedem Ort suchte ich Anknüpfungspunkte zum aktuellen Geschehen: In Dahnsdorf waren mir die fliegenden blauen Engel an der Saaldecke aufgefallen, in Medewitz suchte ich den Vergleich mit den Königskindern und meinte das Verhältnis zu Medewitzerhütten. In Lübnitz saß der Bürgermeister im Wintermantel an der Kasse und feuerte nebenbei den Saalofen an. Das baute ich ebenso, wie die gelinde gesagt mangelhaften Hygieneverhältnisse, in meine Moderation ein.

Diese beliebten Veranstaltungen verlangten großen Einsatz – Zeit, Transport von Leuten, Material und Technik, Beschaffung von tausend Dingen – und alles ehrenamtlich. In diesem Stress ist es mal passiert, dass wir einen der zahllosen Koffer auf dem Marktplatz in Belzig stehen ließen und das erst am Auftrittsort Brück bemerkten. Ein ehrlicher Finder brachte ihn zur Polizei, und bis der Streifenwagen mit dem Vermissten in Brück eintraf, stand ich mit dem Mikro auf der Bühne und gab all mein „Wissen" preis über Batik, Färben, Weben, Klöppeln, Sticken, Stricken usw.

Der Robert-Koch-Klub
Der Robert-Koch-Klub, gegründet von Lehrern und Wissenschaftlern des Niemegker Observatoriums, hatte mit den Praxisräumen von Dr. Melde, dem Sekretariat des Kulturbundes, keine richtige Heimstätte. So griff Professor Fanselau vom Observatorium Niemegk den Hinweis auf, die Kellerräume der Burg in Augenschein zu nehmen. Er kam gleich mit der gesamten Führungsriege, zum Beispiel mit Schriftsteller Eduard Claudius, dem Bezirksvorsitzen-

den des Kulturbundes, Kreis- und Stadtgrößen, auch dem HO-Direktor. Allgemeine Feststellung: Wunderbar geeignet, aber das Heizungsproblem muss unbedingt gelöst werden. Auch das Kohlenlager störte. Es stand auch die Frage: Wer bringt die finanziellen Mittel für die Sanierung auf? Nach der Wende war das kein Problem mehr und heute ist der Burgkeller ein kultureller Anziehungspunkt. Aber den Robert-Koch-Klub und andere Gesellschaften des Kulturbundes gibt es nun nicht mehr.

Und was fällt mir zum Thema Kultur sonst noch ein?
Das Hans-Otto-Theater gastierte im Kinosaal des „Theater der Einheit".
Heimatmuseum und Bibliothek gab es auch schon zu meiner Zeit, allerdings war die Bibliothek in der Stadtmitte untergebracht und zog immer mal um. Heute ist sie ins Heimatmuseum eingegliedert, es wird aber eine Möglichkeit gesucht, sie wieder in der Stadt unterzubringen.
Nach dem Krieg war in der DDR das Papier sehr knapp, aber dennoch erschienen gute Bücher, die in der Volksbuchhandlung angeboten wurden. Ein kleiner Geheimtipp war die Buchhandlung von Gertrud Prause in der Sandberger Straße. Fräulein Prause war bis ins hohe Alter als Stadtverordnete aktiv und war beliebt bei allen Lesehungrigen.
Wir hatten in unserer kleinen Stadt auch Schriftsteller, zum Beispiel den Molkereiarbeiter Walter Nichelmann. Er schrieb den Roman „Ein Krämer kam ins Dorf" und die Novelle „Auf der Rampe", die von den Zuständen in der Molkerei in der Nachkriegszeit handelt.
Persönlich kannte ich auch Hans Queling, den Weltreisenden, und seine Bücher. Von ihm habe ich ein Buch über Afghanistan gelesen, das mir klar machte, wie schwierig die Bedingungen in Afghanistan bereits in den Dreißiger Jahren waren, als dort noch kein Krieg herrschte. Hans Queling begleitete einen Wissenschaftler und sollte unbekannte Pflanzensamen mitbringen. Nach dieser Lektüre versteht man Land und Leute der Gegenwart besser.

Eine Fundgrube waren auch die Hefte mit dem Titel „Der Heimatfreund", ein Kulturspiegel des Kreises Belzig. Eine Ausgabe vom Dezember 1955 nehme ich zur Hand. Redakteure: Gerhard Hinze, Hubert Winkel, Horst Leo. Ich lese den Weihnachtsgruß vom Ratsvorsitzenden Horst Vogel. „Aus der Pflanzenwelt des Hohen Flämings" berichtet Dr. Otto Schmeja, Wiesenburg. Über die Großtrappe schreibt Lehrer Kobow aus Nichel. Willi Schubert aus Wiesenburg unterstreicht die Wichtigkeit der Ortschronik. Ich erfahre aber auch, dass es Lichtspiele „Zur Tanne" in Belzig gibt und dass der Landfilm auf neun Touren in 62 Orten Filme vorführt. 31 Seiten und viele Informationen, Fahrpläne, Sonntagsdienst der Ärzte, Bücher für den Weihnachtstisch und vieles andere mehr.

In den Sechziger Jahren erschienen ebenfalls in Regie der Abteilung Kultur beim Rat des Kreises vier Folgen des Heimatkalenders, dann wieder 1984 bis zur Wende in der Redaktion von Regine Reif und Helfern. Sie führte die Publikation lückenlos nun als Leiterin der Unteren Denkmalschutzbehörde nach der Wende weiter mit Unterstützung von Hannelore Dieckmann bis 2003. Schade, dass es nicht weiter ging.

Nicht vergessen möchte ich die „Chronikblätter" in der Märkischen Volksstimme/Märkischen Allgemeinen Zeitung. An jedem Sonnabend erschien ein historischer Beitrag von verschiedenen Autoren. Die letzte Ausgabe wurde am 26. Februar 1994 mit Folge 520 gedruckt. Ich schrieb in dieser Reihe auch zwei Beiträge: die erste über das alte und das neue Krankenhaus und die zweite über mein Heimatdorf Jeserig im Fläming.

Damit möchte ich das Kapitel Kultur in Belzig beenden, obwohl ich mir sicher bin, dass ich nicht alles erwähnen konnte.

Mein eindrucksvollstes Kulturerlebnis erlebte ich nicht in Belzig, sondern in der Deutschen Staatsoper in Berlin Unter den Linden mit Verdis Oper „Nabucco".

Aus: „Das hat es auch gegeben – Lebenserinnerungen", Treibgut-Verlag Berlin, 2011, Red. Betreuung: Helga Kästner, Bad Belzig

Heinz Freiberg   Dresden

Ein Wort zuvor und drei Worte danach

„Liebe Kinder und Nichtkinder!
Meine Freunde machen sich schon seit langem darüber lustig, dass keines meiner Bücher ohne ein Vorwort erscheint. Ja, ich hab auch schon Bücher mit zwei und sogar mit drei Vorworten zustande gebracht! In dieser Hinsicht bin ich unermüdlich. Und auch wenn es eine Unart sein sollte – ich werde mir's nicht abgewöhnen können. Erstens gewöhnt man sich Unarten am schwersten ab, und zweitens halte ich es für gar keine Unart.
Ein Vorwort ist für ein Buch so wichtig und so hübsch wie der Vorgarten für ein Haus. Natürlich gibt es auch Häuser ohne Vorgärtchen und Bücher ohne Vorwörtchen, Verzeihung, ohne Vorwort. Aber mit einem Vorgarten, nein, mit einem Vorwort sind mir Bücher lieber. Ich bin nicht dafür, dass die Besucher gleich mit der Tür ins Haus fallen. Es ist weder für die Besucher gut, noch für das Haus. Und für die Tür auch nicht.
So ein Vorgarten mit Blumenrabatten, beispielsweise mit bunten, kunterbunten Stiefmütterchen, und einem kleinen, kurzen Weg aufs Haus zu, mit drei, vier Stufen bis zur Tür und zur Klingel, das soll eine Unart sein? Mietskasernen, ja siebzigstöckige Wolkenkratzer, sie sind im Laufe der Zeit notwendig geworden. Und dicke Bücher, schwer wie Ziegelsteine, natürlich auch. Trotzdem gehört meine ganze Liebe nach wie vor den kleinen gemütlichen Häusern mit den Stiefmütterchen und Dahlien im Vorgarten. Und den schmalen, handlichen Büchern mit ihrem Vorwort."

Erich Kästner, aus seinem Bestseller „Als ich ein kleiner Junge war".

Als ich ein alter Knabe war, zog ich nach Dresden. Dort wurde ich des öfteren gebeten (denn ich war nun auch Verleger), für ein neues

Buch ein Vor- oder Nachwort zu schreiben. Das ist nicht so leicht, wie man vielleicht denkt.

So ein Prolog hat es in sich. Nicht selten ist er euphorisch, verspricht das Blaue vom Himmel und möchte den werten Leser für die noch bevorstehende Lektüre erwärmen. Der Epilog dagegen ist meist kühler, fasst die Dinge zusammen, stellt sie in die Zeit und wertet. Natürlich kann Beides auch gründlich schiefgehen.

Ein Vor- oder Nachwort schreiben zu dürfen, hat mir bis heute immer wieder viel Kopfweh, aber auch stets großes Vergnügen bereitet. Nur drei Beispiele sollen (die Eigenwerbung ist natürlich pure Absicht!) hier genannt sein.

Nachwort

Ruth Piehler hat dieses Büchlein geschrieben. Das sieht ihr ähnlich. Es passt zu ihr. Da liegt sie nun todsterbenskrank auf einem knochenharten OP-Tisch, scherzt mit den Chirurgen und Assistenten und zwinkert ihnen obendrein noch mit einem Auge zu.

Zwischen Traum und Wirklichkeit – an der Grenze von Diesseits und Jenseits – sieht sie ihren geliebten Vater hoch über sich im Himmel. Leibhaftig steht er da auf einem Wolkenfelsen, aufrecht und in einem preußischen Militärmantel, der ihm bis auf die Füße reicht. Ganz deutlich sieht sie sein Gesicht vor sich und hört ihn sagen: „Liebe Tochter,

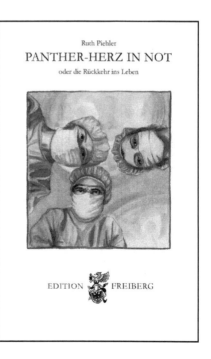

es ist noch nicht soweit." Und so bleibt ihr nichts weiter übrig, als hierzubleiben, hier unten bei uns, hier unter uns. Und das ist auch gut so!
Der Vorhang, der sich für kurze Zeit geschlossen hatte, öffnet sich wieder. Ruth Piehler kehrt ins Leben zurück.
Was sie im Krankenhaus und in der Reha-Klinik erlebt und empfunden hat, das hat die Autorin in Worten und zahlreichen kleinen Skizzen auf ihren Manuskriptseiten festgehalten. Maika Kraemer, eine junge Gestalterin aus Dresden, hat daraus zauberhafte Illustrationen und die Titelseite dieses Büchleins gemacht.
Dies hier ist kein trockner Krankenbericht und auch kein spektakulärer Krankenhausreport, sondern eine literarische Episode voller hintergründigem Humor und lebensfrohem Mutterwitz.
Wer beim Lesen dieser Zeilen nicht wenigstens dreimal schmunzelt oder einmal kräftig lacht, der muss wirklich dringend zum Arzt.
Ruth Piehler hat eine neue Herzklappe und einen Schrittmacher bekommen und gute Augen hat sie auch. Die Seitenhiebe, die sie so manchem Zeitgenossen unter uns verpasst, sind nicht schmerzhaft, aber heilsam.

Ich bin so frei ...

... den Namensgeber unseres Buchtitels, den deutschen Dichter Hoffmann von Fallersleben, allen anderen Autoren voranzustellen. „Die Gedanken sind frei, wer kann sie erraten?" Diese Volksliedzeile ist unsterblich. Es sind acht Worte nur mit einem Fragezeichen am Ende. Ich habe diese Worte immer wieder gehört: still gebetet, leise gesprochen und laut gesungen.
Meine Mutter sang das Lied in der Küche, mein Großvater im Bahnwärterhäuschen, und eine Gruppe junger Leute 1988 – auf Pflastersteinen vor dem Denkmal Martin Luthers sitzend – in der Lutherstadt Wittenberg.
Da klang stille Hoffnung heraus, dort leidvolle Erfahrung, hier friedliches Aufbegehren, versteckte Provokation, offener Widerstand.

Nun – im Oktober 2009 – ist unser Buch mit dem klangvollen Titel „Die Gedanken sind frei" fertig. Wir feiern den 20. Jahrestag der deutschen Einheit. Die Sonntagsreden zum Jubiläum sind verrauscht und bereits Geschichte.
Einunddreißig ganz persönliche Handschriften der Autorinnen und Autoren unseres Verlages aber bleiben – vereint in einer Anthologie – mit Beiträgen von A bis Z, von Adler bis Zimmermann.
In der Wende steckt das Ende, aber auch die Hoffnung und

der Neubeginn. Da ist kein bloßes Jammern und Klagen in den Texten. Rückschau? Ja, sie darf wohl und muss erlaubt sein, aber nur Visionen und Vorausschau bringen uns weiter!
Der Buchumschlag entstand im Kopf und am Computer von Anna-Stefanie Kempe aus Freiberg. Sie ist so jung wie unser „einig Vaterland" und hatte eine wunderbare Gestaltungsidee: Im Käfig sitzt es sich ziemlich sicher, in der Freiheit aber wird man wohl einige Federn lassen müssen. Beides auf einmal ist nicht zu haben.

Ich nehme mir mal die Zeit, ...

... werte Leserinnen und Leser, um ganz speziell für Sie ein kleines Dessert anzurichten.
Hoffentlich richte ich damit nichts Schlimmes an, denn mein Nachtisch schmeckt bittersüß.

Im Frühjahr 1945 – es war noch Krieg – waren wir auf der Flucht von Schlesien nach Mitteldeutschland. Vorn, im Kinderwagen, ich; hinten, im Leiterwagen, Oma; in der Mitte unser „Zugpferd", meine Mutter. Wir landeten schließlich in Wittenberg.

Unsere Bäckerei im Schlesischen war verloren. Vater kam aus dem Krieg „nach Hause". Der Bäckermeister Kurt Freiberg und seine Ehefrau Elli begannen von vorn. Wieder in einer Bäckerei. Diesmal aber nicht privat, sondern als Angestellte der Konsumgenossenschaft.

Wir besaßen damals nur zwei Bücher: „Das große Konditoreibuch" und ein ganz schmales Kochbuch. Das versprach, neben den allseits ausprobierten „Kriegsrezepten", nunmehr auch einige Rezepte für bessere Zeiten.

Die wichtigste Zutat für das neue Leben war aber der Frieden!

Damals stimmte der Satz noch: „Wir hatten ja rein gar nichts!" Doch die „profanen" Zutaten wurden bald reichlicher. Die Torten wurden höher und butterkremiger, die Windbeutel sahniger, die Speckkuchen fettiger.

Aus den „Amerikanern" wurden schmackhafte „Ammonplätzchen", aus „Bombensplittern" schokoladenüberzogene „Alpenspitzen".

Es war Mai geworden, wie einst Ernst Jandl formuliert hatte, Frieden in Deutschland und in Europa. – Das Beste, was uns allen jemals passieren konnte.

Gerhard Albert Fürst   Michigan (USA)

Zeit

Rast- und ruhelos
ziehst du dahin.
Du entfliehst.
Warum diese Hetze und Hast?
Warum solch große Eile?
So bleibe doch hier!
Raste, ruhe dich aus!
Verweile bewusst, genussvoll,
ganz ohne Langeweile.
Kaum aber bist du da,
schon willst du wieder fort.
Es ist ein Tatendrang,
ein eifriger, heftiger Zwang.
Was ist wohl dein Ziel
an weit entferntem Ort?
Endlos ist dein Lauf.
Wir haben uns gezwungenermaßen
daran gewöhnt.
Verlorenes wird zwar beweint,
und Überfluss wird verspielt,
verpennt oder verpönt.
Man nimmt Dinge zwar meistens
so wie sie kommen in Kauf.
Man kann sie weder ändern,
noch verbessern oder verwandeln.
Man muss sich anpassen können
und sinnvoll danach handeln.
Es ist nur gut, dass sich die Zeit
im kurzem Augenblick,

gut platziert zwischen
Gestern und Morgen,
ganz einfach genannt Heut,
immer wieder von selbst
regeneriert und erneut.
Kaum ist ein neugeborener Moment entschwunden,
sogleich hat sich seines gleichen
an der genau selben Stelle eingefunden ...
geht aber dann auch in ebenso hastiger Weise,
sofort auf eine endlos lange Reise.
Komm gut an das erstrebte Ziel!
Wir denken an dich,
wir erinnern uns,
an alle Dinge, die wir zusammen erlebten,
die wir erlitten,
wie wir uns liebten,
wie wir uns stritten,
was wir geleistet und gut gelobt getan,
aber auch was Unsinn war,
Verschwendung, Tollwut und Wahn.
Die Zeit eilt dahin.
Die Zeit entflieht, entrinnt.
Man kann sie weder binden, bändigen,
fesseln, bezwingen oder behalten.
So ist auch das Leben
trotz eigenem Willen im Wesen,
in all seinen Formen und Gestalten,
existent nur durch Gottes Gnade und Güte
auf zeitlich festgelegt und begrenzt
limitierter Bahn.
Gemessen an allem ist unsre Existenz
nur ein kurzer Moment,
gerechnet in Millennia
nur ein flüchtiger Augenblick.
Das aber ist unsre Chance

und unser großes Glück,
auch wenn oft sehr ungnädig,
ist erteiltes Geschick.
Mache deshalb nur Gutes
in der Zeit die dir gegeben.
Gebe Wert und Würde
jedem Tag in deinem Leben.
Die Zeit eilt dahin,
und du gehst mit.
Deine Zeit will entfliehen,
aber du hältst kraftvoll Schritt.
Zähle und nütze deine Tage,
irgendwann verbleiben dir
zwar nicht mehr sehr viel.
Du kommst aber dennoch
zu gegebener Zeit erfüllt,
wohlbehalten, und gut
ans erstrebte und ersehnte Ziel.
Für dich ist es das Ende,
aber nicht für die Zeit.
Sie gab dir im Leben,
obwohl etwas in Eile,
doch ein bewusst gutes und sicheres Geleit.
Rast- und ruhelos ist die Zeit,
ihr Weg geht noch ewiglich weiter.
Ihr Ziel ist unsichtbar, vielleicht sogar unerreichbar,
und unendlich weit.

8. April 2011

Song of Love

Yes, you have a noble mind.
Let it think the thoughts of love.
Yes, you have a hopeful heart.
Let it feel the need for love.
Yes, you have a gifted tongue.
Let it sing the songs of love.

Yes, you have a skillful voice.
Let it speak the words of love.
Yes, you have two soulful eyes.
Let them see the light of love.
Yes, you have good, strong hands.
Let them do the deeds of love.

Yes, we can lessen the loads,
and burdens of suffering.
All it takes is kindness and caring.
Yes we can be persons of goodness and grace.
Let us be devoted to nothing but love.
Giving can be as good as receiving,
so let mine be the gift of love.

Yes, we can soothe pain and heal wounds.
Let war and hatred cease,
for the sake of humanity and love without fail.
Yes, we can be the people of real compassion.
Yes, there are many tasks to be done.
Let it all be the labor of love.
Let love conquer all.
Let peace prevail.

Give proof of sincerity,
to your sentiments of love.
Let it last forever like this,
seal the bonds of love with a kiss!
Let it be all of the above,
and let it be forever
for the sake of true
and eternal love!

Refrain:
Say that you can. Say that you will.
Say that you care. Say that you dare.
Say that you must. Say it with honesty.
Say it with truth. Say it with trust.
Let it be all of the above.
Say it with sincerity.
Say it with love.

21. April 2011

Das Lied der Liebe

Selbstlos ist die wahre Liebe.
Nur sie überdauert Zeit
und Prüfung langer Jahre.
Nur sie allein ist im Leben
das Dauerhafte und wirklich Wahre.
Nur sie bleibt stets beständig,
unvergänglich, unverändert.
Nur sie allein widersteht
Verlockung und Versuchung.
Nur sie allein widersteht
der Zerstörung durch Eifersucht,
Zwietracht, Zwist, Zerrissenheit,
Streit und Zorn.
Nur sie allein ist bereit und willig
für selbstlos liebevolle Wiedererneuerung,
für ehrlichen Wiederanfang,
und Neubeginn ganz von vorn.
Selbstlos ist die wahre Liebe.
Sie verzeiht und vergibt
das menschliche Versagen.
Wahre Liebe bleibt beständig
bei gelegentlichem Zögern und Verzagen.
Wahre Liebe erduldet auch
ohne Harm, ohne Hass und ohne Klagen.
Die Liebe kommt direkt von Gott.
Sie ist seine große Gabe für die Menschheit.
Behandle sie achtvoll, ehrend, liebevoll.
Sie ist sein Gebot für uns alle.
Liebe wird dich schonen und schützen.
Hoffnungsvoll, froh und dankbar sei dein Herz,
denn Liebe tröstet und gibt Kraft,
auch bei großem Verlust und tiefem Schmerz.

Das Lied der Liebe
lass fortan erklingen
durch liebe Worte auf deinen Lippen.
Durch wahre Liebe kannst du im Leben
erklimmen auch die schwierigsten
und steilsten menschlicher Felsenklippen.
Wahre Liebe bewahrt dich vor allem,
vor Betrug und vor geschickt
oder bewusst gestellten Fallen.
Das Lied der Liebe
ertöne stets von deinen Lippen
mit lieb- und verheißungsvoller Melodie.
Sei froh und dankbar,
denn die wahre Liebe
ist standhaft und beständig.
Die wahre Liebe ist selbstlos.
Ihr einziges, aufrichtiges Verlangen
ist Erwiderung in Liebe
als Danksagung
für ein großartiges Geschenk,
für eine Gabe Gottes,
gegeben durch guten Geist,
durch Menschenhand
und Menschenherz.
Die wahre Liebe bleibt
und verlässt dich nie.

6. Juni 2011

Regine Gebhardt Dessau-Roßlau

Im Fluss der Zeit

Halte einen Moment inne
im Vorwärtsdrängen und Streben.

Genieße diesen Augenblick.
Freundschaft ist Geben und Nehmen.

Tage fließen unaufhaltsam
bis zum Meer der Unendlichkeit.

Schönes siehst du als Spiegelbild
im steten Fluss unserer Zeit.

Der Herbst mit seinen Stürmen
pflückt schon Blatt für Blatt vom Baum.

Füllt das Herz auch mit bunter Pracht,
lässt uns vergessen Zeit und Raum.

Sternengruß

Wo der Adler hoch im Blau
gleitend seine Kreise zieht,
bis Schatten ineinanderfließen
und der Tag der Nacht entflieht,
küsst der Berg den Himmel leise,
grüßt den Stern, den ich verlor'n.
Dringt er ein in meine Träume,
wird die Sehnsucht neu gebor'n.

2010

Spaß

Der Mond nimmt sich ein Wolkenschaf
und tanzt mit ihm den Tango.
Sie haben jede Menge Spaß
und brauchen keinen Fango.

Er zieht den Sternenvorhang zu.
Sie sind für sich allein.
Geborgen im sphärischen Raum
beim Tête-à-tête zu zwei'n.

2011

Komm, Lenz

Der Wald hüllt sich in Schweigen.
Die Vögel singen nicht.
Ich hoffe auf das Morgen,
wenn Grün die Knospen bricht.

Der Lenz hat mir zur Freude
Schneeglöckchen hingestreut.
Ich hör ein leises Klingen:
Geh, Winter, es ist Zeit.

Die gelben Blütenköpfchen
gehör'n dem Winterling.
Sie sind wie Sonnentupfen.
Glück ist ein eigen Ding.

2011

Herbstzeit

Der Wind treibt Wolken übers Meer.
Ihr Kleid ist grau und tränenschwer.

Hoch über'm Strand ruh'n sie sich aus,
und Tropfen fallen sacht heraus.

Netzen sanft die letzten Rosen,
Perlen roll'n aus Herbstzeitlosen.

Hüpfen über bunte Blätter,
es ist rechtes Herbstzeitwetter.

Ihr Trommelspiel vom Dache hallt.
Genug getropft – Die Sonn' kommt bald.

Und wie von Zauberhand berührt,
das Licht uns in den Tag entführt.

2011

Möhrennase

Da steht er, weiß und rund und dick
mit rotgefror'ner Nase.
Der Max, der findet ihn ganz schick,
doch auch der kleine Hase.

Er möchte gern die Möhre haben
als Frühstücksleckerbissen,
doch würde Max an seinem Freund
die Nase sehr vermissen.

Die Oma nimmt den kleinen Mann
ganz sachte an die Hand.
Sie stapfen durch den tiefen Schnee
ins Winterwunderland.

Ihr Ziel ist tief im Wald versteckt,
die große Futterkrippe.
Hier trifft man Hase, Schwein und Reh,
der Vögel ganze Sippe.

Sie legen dort das Futter ab
für Tiere in der Not.
Da schmunzelt Maxes weißer Mann
mit Nase lang und rot.

2010

Wunder des Lebens

Es trägt die Trauerweide Trauer,
bei Kälte durchrinnt sie ein Schauer.
Wirft ihre matten Blättchen ab
von Zweigen, die nun kahl und schlapp.

Der Frost legt über sie die Hand,
sie träumt im Winterzauberland.
Ein Frühlingssonnenstrahl sie neckt,
des Lebens Wunder neu entdeckt.

Silke Geilert — Chemnitz

Wir waren Kinder

Wir haben Räuber und Gendarm gespielt,
vierblättrigen Klee gesucht,
Lakritzstangen gelutscht und Mais geklaut,
mit schmutzigen Händen
von Himbeeren genascht,
Purzelbäume geschlagen und Handstand geübt
und uns im meterhohen Gras versteckt.
Wir sind durch Wälder gezogen,
in Pfützen gesprungen und auf Bäume geklettert,
konnten Fratzen schneiden, lauthals lachen,
streiten, raufen und träumen,
denn wir waren Kinder.

Hände

Geboren
zappelnd tastend
werden sanft gestreichelt
liegen auf weichen Daunen
erobern noch unwissend die Welt
überwinden jedes Jahr Gipfel und Täler
wollen das Sein begreifen durch fragende Gesten
die einen unruhig unaufhaltsam im Fluss
andere träge dem Leben abgewandt
Zeichen der fatalen Irrungen
Zeugen gelebter Sorgen
ewige Ruhe
gefaltet

Geliebt

Weiß
der Schleier
umspielt ihre Wangen.
Von seiner Liebe getragen,
fliegen sie über Jahre hinweg
und halten einander, bis er loslässt.
An seinem Grab verweilt sie,
allein, gefallen in Trauer.
Ihre Augen verhüllt,
der Schleier
schwarz.

Jung sein

Tanzen, tanzen,
schwingen, schweben,
träumend fliegen,
schwerelos und frei.
Wieder jung sein
in der Nacht.
Tanzen, tanzen
und vergessen.

Du fühltest

Wache Augen
lesen
deine Worte
von
meinen Lippen.
Und
ich hoffe,
zu verstehen
und wiederzugeben,
was du fühltest,
als du
sie schriebst.
Und ich glaube,
es ist beinah
unmöglich,
weil du
so anders bist.

Mutig

Ihre Augen blicken munter,
sie trinkt den Kaffee,
rückt das Kopftuch gerade,
schüttelt ihn weg, den Gedanken
an dieses Chemo-Rot,
zeigt auf die Brust,
die sie ablegen kann,
wenn sie schwimmen geht,
erzählt von mitleidigen Blicken
und jenen Tagen,
an denen ihr Leid überwiegt.
Sie hebt den Kopf,
lächelt Mut mir zu und meint:
„Und jetzt bin ich hier."

Ich hoffe ...

Du hältst
einen Mantel bereit,
gewebt
aus Sanftheit,
Stärke und Vertrauen,
und hüllst uns darin ein.
Ich hoffe,
dass wärmend er schützt
vor eisigen Stürmen
in dieser Zeit.

Seiten

Du blätterst Jahre zurück,
verweilst an den Tagen,
als du diese Zeilen schriebst,
gibst dich hin den Momenten
und staunst über das,
was einst dich bewegte.

Ramona Henning Chemnitz

Verweilen

Verweilen ... – die Gedanken treiben dahin,
es ist so schön, hat mal nichts einen Sinn.

Sich einmal keine Sorgen machen,
wenn mir mal so ist, auch mal loszulachen.

Verweilen ... – einmal das nur tun,
was man wirklich will.

Rauscht die Hektik vorbei,
ist es ein schönes Gefühl.

Sich einmal nicht selber im Wege zu stehen.

Verweilen ... – man tut es so selten,
doch es ist sooooo schön.

03/2011

Idylle

Auf einer Bank,
so nah dass ich's gut sehen kann,
da sitzen gemütlich und sehr vertraut,
eine alte Frau und ihr Mann.

Ein Bild der Idylle,
ich kann den Blick kaum wenden,
seh', wie sie sich verliebte Blicke schenken.

Ich träum vor mich hin,
so soll es mir auch mal ergeh'n.
Ich schau wieder hin,
das Bild ist zu schön.

Sie vergessen die Welt
für ein paar Stunden.

Diese zwei haben ihren Platz
zum Verweilen gefunden.

04/2011

So schön kann Leben sein

Ich stehe am Fenster und schaue hinaus,
die Sonne strahlt – und das sieht so herrlich aus.

Ich fühle mich gut, wie schon lange nicht mehr,
gute Laune zu haben, das fällt heut nicht schwer.

Die Sonne – sie kitzelt mir Arm und Gesicht,
an etwas Trauriges denken, nein, das tu ich heut nicht.

An einem Tag, so hell und rein –
das Leben kann so herrlich sein.

03/2011

Glücks-Momente

Ich lieg neben dir
und fühl mich so frei,

Du gibst mir **das** Gefühl
und es geht mir gut dabei.

Bleib einfach da
in meinem Leben,

für mich wird es mit dir
nur Glücks-Momente geben.

Für meinen Mann Reinhard 2011

Im Einklang – Auszeit

Hilf mal hier, schau mal dort,
das Telefon schellt,
so geht's immer fort.

Als wär ich allein auf der Welt ...

Jetzt steig ich mal aus,
dreh mein Tempo zurück,
fahr weg von zu Haus,
such in der Ferne mein Glück.

Ich lauf über Wiesen,
ich atme tief ein.
Die Luft riecht so warm,
würzig und rein.

Ich schau nicht auf die Uhr,
vergesse Zeit und Raum –
lebe nur mal für mich,
schon das ist ein Traum!

04/2011

Genießen

Der Schnee knirscht unter meinen Schuhen,
ich bleibe kurz stehen, um mich auszuruhen.

Ich atme tief ein und hebe den Blick,
grad geht es mir gut, und ich fühl tiefes Glück.

Raureif glitzert auf den Ästen,
die Vögel geben ein Liedchen zum Besten.

Die Baumkronen wiegen sich sacht im Wind,
vorn auf der Wiese, spielt im Schnee ein Kind.

Ich müsste eigentlich weitergehen,
doch ich will noch nicht, und bleibe stehen.

Ich sauge dies Bild noch einmal tief in mich ein –
Eins mit der Natur kann so entspannend sein.

01/2011

Wunderschöner Augenblick

Ich sehe dir gern beim Spielen zu,
wenn du mogelst, kneifst du ein Auge zu.

Wenn deine kleine Hand mich sacht berührt,
und deine Art zu lachen, auch mich zum Lachen verführt.

In deinen Augen der kecke Blick,
versetzt mich oft in meine Kindheit zurück.

Oft sitz ich still da, und schau dich nur an,
dein kindliches Gemüt zieht mich in deinen Bann.

Ich wünschte, dieser Augenblick würde niemals vergeh'n,
denn dich bei uns zu haben, ist stets wunderschön.

Danke René, dass wir diese Augenblicke –
auch wenn diese nur selten sind –
mit Timi erleben dürfen!!! 2011

Marion Hintz   Neukirchen

Das Traumhaus

Wie jeden Abend, wenn mich mein Weg von der Arbeit nach Hause führt, komme ich auch heute hier vorbei. Vorbei an meinem Traumhaus. Von weitem schon kann ich den mit Kletterrosen wild überwucherten Giebel sehen. Im Sommer wenn die abertausend kleinen rosafarbenen Blüten sich öffnen und ihren betörenden Duft mit dem Wind auf die Reise schicken, könnte ich die Augen schließen und würde den Weg dennoch nicht verfehlen. Sicheren Schrittes führt mich meine Nase genau hierher zu diesem Haus. Meine kleine Wohnung liegt nur eine Straßenecke weiter. Oftmals nehme ich auch einen Umweg in Kauf, nur um wenigstens einmal am Tag nach dem Rechten zu schauen, „nach meinem Haus".
Heute scheint alles in Ordnung zu sein. Der alte, amerikanische Schaukelstuhl auf der kleinen überdachten Veranda wippt gemütlich im sanften Abendwind hin und her. Welchen langen Weg mochte er wohl hinter sich gebracht haben, bevor er hier zu Ruhe kam. Sein sachtes Wiegen brachte mich auf den Gedanken, dass eine alte Frau darin säße, die genüsslich ihren Kopf in die warme Abendsonne streckte. Doch er war leer, keine Menschenseele weit und breit. Die Farbe der Holzveranda hatte auch schon besser Zeiten erlebt. Nur an einigen kleinen Stellen konnte man ihren warmen, gelben Ton noch erkennen. Um die Fenster war eine farblich abgesetzte Umrandung. An allen Fenstern, außer bei denen auf der Veranda, waren Fensterläden wie aus einer fernen Zeit angebracht. Einer der Fensterläden baumelte hilflos nur noch an einem Scharnier, wie der Flügel eines lahmen Vogels. Wenn die Herbstwinde wild an ihm zerrten, konnte ich sein quietschendes Geräusch des Nachts bis in mein Schlafzimmer hören. Es lag dann wie ein Hilferuf auf meiner Seele, und ich war versucht, dem Verlangen nachzugeben, Schritte einzuleiten um das alte Haus zu retten.

Das gesamte Grundstück war umgeben von einem wunderschön verzierten hohen Eisenzaun. Der schmale Weg, der von der schweren Eisenpforte bis direkt vor die Veranda führte, war von üppigen Blumenrabatten gesäumt. Noch nie hatte ich jemanden gesehen, der sie pflegte oder goss und doch blühten sie in einer Pracht, die ohne Pflege wohl kaum möglich gewesen wäre. Zu jeder Zeit gab es hier etwas zu sehen, das die Aufmerksamkeit der Vorübergehenden auf sich zog. Ein blühender Strauch, ein Baum der in den schönsten Herbstfarben leuchtete oder ein Rosenbusch, der mit dem Duft seiner Blüten die Nasen der vorbeieilenden, rastlosen Menschen für einen Augenblick aus dem Takt ihrer eiligen Schritte brachte. Schon oft hatte ich versucht, den Besitzer oder Verwalter ausfindig zu machen, aber immer ohne Erfolg. Niemand schien für das alte Haus und seinen einzigartigen Garten zuständig zu sein. So ging ich Tag für Tag mit einer immer stärker werdenden Sehnsucht an Garten und Haus vorüber. Meine Hand strich so manches Mal mitleidig und traurig über die einzelnen Felder des Zaunes und mein Verlangen, das alte Haus vor dem Verfall zu retten, wuchs von Tag zu Tag.

Doch heute war irgendetwas anders als sonst. Als ich vorüber ging, stieg mir ein unwiderstehlicher Kaffeeduft in die Nase, und die Lust nach einer guten Tasse Kaffee war geweckt. Ich wollte gerade an der eisernen Pforte vorüber gehen, als diese sich quietschend und wie von Geisterhand öffnete. Als wäre der Kaffeeduft noch nicht genug, schlug mir ein warmer Hauch von frisch gebackenem Vanillekuchen aus der Richtung des Hauses entgegen. Schon lange verspürte ich das Verlangen, „mein Haus" einmal von innen ansehen zu können. Ich überlegte nicht lange, und obwohl es schon langsam dunkel wurde, lenkten mich meine Füße wie von selbst auf den geschotterten schmalen Weg, welcher zum Haus führte. Es war ein warmer Juniabend und unzählige Glühwürmchen tanzten vor mir in der Luft. Sie wiesen mir den Weg. Ich wäre sicher nicht erstaunt gewesen, wenn eine kleine Elfe vor meinem Gesicht aufgetaucht wäre, um mich zu begrüßen. Vor der kleinen Treppe angekommen sah ich, dass der Weg sich hier gabelte, um rechts und links hinter der nächsten Hausecke zu verschwinden. Das hatte ich von der Straße aus nicht sehen können. Die vielen Blumen verdeckten die Einsicht. Vorsichtig trat ich auf die erste Stufe und ein lautes Knarren ließ mich leicht erschauern. Ein kurzer Strick an einer Glocke neben der Tür wehte ungeduldig im leichten Wind. Weder die Glocke, noch der Strick waren mir bisher aufgefallen. Ich ging zu einem der Fenster, die mir auf ihrem Platz rechts und links der Tür wie wachsame Augen entgegen zu winken schienen, um hindurch zu sehen. Aber außer einer alten vergilbten Gardine konnte ich nichts im Innern erkennen. Zaghaft zog ich am Glockenstick und mit einem fast schon engelhaften Stimmchen meldete sich die Glocke zu Wort.

Kein Geräusch drang aus dem Haus an mein Ohr, und doch öffnete sich die Tür, genau wie die Pforte, wie von selbst. Langsam kamen in mir Zweifel auf, ob das hier alles mit rechten Dingen zuging oder wollte sich da jemand über mich lustig machen? Der Schaukelstuhl in seiner Ecke wippte unruhig, so, als hätte sich jemand von ihm erhoben. Mit einem flauen Gefühl in der Magengrube trat ich ein und die Tür fiel hinter mir laut ins Schloss. Erschrocken drehte ich mich um.

„Hallo Kindchen, ich warte schon lange auf dich." Abermals vom Schreck gepackt, drehte ich mich blitzartig zu der unerwarteten Stimme um. Vor mir stand eine alte kleine, sehr dicke Frau. Ihre schlohweißen Haare waren locker nach hinten gebunden und ihre Kleidung machte auf mich einen gepflegten aber irgendwie nicht zeitgemäßen Eindruck. Sie kam mit einem großen Teller duftendem Kuchen auf mich zu. „Komm, der Kaffee wartet schon." Sie drehte sich ohne ein weiteres Wort auf dem Absatz um und verschwand rechts von mir hinter einem schweren Vorhang, der über und über mit Rosen bestickt war. Ich folgte ihr schweigend wie in Trance. Hinter dem Vorhang tat sich ein unerwartet heller Raum auf, in dessen Mitte ein runder, festlich gedeckter Tisch stand, auf dem für zwei Personen eingedeckt war. Das Geschirr mit seinem feinen Rosenmuster fiel mir sofort ins Auge, ja auch die Tapete und die Gardinen. Auf allem waren Rosen zu sehen in den unter-

schiedlichsten Farben und Formen. Ich fühlte mich in das alte England zurück versetzt. So etwas hatte ich bisher nur in einem kleinen Hotel in Südengland gesehen. „Setz dich doch Kindchen". Während ich mich auf dem Stuhl niederließ, der offensichtlich für mich gedacht war, goss die alte Frau den Kaffee ein. „Schön, dass wir uns endlich einmal kennenlernen." Sie sah mich mit einem zufriedenen glücklichen Lächeln an. Endlich hatte auch ich meine Stimme wiedergefunden. „Entschuldigen Sie bitte, aber ich habe Sie noch nie hier gesehen." Sie erhob sich von ihrem Platz, um mir mit einem schweren Seufzer ein Stück Kuchen auf meinen Teller zu legen. „Ach ja, meistens bin ich drüben beschäftigt." Mit einem Kopfnicken zeigte sie in Richtung des Fensters. Ich nahm an, dass sie wohl das Gemeindezentrum der evangelischen Kirche auf der anderen Straßenseite meinte, welches man schemenhaft durch die Vorhänge sehen konnte. Dort war immer etwas los. Von Chorproben bis Basteln wurde dort viel für die alten Leute angeboten. „Ach so." Verlegen nahm ich einen Schluck aus meiner Tasse. Ich hatte bisher weder meinen Namen genannt noch hatte ich einen Gruß ausgesprochen. Irgendwie war in meinen Kopf ein heilloses Durcheinander. Etwas schüchtern und verlegen, ob meines ungebührlichen Verhaltens, streckte ich der netten alten Dame meine Hand entgegen. „Ich habe mich Ihnen noch gar nicht vorgestellt, mein Name ist Nora, Nora Rode." Die alte Dame lächelte mich vielsagend an und schüttelte meine Hand.
„Ja ich weiß. Ich heiße Lina, Lina Baumann. Es freut mich außerordentlich, dass wir uns endlich begegnen". Sie legte ihre kleine, mit Falten überzogene Hand wie zur Bekräftigung auf die sich schüttelnden Hände. Plötzlich erfasste mich eine eisige Kälte. Die Haare in meinem Nacken und auf meinen Armen stellten sich auf und eine unbekannte panische Angst durchflutete meinen Körper. Die Hände der alten Dame strahlten eine Kälte und Starrheit ab, wie ich sie noch nie verspürt hatte. Es war ein Gefühl, als wenn man einen kalten sich unangenehm anfühlenden spröden Stein in der Hand hielte. Ich weiß nicht warum, aber ich konnte dem inneren Drängen, meine Hand zurückzuziehen, nicht nachgeben. Ihr vor

Glück strahlendes Gesicht machte es mir unmöglich. Ich wollte sie auf keinen Fall enttäuschen oder vor den Kopf stoßen. Es war wie ein unsichtbares Band, das sich seit meinem Eintreten um uns gelegt hatte und uns auf ewig verband. Eine kleine Sorgenfalte bildete sich auf Lina Baumanns Stirn. „Ich habe Sie schon oft dabei beobachtet, wie Sie meinen Garten bestaunen. Ich hoffe Sie sind mir nicht böse deswegen?" Sie hatte so ein bezauberndes Wesen an sich, wie konnte ich ihr jemals böse sein. „Aber nein, nicht doch. Ich bewundere ihren Garten nur so sehr. So stelle ich mir mein Traumhaus vor. Ich wohne nicht weit von hier in einer kleinen Zwei-Zimmer-Wohnung. Ihr Haus und der Garten laden mich immer wieder zum Träumen ein." Mit wissendem Blick sah sie mich mit diesem Lächeln an, bei dem man sich einfach nur noch geborgen und zu Hause angekommen fühlt. „Ja, ich weiß. Ich habe mir gedacht, ob Sie mir vielleicht ein wenig bei der Gartenarbeit helfen könnten. Meine Arthritis und das verdammte Rheuma. Na ja, es geht halt vieles nicht mehr so leicht von der Hand wie früher."
Ein Strahlen erfasste mein Gesicht. „Ja, oh ja, es gibt nichts, was ich lieber täte. Sagen Sie mir, was ich tun soll und ich erledige es gerne für Sie." Die alte Dame freute sich sichtlich über meine Zusage. „Ach Kindchen, es gibt da nur ein kleines Problem. Ich werde wahrscheinlich oft nicht hier sein. Macht es Ihnen etwas aus, wenn ich Ihnen einen Zettel hinlege mit den Aufgaben, die zu erledigen sind?" Begeistert über meine neue Aufgabe schüttelte ich den Kopf. „Aber nein, das ist kein Problem, ich mache es wirklich gerne." Es war also abgemacht, und nach einer netten Plauderei bei Kaffee und Kuchen ging ich an diesem Abend glücklich und zufrieden, wie schon lange nicht mehr, nach Hause in meine kleine enge Wohnung.
An den folgenden Tagen und Wochen fand ich in regelmäßigen Abständen einen Zettel auf dem kleinen Tischchen auf der Veranda mit den Aufgaben, die zu erledigen waren. Ich schnitt die Rosen, hackte die Beete, ließ einen Tischler kommen, der die Fensterläden wieder in Ordnung brachte und begann sogar die Veranda mit neuer Farbe zu streichen, genau so, wie es auf dem Zettel stand.

Die Arbeit machte mir riesigen Spaß, egal was gerade für Wetter war, ob es regnete oder ein wilder Wind mir um die Ohren pfiff. Ich fühlte mich einfach nur pudelwohl in meiner Haut. Die alte Dame bekam ich jedoch kein einziges Mal zu sehen.
Doch plötzlich blieben die Zettel aus. Mehrere Tage hintereinander fand ich ich kein Blatt Papier mit den Aufgaben für mich auf dem Tischchen. Ich begann mir Sorgen zu machen. Ob der alten Dame vielleicht etwas zugestoßen war? Ich beschloss, mich im Gemeindezentrum nach ihr zu erkundigen. Mit bangen Vorahnungen läutete ich gegenüber an der Tür. Ein netter, älterer Herr öffnete mir. „Ja bitte, wie kann ich Ihnen helfen?" Er sah die Angst in meinem Gesicht. „Kommen Sie doch herein." Schweren Schrittes folgte ich ihm bis zu einem Arbeitszimmer. Er zeigte auf einen Stuhl und ich nahm das Angebot, mich zu setzen, gerne an. Mit bangem Blick brachte ich mein Anliegen vor. „Entschuldigen Sie bitte, aber ich bin auf der Suche nach der alten Dame von gegenüber." Er sah mich verdattert an. „Welche alte Dame meinen Sie?" Ich verstand seine Frage nicht recht. „Na, Frau Baumann, Frau Lina Baumann, aus dem alten Haus von gegenüber." Eine Mischung aus Erstaunen und Entsetzen lag auf seinem Gesicht. Wortlos erhob er sich und ging an einen Schrank. Er kam mit einem großen Umschlag wieder. „Entschuldigen Sie bitte, wenn ich das frage. Haben Sie mit ihr gesprochen?" Als ich nickend bejahte, begann der Umschlag in seinen Händen zu vibrieren. „Bitte erzählen Sie mir davon." Kreidebleich setzte er sich mir gegenüber und ich erzählte ihm, was ich vor einigen Wochen erlebt und was sich seitdem zugetragen hatte. Zu meinem Erstaunen holte er eine Flasche Schnaps und zwei Gläser aus seinem Schreibtisch. „Es tut mir Leid, das ist sonst nicht meine Art, aber ich brauche jetzt erst einmal einen Schnaps auf den Schreck. Wollen Sie auch einen?" Ich verstand nicht, was das sollte und schüttelte verständnislos den Kopf. „Nein danke, aber wenn Sie mir endlich sagen könnten, was mit Frau Baumann ist. Ihr ist doch nicht etwa was zugestoßen?" Hastig leerte mein Gegenüber sein Glas. Er schob mir den Umschlag über den Tisch. „Sehen Sie sich erst einmal den Inhalt dieses Schreibens an."

Eilig überflog ich die Zeilen. Es war ein Brief der alten Dame, der augenscheinlich an mich gerichtet war, und die schlimmsten Befürchtungen, was wohl mit ihr geschehen sei, stiegen in mir auf. In dem Brief stand, dass sie lange nach mir gesucht hatte, um einen würdigen Besitzer für ihr Haus zu finden. Anbei lagen alle erforderlichen Papiere, die mich zum derzeitigen Besitzer des Hauses machten. Sie waren alle auf meinen Namen ausgestellt und notariell beglaubigt. Ich wurde nur noch aufgefordert, in den nächsten Tagen einen Termin bei einem bestimmten Anwalt wahrzunehmen, um meine erforderlichen Unterschriften zu leisten. Entgeistert ließ ich die Papiere sinken. Ich konnte einfach nicht fassen, was dort stand. „Aber wieso? Was um alles in der Welt ist denn mit Frau Baumann geschehen?" Der nette Herr hatte seine Fassung wieder gefunden und auch seine Gesichtsfarbe war wieder in ein warmes rosa umgeschlagen. Er legte mir beruhigend seine Hand auf meinen Arm. „Bleiben Sie ganz ruhig. Wir warten hier schon sehr lange auf Sie." Er erhob sich von seinem Platz. „Kommen Sie bitte, ich will Ihnen etwas zeigen." Er verließ den Raum und ich folgte ihm. Während er vor mir her ging erzählte er mir, dass sich die Gemeinde bisher im Rahmen ihrer Möglichkeiten um das Haus gekümmert hätte. „Wissen Sie, Frau Rode, wenn Sie heute nicht zu uns gekommen wären." Er blieb kurz stehen und drehte sich nach mir um. „Morgen wäre die Frist abgelaufen und das Haus wäre in den Besitz der Kirche übergegangen. So steht es in den Papieren. Aber das wird ihnen der Anwalt noch alles ausführlich erklären." Mit einem gewissen frettchenhaften Blitzen in den Augen sah er mich an. „Sie treten doch das Erbe an oder können wir uns noch Hoffnungen machen?" Ich war vollkommen durcheinander, was sollte das alles? „Wieso Erbe, und nein, ich meine, ja, ich behalte das Haus natürlich, wenn es der Wille von Frau Baumann ist." Er setzte seinen Weg fort, nicht ohne mir eine gewisse Enttäuschung durch seinen Blick kundzutun. Wir verließen das Gemeindehaus. Unser Weg führte uns an der Kirche vorbei, die direkt nebenan lag und betraten den kleinen Friedhof der dazu gehörte. Plötzlich blieb mein Begleiter abrupt stehen. „Ja Frau Rode, was soll ich sagen?

Hier sehen Sie selbst." Vor mir auf einem verwitterten Grabstein stand zu lesen:
„Hier ruht Lina Baumann, gest. am 8. Mai 2004,
sie hat die Blumen geliebt wie keine Andere"
Ich bekam kein Wort heraus. „Aber, aber das, das kann doch gar nicht sein. Ich, ich hab doch mit ihr gesprochen. Das, das würde ja bedeuten, dass ich mit, mit einer Toten Kaffee getrunken habe." Jetzt war es an mir, die Gesichtsfarbe zu verlieren. Mein Begleiter hatte wohl so etwas geahnt und zog umständlich einen Flachmann aus seiner Jackentasche. Dankend nahm ich einen kräftigen Schluck. „Aber wie kann das denn sein?" Mein Begleiter zuckte mit den Schultern. „Das kann ich Ihnen auch nicht sagen. Ich weiß nur, dass Frau Lina Baumann ihren Garten schon fast fanatisch geliebt hat. Als sie gestorben war, wollte ihr Neffe das Haus verkaufen und ein Einkaufszentrum auf das Grundstück bauen lassen. Dank der Klausel im Testament war das nicht möglich und so warten wir seitdem, das jemand zu uns kommt und nach Frau Lina Baumann fragt." Die Wirkung des Alkohols hatte mich wieder etwas belebt. Ich atmete tief durch und so langsam begriff ich mein Glück.
Gedankenverloren starrte ich auf den Grabstein. „Ach, Lina Baumann, da hast du mich ja ganz schön überrascht. Schade, dass wir nun keinen Kaffee mehr miteinander trinken können."
Nach einigen Augenblicken der Stille und des Gedenkens folgte ich meinem Begleiter wieder zu seinem Büro. Doch bevor ich den Friedhof verließ, drehte ich mich noch einmal um und sah, ja ich sah Lina Baumann wie sie mir lächelnd zuwinkte. Schmunzelnd ging ich davon und wenn ich heute auf meiner kleinen Terrasse bei einer Tasse Kaffee sitze und der Schaukelstuhl mir gegenüber sacht hin und her wippt, bin ich mir fast sicher, dass ich nicht ganz alleine die Schönheit meines Gartens genieße.

Rosemarie Keil   Freiberg

Verwunschene Zeit

Ganz langsam breitet dieser Septembertag immer länger werdende Schatten über die Insel. Hoch über dem steinigen Strand und den kieferbewachsenen Dünen habe ich eine überwältigende Aussicht auf das taubenblaue Wasser des Boddens und zum offenen Meer hinter der nahen Landzunge.

Hier oben, auf unserer einsamen Bank, wollen wir Abschied feiern: Abschied von der Insel, vom Meer, vom Sommer. Wir holen eine Flasche Merlot und zwei Gläser, ein halbes Weißbrot und ein Stück Käse aus unserem Rucksack. Der orangerote Sonnenball sinkt immer tiefer und überschüttet das Meer mit Millionen von Glitzerpünktchen. Eine sanfte, beruhigende Stille breitet sich aus. Ich höre nur das fast behutsame Rauschen der Wellen, das Zirpen einiger Grillen hinter mir in den Heckenrosen und das Schreien der Möwen, das jetzt am Abend auch leiser zu werden scheint.

Wir stoßen an auf unseren Urlaub, auf diese bezaubernde Insel, auf die Schöpfung überhaupt. Lobe den Herrn, meine Seele ... Wie gebannt beobachte ich die Sonne, die jetzt beinahe die Horizontlinie berührt. Gleich wird sie ins Meer eintauchen und binnen weniger Minuten ganz verschwunden sein.

Und wieder, wie schon so oft in glücklichen Momenten, wächst in mir der Wunsch, die Zeit einfach anhalten zu können. Anzuhalten, damit sich dieser Augenblick bis ins Unendliche dehnt und ich ihn ganz entspannt und ohne Angst, ihn zu verlieren, genießen kann.

Plötzlich passiert es: eine Möwe, die gerade zur Landung auf einem großen Stein im Wasser ansetzt, bleibt einfach regungslos in der Luft stehen; eine größere Welle, die gleich an den Strand rollen müsste, wird in ihrer Bewegung wie in einer Filmaufnahme angehalten. Es ist auf einmal windstill, und die eben noch heftig schwankenden, hohen Grashalme zu meinen Füßen bleiben fast

bis zur Erde geneigt. Überhaupt ist es gespenstisch still: kein Möwengeschrei, kein Grillenzirpen, nichts. Auch die Sonne verändert ihre Position nicht, dabei warte ich doch auf ihr Eintauchen ins Meer! Zutiefst erschrocken will ich aufspringen, aber das ist unmöglich. Ich kann mich nicht im Geringsten bewegen, nicht aufstehen, ja nicht einmal mein Weinglas zum Mund führen! Wie in die Ewigkeit eingefroren komme ich mir vor; für eine endlos lange Zeit ... „Sag mal, träumst du? Probier mal den Merlot, er schmeckt phantastisch!"
Wieso kann er denn sprechen und trinken? Wo alles rundum doch erstarrt ist? Vorsichtig versuche ich, meine Füße zu bewegen, hebe mit Mühe einen Arm. Es ist wieder möglich! Erleichtert atme ich auf. Mein Dornröschenprinz hat mich von diesem Bann erlöst, und nach dem ersten Schluck Rotwein kommt wieder Leben in meine Glieder. Auch der Käse schmeckt wunderbar, den ich beinahe, ebenso wie den Wein, überhaupt nicht hätte genießen können! Die Möwen ziehen wieder kreischend ihre Kreise und holen sich unsere Brotkrumen. Die Wellen rollen leise murmelnd ans Ufer; und die Sonne beginnt, einen blutroten Streifen aufs Meer zu zaubern und sich mit zarten Schleierwolken zu umgeben. Auch wenn sie in Kürze verschwunden sein wird, schaue ich dankbar auf den sich mehr und mehr türkis und orange färbenden Abendhimmel.
Ja, alles hat seine Zeit ... Und es ist gut, dass niemand daran „drehen" kann.

Wie blind

Nein, das durfte nicht sein. Das konnte sie einfach nicht glauben!

Sie hatte zu Hause nur ihre Tasche auf einen Stuhl geworfen und dann hastig ihr Fahrrad aus dem Schuppen gezerrt. Jetzt raste sie wie blind den steilen Weg ins Tal hinunter. Nicht einmal in der engen, unübersichtlichen Kurve achtete sie auf die Straße. „Nein – nicht sein – nein – sein", quietschte das Schutzblech im Takt ihrer Pedaltritte.

Als sie auf der schmalen, hölzernen Brücke angelangt war, sprang sie unvermittelt vom Rad. Schwer atmend, hielt sie sich an dem rostigen, verbeulten Geländer fest. Ganz langsam drang die Stille ringsum bis zu ihr vor.
Und wenn es nun doch so kam, wie es der Augenarzt vermutet hatte? Wie würde das sein? Mit geschlossenen Augen versuchte sie zögernd, die wenigen Laute, die zu hören waren, genauer zu bestimmen. Das ferne Hundegebell musste vom anderen Ufer herüber tönen. Die Vögel jedoch schienen in den Bäumen rund herum zu zwitschern. Ob es wohl Meisen waren? Irgendwo weit weg brummte ein Motorrad. Oder war es ein Hubschrauber, der langsam näher kam? Sie würde künftig besser auf Geräusche achten müssen, nahm sie sich vor.

Wie unter Zwang hielt sie die Augen weiter fest geschlossen und tastete sich am Geländer ein paar Schritte weiter Richtung Flussmitte vor. Achtung, hier war die gefährlich scharfe Kante, an der sie sich einmal die Jacke zerrissen hatte. Ihre Finger erkannten die Stelle sofort wieder.

Aber jetzt konzentrierte sie sich voll auf das Wasser. Ganz nahe vor ihr murmelte sich der Fluss leise und gleichmäßig durch sein Bett, aber in ihrem Rücken hörte sie ein kräftiges, beinahe ungeduldiges Rauschen. Sie stand oft hier auf der Brücke, doch dieser Unterschied war ihr sonst noch nie aufgefallen. Eigenartig, aber das ließ sich nachher vielleicht klären.

In diesem Moment traf sie ein Sonnenstrahl, der ihr Gesicht wärmte. Hinter den geschlossenen Lidern spürte sie die Helligkeit. Das war also trotzdem noch möglich, dachte sie erstaunt. Dann mussten sich wohl kleinere Wolkenfetzen vor die Sonne geschoben haben. Sie zauberten vor ihrem „inneren Auge" ein heiteres, schnell wechselndes Licht- und Schattenspiel. Ihr Gesicht entspannte sich. Und plötzlich kam es ihr so vor, als ob sie schon einen Hauch von Frühlingsduft in der Nase hätte. Seltsam, was man alles wahrnehmen konnte, ohne es zu sehen, dachte sie.

Doch dann hielt sie es nicht länger aus und öffnete ungeduldig die Augen. Eine hellgraue Wolke, die wie ein kleines Schaf aussah, verdeckte gerade die Sonne. Sie ging zum Geländer auf der anderen Seite hinüber und entdeckte, dass das kräftigere Rauschen des Flusses in ihrem Rücken von einer winzigen, grasbewachsenen Insel herrührte, an der sich das Wasser keilförmig vorbeischlängeln musste, um nach diesem Hindernis wieder gleichmäßig dahinziehen zu können.

Dieses Bild wollte sie sich genau einprägen, für später ... Oder besser: aufschreiben! Sie selbst. Ohne Hilfe. Mit eigenen Augen. Noch war ja alles möglich.

Frühlingserwachen

Nun scheint es ja doch noch Frühling zu werden:
die Luft ist so samtig, der Himmel so weit ...
Mein Herz fragt mich zögernd:
„Darf ich jetzt wohl frei sein?
Ist endlich vorbei die bedrückende Zeit?"

Der Winter war lang, und ich hab mich vergraben
in hundert Hüllen aus Horn und Stein.
Ob ich nun versuche, mich ganz behutsam
aus diesem Panzer zu befrein?

Ich steig auf den Hügel und atme die Weite.
Wie zart und versprechend das erste Grün –
ein Duft steigt herauf aus Wiesen und Feldern.
Hab ich dem Winter und mir nun verziehn?

Ein Vogel schickt jubelnd sein Lied mir herüber.
Es ist, als ob er nur mich allein meint.
Ich schließe die Augen – mein Herz möchte fliegen.
Und fast sind wir zwei nun wieder vereint.

Septembertag

Schwalben überm Nachbarhof,
tausend an der Zahl,
sammeln sich zum Sonnenflug.
Sommer wird nun fahl.

Über Feld und Wiese weht
leis Melancholie,
stäubt die „fünfte Jahreszeit"
Septemberpoesie.

Web aus Apfelsonne mir
ein warmgoldnes Kleid,
dass ich überstehe heil
Sturm und Winterszeit.

Aus Zeit

Ich strick einen Schal aus Zeit,
aus meiner Lebenszeit:
bunt leuchtend und schillernd im Glanz,
tiefschwarz und in trostlosem Grau.

Die Maschen groß und voll Schwung
oder eng aneinander gekrampft.
Eine verloren – ihre Spur weit hinunter,
wieder zum Anfang.

Das Garn mal voll Noppen,
mal dünn und brüchig,
zerrissen sogar und
zitternd geknüpft.

Mein Schal ist mir Schutz,
trotz aller Lücken.
So lässt er Wind und Sonne hindurch.
Einen Rand oder Fransen hat er nicht –

noch soll er kein Ende haben.

Sigrid Klemm Chemnitz

Sommertöne

Mein Blick erfasst die vorstehende Porphyrmauer, die im Schein der Abendsonne rötlich leuchtet. Sie hebt sich von der weiß getünchten Wand des einstigen Klosters auf dem Schlossberg gut ab. Ich setzte mich auf meinen Dreibeinhocker unter eine der alten Kastanien. Die Mauer rechts am Weg leuchtet ebenfalls in einem rötlichen Ton, während die Kastanie ihren Schatten auf die gelbgrüne Wiese wirft. Ich zeichne das Motiv auf meinem Aquarellblock vor, dann beginne ich mit der Farbe. Es ist schwirig in der Natur zu malen, denn es muss schnell gehen. Laufend verändern sich die Farbtöne. Was erst im Licht erstrahlte, wird nach kurzer Zeit vom Schatten bedeckt und die Stelle verliert ihren Glanz.
In den schattenspendenden Zweigen über mir singen die Vögel. Ihre Melodien beflügeln mich zu zarteren Farbgebungen. Die Leichtigkeit des Sommers umspielt mich.
Meine Sinne sind hellwach als meine Ohren eine menschliche Gesangsstimme, wie von einem Engel, vernehmen. Ich lausche. Jetzt kitzelt ein ganzer Chor mein Gehör. Küsst mich da etwa die Muse? Ich lasse mich von den musikalischen Klängen eines mir bekannten Musicals inspirieren. Die Töne wirken auf mich wie ein erfrischender Wasserfall am heißen Sommertag. Wellness pur für die Seele.

Ich lege den Block ins Gras, erhebe mich von meinem Hocker und gehe den Klängen nach. Auf einem Podium, neben dem Eingang des Museums, proben junge Leute bekannte Lieder und Szenen aus verschiedenen Musicals.
Heute darf ich Kunst in allen Tönen in der Natur genießen, und das ganz ohne Eintritt. Welch ein Tag.
Mit dem Klang des Gesanges im Ohr kehre ich auf meinen Hocker zurück, doch nichts ist mehr so wie es war. Die Sonne hat mir

inzwischen mit ihrer eigenen Melodie einen Streich gespielt und mein Motiv in völlig neue Farben getaucht.

Ich schaue mich um und entdeckte, wie sie gerade die kleine Mauer vor dem Museum in der Wiese, welche von Kletterhortensien überwuchert ist, mit ihren Strahlen hell umflimmert, als wenn weiße Schmetterlinge über den Hortensienschleier flattern. Ein reizender Anblick. Die Wiese leuchtet in der Abendsonne im satten Gelb. Die Kastanie ist die gleiche unter der ich sitze, nur ihre Schatten sind intensiver geworden. Sie werfen im starken Kontrast zum satten Gelb einen blauvioletten Schleier vor die Wiese.

Ich beeile mich, um dieses Farbenspiel noch als Skizze auf mein Blatt zu bekommen.

Mich begleitet dabei eine Tenorstimme, im Wechsel mit dem Chor aus einem Musical. Ich male die Mauer in dunklen Tönen. Die helle Stimme des jungen Mädchens lasse ich in warmen Gelbtönen auf das Blatt tropfen und die weißen Flecken gehören den flirrenden Strahlen der Sonne, welche ich frei lasse. So entstehen die Blumen und auch die leuchtende Wiese. Der dumpfe Klang des Orchesters wirft die gespenstigen Schatten davor. Aus dem Zwielicht steigen zarte Pastelltöne in der Ferne auf, umhüllt von einem leichten Blauschleier. Die letzten Pinselstriche fließen wie von selbst. Die Farben werden dünner.

Die Zeit mahnt, um die entstandenen Arbeiten auszuwerten. Ich packe mein Malzeug in den Rolli und fahre zum Treffpunkt. Im Gepäck meine Sommertöne.

27.6.10. / 3.

Herbstblätter

Wer kennt sie nicht, wenn der Sommer seine Schuldigkeit getan hat. Niemand kann ihn aufhalten. Der Herbst wird ihn umgarnen. Doch diese Hochzeit ist das Hochgefühl des Sommers.

Ich vergleiche den Herbst mit einer alternden Diva, die sich noch einmal mit allen Mitteln von Kopf bis Fuß so richtig stylt, wenn sie die Bühne des Lebens noch nicht verlassen will. Sie hängt an ihrem Sommerglanz, putzt sich mit farbenfrohen Kleidern heraus und steht in Flammen, wie der Waldbrand des Indiansummers. Ihre Jahresringe und die gegerbte Sommerhaut versteht sie geschickt zu verstecken unter dickem Make-up und seidenen Tüchern. Dazu legt sie ihre Brillanten an und glitzert wie ein taubesetztes Spinnennetz in der Sonne, voller Liebesperlen. Sie sucht ihre Mitte, um nichts aus den Augen zu verlieren. Grell leuchtende Farben sind ihre Welt, beim imposanten Abgang von der Bühne.

Doch wehe, wenn der stürmische Herbstwind ihr unter den Rock fährt und das Geäst frei legt, ihr die Perücke raubt und sie kahl fegt, wie den alten Baum vom letzten Blatt. Diese peinliche Berührung kann sie ins Stolpern bringen, auf ihren hochhackigen Pumps.

Wenn sie die ersten Nebelhexen sie umgarnen und in ihren Bann ziehen, verschleiert sich ihr Blick. Sie wählt die Farben etwas blasser und allmählich vergilbt ihr Ansehen. Auch ohne Prunk ist sie immer noch eine interessante Gestalt, wie eine Grafik. Doch das weiße Tuch bleibt ihr nicht erspart.

Meine Sommergefühle drängen sich zwischen die Blätter und fordern mich zum Sammeln auf. Sie wollen zwischen die Zeilen, wie die Ernte in den Korb. So wie der Wind das Laub von den Bäumen reißt, so weht er mir die Gedanken voller Erinnerungen in meinen Herbst. Sie sagen mir, ich soll sie in ein Buch pressen, damit sie nicht verloren gehen. Beim Konservieren meines Sommers, entdecke ich allerhand Kostbarkeiten und komme mir vor wie eine Archäologin dabei. Diese Grabungen kosten Kraft. Ich lasse mich auf Wortgefechte ein und spanne meinen Bogen, um ins Schwarze zu treffen. Dabei heizt das Futter meines Geistes mir schon den Kamin für den Winter an. Ich verarbeite die Fundstücke meines Lebens in verschiedenen Formen mit Stift, Pinsel, Farben, Computer und Worten auf Papier zu „Herbstblättern". Vom Vorrat meines Winters, lasse ich gern ein paar Kostproben für die Nachkommen übrig

3.10.09 / 3.

Manchmal

Manchmal wachsen
die Gedankentürme
ins Unermessliche.
Ich hole sie zurück
in Unvergessliche
und weise sie in Schranken,
bevor sie wanken.

Mit den Ideen bau ich
Mauern und Gebäude,
oder Blumengärten
mir zur Freude.
Manchmal, wenn die Welt
mir gar zu schlecht,
führ ich Krieg mit Worten
für mein Recht.

18.5.11 / 4.

Am Wendepunkt

Ein Mittelpunkt
am Wendepunkt.
Ich steige ein,
fahr nach vorn
und schau zurück.
Wo bleibt das Glück?

Ich steige aus
am Haltepunkt.
Denk an das Ziel,
schau nach vorn
und bleibe stehen.
Kann es persönlich
vor mir sehen.

Ich greife zu
und halt es fest.
Bin doch so froh,
dass es sich lässt,
als Mittelpunkt
vom Wendepunkt.

5.2.11 / 2.

Verweile

Du gehst deinen Weg
schaust dich nicht um,
über Brücken und Steg
läufst nicht drumrum.

Ist das Ziel auch weit
musst nicht so eilen,
nimm dir doch Zeit
um mal zu verweilen.

Was du alles siehst
war vorher dir fremd,
bewunderst es neu
im eigenem Camp.

Entdeckst in der Welt
interessante Plätze
und ganz ohne Geld
verborgene Schätze.

Stress macht dich blind
dir kann vieles entgehen,
wirst, wenn du verweilst
mit dem Herzen sehen.

17.6.11 / 4.

Heidrun Kligge Dessau-Roßlau

Aufstieg zum Brocken

Wie einst die Dichter wandern wir hinauf,
bewundern hier die Schönheit der Natur,
das sprudelnde Bächlein
am Wegesrand.
Das weiche Moos lockt uns zur Rast,
geheimsnisvoll wirkt der Hexensumpf,
wir tanzen mit kichernden Wesen
im Ringelrein.
Studiern das Hexen-Einmaleins.

Toter Wald,
abgebrochene Stämme,
riesige aus der Erde gerissene Wurzeln,
Grau soweit das Auge reicht.
Welch Anblick,
Kälte greift nach unseren Nacken,
Finger des Erlkönigs?
Unbeirrt stapfen wir
auf dem hellen Weg weiter hinauf.

Wieder Leben, Licht,
Gräser, vereinzelt kleine Bäume,
Schachtelhalme und Zweige der Sommerheide
wiegen ihre Halme im Wind.
Steine kullern uns entgegen.

Schnaufend fährt die Harzquerbahn vorbei,
ihr Rauch hüllt uns in graue Schleier.
Wir winken ihr hinterher,
blicken hinab in die Tiefe,
suchen über uns den Gipfel.

Schließlich stehen wir in
windiger Höhe.
Schauen auf Hügel, Wälder, Städte,
über weite Flur und gelbe Felder.
Der Blick schweift weit,
wir fühlen uns frei.
Wir wollen verweilen,
für diesen glücklichen Augenblick,
suchen in Nebelschwaden
nach dem Brockengespenst.

Dann gehen wir fröhlich zurück,
hinunter im Wettstreit mit den
vor uns her rollenden Kieseln am Wegesrand.
Uns begleitet das glucksend in
die Tiefe stürzende Wasser des Baches,
Schaumkrönchen werfend,
auf das umspülte Geröll.

Herbstglut

Geblendet vom goldenen Glanz,
blicke ich vorbei an duftenden Rosen,
reiße mich los von Dornen,
eile durch raschelnde Blätter,
finde mich gefangen
in Herbstglut.

Liebe

Du suchst
trinkend
bei mir Zweisamkeit.
Ich versinke
in deinem weichen Haar.
Uns umgibt
wohlige Wärme.
Dein leises Schnurren
besänftigt mein Gemüt.

Meine Katze

Kehr ich spät heim, begrüßt du mich.
Erinnerst mich an meine Pflicht.
Es tut so gut, dich jetzt zu haben.
Ich eile schnell, um dich zu laben.
Auf Seide ruhst du neben mir,
kann deinen Atem hören.
Es tränt das Auge, rinnt die Nas,
o Allergie, zum Teufel dir.
Ich schnief mich leise in den Schlaf,
will deine Ruh nicht stören.
Am Tisch teil'n wir uns einen Stuhl
und alle guten Bissen.
Ich kann dich doch nicht schmachten sehen,
klug nutzt du dieses Wissen.
Mir bleibt das fette Butterbrot,
du kriegst gekochten Schinken.
Und bist du satt, so wirst du gehen.
Ich werd' dir leise winken.
Stolz schreitest du durch dein Revier,
auf weichen, sanften Sohlen,
beim Jagen greifst du blitzschnell zu,
um dir die Maus zu holen.
Kehrst du zurück, beschenkst du mich,
und singst mir deine Weise.
Ich leg mein Ohr dann an dein Fell
und höre sie, ganz leise.
So lieb ich dich, oh Königin,
beherrscht du auch mein Leben.
So ist das doch ein wahres Glück,
ein Nehmen und ein Geben.

Unser Kater Floyd

Ich dämmere im Halbschlaf auf der Couch. Plötzlich höre ich leise Schritte, dann ein Sprung. Vorsichtig Stück für Stück tastet er sich zu mir herauf. Schließlich legt er sich in meinen Arm. Meine Fingerspitzen berühren seine Pfötchen. Leises Schnurren. Wir genießen diese Zweisamkeit. Schon 15 Jahre bereichert der schwarz-weiß Gefleckte unseren Alltag.

Es war Mai als meine Freundin mich damals fragte, ob ich ein Kätzchen nehmen würde. Ihre Katze hatte drei Junge geworfen. Ich besuchte sie und hielt ein winziges Etwas in meiner Hand. Mit dünnem Stimmchen rief es nach der Mutter. Der Rücken, der Schwanz und der Kopf schwarz-grau, das Gesicht, ein Fleck auf dem Rücken und der ganze Rest weiß. Es sah aus, als hätte der kleine eine dunkle Frisur, mit einem Mittelscheitel.
Da mein Mann eigentlich keine Tiere wollte, ersann ich eine List. Ich berichtete freudestrahlend von dem kleinen Erdenbürger und sagte er heiße Floyd. Der Name stammte von einem unserer Bekannten aus Alabama und bedeutete schon die „halbe Miete". Er sah sich den Kleinen in der Wochenstube an und das winzige Fellbündel, mit den noch eingezogenen Öhrchen, hatte im Nu gewonnen.
Nach sechs Wochen war es dann so weit. Wir holten das Katerchen zu uns nach Hause. Wir wohnten damals noch im 2. Stock in einer Mietwohnung am Stadtrand, hatten aber begonnen uns auf dem Lande ein Eigenheim zu bauen. Also bedeutete das erstmal für das Kätzchen in der Wohnung zu bleiben. Der Kleine rief am ersten Tag noch sehr nach seiner Mutter, aber bereits am 2. Tag erkundete er sein neues Reich. Mit dem schnurrenden, Aufmerksamkeit einfordernden Wesen änderte sich schlagartig unser Leben. Es kehrte eine wohltuende Ruhe in unser sonst doch vom hektischen Alltag bestimmtes Leben ein. Die Kinder hatten eine wichtige Aufgabe, denn der Kleine wollte versorgt sein und brauchte von uns allen viele Streicheleinheiten und das gemeinsame Spiel war für alle eine

tolle Erfahrung. In den Kinderzimmern gab es viel Spielzeug. Die Gummischläuche des Hydraulikbaukastens wurden zum ersten Opfer der kleinen Zähne. Interessant war die Badewanne, man konnte so wunderbar auf dem Rand im Kreis turnen, oder die Badematte anheben, um darunter zu schauen. In der Küche waren sein Körbchen, die Futterstelle und das Katzenklo, dort stand auch ein Vogelbauer, in dem ein Finkenpärchen wohnte. Oft blickte der kleine Floyd hinauf, der Jagdinstinkt bewirkte großes Interesse an den gefiederten Gesellen, deshalb vermieden wir es, ihn unbeobachtet in deren Nähe zu lassen.

Unser Katerchen nannte bald alle Zimmer sein Eigen und hatte sich schnell aus der großen Sammlung der Stofftiere seinen Favoriten herausgesucht, den weißen Fuchur aus der unendlichen Geschichte.

Der erste Besuch beim Tierarzt bestätigte unseren bisherigen Eindruck, wir hatten ein prächtiges Kerlchen mit einem sehr starken Willen. Er wuchs tüchtig und ich begann mir bald Gedanken zu machen. Würde er sich an das Stubenleben zu sehr gewöhnen? Schließlich sollte er ja nach unserem Umzug auch hinaus in den Garten. Ich kaufte eine Leine und ein Halsband und nahm mir vor, mit meinem Liebling draußen spazieren zu gehen. Aber das behagte ihm überhaupt nicht. Als wir vor dem Haus standen miaute er laut und mit einem kräftigen Ruck schlüpfte er aus dem Ledergeschirr und raste die Stufen bis zur Wohnungstür hinauf. Dort verlangte er sofort lautstark Einlass. Ich stand mit dem leeren Ledergeschirr und blicke ihm nur noch fragend hinterher. Beim zweiten Versuch langte unser Energiebündel dem neugierigen Nachbarshund, einem schwarzen Labrador, eine kräftige Ohrfeige und fauchte den um vieles Größeren tüchtig an, noch ehe der Nachbar sagen konnte: „Keine Angst, Whisky tut nichts, er liebt Katzen." Der arme Hund verstand das gar nicht, er hatte doch zu Hause auch eine Katze, seit wann waren denn solche Tiere frech. Er wollte doch den Neuen nur begrüßen! Jaulend zog er sich zurück. Floyd wartete meine Entschuldigung gar nicht ab. Ein Ruck und schon raste er wieder Hals über Kopf nach oben. Ein paar mal gelang es mir dann in den nächsten Tagen, im rundherum von dichter Hecke bewachsenem Vorgarten mit meinem Schützling ein paar Schritte angeleint zu gehen. Aber in den folgenden Tagen war der gewitzte Kater auf der Hut. Wenn er schon meinen Griff zur Leine beobachtete, kroch er sofort in die äußersten, für mich unerreichbaren Ecken und kam erst wieder vor, wenn ich das von ihm so gehasste Leder an seinen Platz zurück gelegt hatte. So als wollte er zu mir sagen: „Du willst doch nicht etwa schon wieder mit mir solch blöde Spielchen treiben. Das werde ich dir vermiesen!" Das konnte ja heiter werden, was sollte nun werden?

Schließlich gab ich die Versuche auf. Floyd hatte den Machtkampf zu seinen Gunsten entschieden. Gemeinsam beobachteten wir nun so oft es meine Zeit erlaubte, vom geöffneten Fenster herunter das Geschehen auf der Straße. Hinter dem Blumenkasten mit den roten Geranien fühlte sich Floyd sicher. Er wurde ein stattlicher junger Kater und da er sehr gern mit Kartons spielte, bekam er zu Weihnachten ein riesiges Katzenhaus, welches die Kinder aus einer großen, leeren Pappkiste gebastelt hatten. Mit Tür und Fenstern, Dachgarten, Falltür nach unten und damit es darin kuschelig war, noch einer weichen Decke. Als Floyd die Villa begutachtete, war es Liebe auf den ersten Blick. Er bezog sie sofort und mit den Pfötchen kellerte er nach neugierigen Händen.

Schließlich kam der Tag unseres Umzugs näher. An einem heißen Julitag war es dann endlich soweit. Wir räumten um und Stück für Stück alle Zimmer leer. Zum Schluss saß nur noch unser Kater in seiner Villa. Als alles im neuen Haus verstaut war, fuhr unser Vater schließlich um ihn zu holen. Wir waren sehr gespannt, was würde er zu der neuen Umgebung sagen? Wir konnten es kaum erwarten, als Vater mit dem Auto vor dem Hause hielt. Vorsichtig lugte Floyd aus seinem Haus heraus. Wie Vater berichtete, hatte er unterwegs laut gejammert, die Fahrt war ihm nach all dem Trubel wohl nicht geheuer.

Aber bald lief er von Zimmer zu Zimmer und begutachtete das neue Reich. Doch würde er sich auch in den Garten trauen? Als er sah, dass wir hinaus gingen folgte er uns. Allerdings kannte er keine

Sonne und lief uns japsend mit offenem Mäulchen und hängender Zunge hinterher, wie ein Hund. In den nächsten Tagen entdeckte er dann große Rhabarberblätter und den Schatten unter den Bäumen. Er eroberte sogar für sich die Straße und sein besonderes Interesse galt den vielen, parkenden Autos. Er begutachtete sie von allen Seiten und sprang sogar hinauf, um dann von den Autodächern sein Umfeld zu beobachten.

Ich konnte kaum glauben, was ich sah. Unser Kater lief draußen herum, als hätte er nie etwas Anderes getan. Er verteidigte sein Revier lautstark gegen neugierige Artgenossen und Eindringlinge. Wozu hatte ich mir eigentlich das ganze, vergangene Jahr Gedanken gemacht?

Floyd gewöhnte sich schnell an die neue Umgebung, auch an fluchende, katzenunfreundliche Nachbarn. Er war hier der Herr. Das Einzige, was ihm sehr lange zu schaffen machte waren die Glocken der Kirche, die unmittelbar neben unserem Grundstück ist. Jeden Mittag um 12 und abends um 6, wenn sie läuteten, rannte er laut brummend in den Keller und verschwand dort im Schrank. Der laute Klang muss wohl die Hölle für seine empfindlichen Ohren gewesen sein.

Das einzige was er bis heute hasst sind kleine Kinder. Wenn sie sich ihm mit ihren hohen Stimmen und dem Ruf, Miezekatze nähern wollen, sucht er fluchtartig das Weite. Einmal lief ihm ein kleiner Junge in unseren Garten hinterher. Unser Ruf: „Vorsicht Gartenteich!" kam zu spät. Mit einem Satz über den Teich sprang Floyd durch die Zaunspalte, den tropfnassen, schreienden Kleinen zogen wir aus dem Wasser. Ob unser Kater, der das Ganze vom Nachbargrundstück beobachtete, wohl siegessicher triumphierte? So vergingen viele Jahre. Floyd wurde älter und die Kinder erwachsen. Heute stört ihn das Glockengeläut nicht mehr.

Er bestimmt unser Leben noch immer, ist inzwischen zwar ruhiger geworden und spielt nur noch ab und an mit uns. Er schaut uns hinterher wenn wir das Haus verlassen, begrüßt uns wenn wir zurückkommen, in der Erwartung, dass wir für ihn etwas mitgebracht haben und er fordert unsere Gemeinschaft, wartet darauf, dass wir uns zu ihm setzen und kuscheln. Aus dem Jäger ist ein Schmusekater geworden.

Plötzlich beginnt er sich zu putzen, springt auf und maunzt. Bittend schaut er mich an. Ich erhebe mich und folge ihm. Er will hinaus, ich öffne ihm die Terrassentür. Dann fülle ich seinen Napf, denn wenn er zurückkommt, sucht er nach guten Häppchen. Wir hoffen sehr, dass der hübsche schwarzweiße Kater noch lange unser Leben bereichern wird.

Vogelglück

Schweben möchte ich,
hoch oben, vor den Wolken,
geschmeidig,
dem Falken gleich.
Ruhen,
unter der Sonne,
auf den Schwingen
des Windes.
Herabschauen,
auf alle Höhen und Tiefen.
Wachen Auges,
blitzschnell
wie ein Pfeil herabstürzen,
und zugreifen,
genau
im richtigen Moment.

Gerda Kočí Dresden

Kluge Menschheit?

Ich habe geträumt, die Menschheit wär klug,
sie hätte von all den Kriegen genug.
Die Männer müssten zum Feldzug nicht starten,
weil ja zu Hause die Kinder warten.
Die brauchen den Vater nicht tot auf dem Feld,
sie brauchen einen, der sich vor sie stellt;
einen, der sie lehrt, das Leben zu leben,
der immer kann ein Vorbild abgeben.

Dann bin ich erwacht und habe gesehen,
dass in der Fremde Soldaten stehen.
Sie laufen noch immer dem Befehl hinterher,
derweil geht zu Hause alles kreuz und quer;
weil Mütter sich alleine schinden,
und manchmal einen Ersatzvater finden.

Solidarität

Ach, wie ich mich immer fiehle,
guck ich zu denn Kinderschbiele.
So e Dooben, so e Lärm,
kann mir schon mei Härze wärm.
Ach, oh Schregg, nu schdärzd de Kleene,
ieber ihre dabbschen Beene;
fliechd grad in denn Sand dord nein,
fängd oh bingdlich an ze schrein.
Nee, was kann die Kleene brüll'n,
keener kann die Schreie schdill'n.
Nu kommd noch dor Nachborsjunge,
der brilld mid aus voller Lunge.
Das is Solidaridäd,
wie se hier in Buche schdehd!

E sächssches Mädel

Ich bin e sächssches Mädel
Un dadroff bin ich schdolz
Denn alle sächsschen Mädel
Die sin aus gudden Holz
    Mir wachsen ni ohm offn Boom
    Wie manche so behaubden
    Denn Gobb ar draachmor gerne ohm
    Uns gammor ni endhaubden
Ich hab so Gligg, bin hier geborn
Wer kann das von sich saachen?
Ich hab mei Herze hier verlorn
Da kannsde jeden fraachen
    Mir dad mei langes sächssches Lähm
    So manches abverlangen
    De Heimad konnd mor keener nähm
    Dadrum dads mich ni bangen
E Sachse häld so vieles aus
Wenn ihn oh schwer driffds Lähm
Or wanderd deshalb ni glei aus
An Heimad dudor gläm
    Guggd eich dor eefach hier ma um
    In unserm Sachsenlande
    Dann wißdor glei weshalb, warum
    Uns halden fesde Bande
Hier warn mir froh in Kinderzeit
Hier lernd morn heemschen Dialegd
Un unsere Gemiedlichkeit
Die wärd ni dief vorschdeggd

Kamasutra

So mancher braucht ein großes Buch,
um zu starten den Versuch;
einmal guten Sex zu machen,
um hinterher befreit zu lachen.
Er schaut sich diese Bilder an,
tüftelt eine Woche dran,
wie er muss die Beine flechten,
wie er muss ins Kissen hechten.
Als er dann weiß, wie's könnte geh'n,
muss er sich aber auch beseh'n,
wie man auseinander kommt. –
Vergangen ist ein ganzer Mond.
Er schreit „HURRA, ich hab's kapiert
und morgen wird es ausprobiert!"
Der Partner, so lang abstinent,
ist ihm inzwischen weggerennt.

Rosenkohl

Rosenkohl und Wirsingkohl
Ach, ich lieb euch beide
Fühle mich mit euch so wohl
Hab mit euch viel Freude

Rosenkohl und Schweinebraten
Klöße obendrein
Könnt' das Vaterland verraten
Für den Kohl gepaart mit Schwein

Wirsingkohl gerollt mit Fleisch
Welche Sinneswonne
Besser fühlt sich nicht der Scheich
In der Saharasonne

Heimisch Essen, welcher Schmaus
Nichts geht mir darüber
Darum bleib ich gern zu Haus –
Schieb den Teller rüber!

Der Bücherwurm

Ein Bücherwurm sagt seiner Frau:
„Ich bin tatsächlich furchtbar schlau.
Ich fraß mich durch den Thomas Mann,
durch Rilke, Irving, Bertelsmann,
durch Pilcher, Lene Voigt, den Turm."
„Jetzt weiß ich alles", sagt der Wurm.
Sie: „Du fraßest auch, wie bäckt man Torten.
Und bist davon ganz fett geworden.
Denkst du, wenn man die Seiten frisst,
man auch im Kopfe klüger ist?
Du hast dich nur mit Blei vergiftet
und hier im Haus nur Krieg gestiftet.
Schau dir nur mal den Hausherrn an,
wie der die Hausfrau schimpfen kann.
Sie solle besser Acht mal geben,
dass Bücherwürmer hier nicht leben.
Die putzte, saugte, staubt und reibt,
damit sie uns total vertreibt.
Das war nicht lustig, sag ich dir,
du weißt es nicht, warst ja nicht hier.
Du warst bei Čapek, Loewe, Koller,
machst dir den Magen dort noch voller."
Er: „Ach schau dich doch im Spiegel an,
an dir ist ja so gar nichts dran.
Ich bin zwar rund und brauch viel Platz,
doch du bist mir zu dünn, mein Schatz."

Grad, als er das gelassen sprach,
sah wieder mal der Hausherr nach,
entdeckte diesen fetten Wurm,
steckt ihn ins Fenster – samt dem Turm.

Charlott Ruth Kott   Braunschweig

Wald der Erinnerung

Ich bin Student der Medizin in Dresden, hatte Klaus zu Tina gesagt, als sie sich zum ersten Mal trafen. Er brachte damals ein zierliches Gebinde aus weißen und blauen Holunderblüten mit. Einen Kranz als Tischschmuck für die Silvesternacht in Leipzig. Wie lange ist es her, wie viele Jahre sind seit dieser Zeit vergangen. Vergangenheit, welch ein großes Wort – Zurückerinnern.

Tina geht die Wege entlang der Gräber auf dem Friedhof „Beth-Chaim", übersetzt „Haus des Lebens". Eine Hand in der Jackentasche spielt mit dem Stein, den sie mitnahm auf die Reise in die Vergangenheit. Der Stein fühlt sich kühl und glatt an, er soll auf eine besondere Steinplatte gelegt werden. Wie viele Füße sind hier in den Jahrhunderten gegangen, wie viele Schritte, große und kleine, geht es Tina durch den Sinn.
Sie hat sich von der Reisegruppe entfernt, ist müde und setzt sich am Rande der gelben Steinmauer unter weit ausladende Holunderzweige. Der süße Duft von den Holunderblüten umweht ihre Stirn, hüllt sie mehr und mehr ein, lässt sie schläfrig werden auf dem „Alten Judenfriedhof" in Prag.

Auf der Fahrt von Braunschweig nach Prag hatte sie in einem Fremdenführer alles Wissenswerte über den Jüdischen Friedhof gelesen: *„Auf einer Fläche von 11.000 Quadratmetern hat man ebenso viele steinerne Grabsteine gezählt.*

Es ist ein Garten der Toten. Ein Fünftel der Fläche des gesamten Gettos, des Wohnviertels, hat erst allmählich durch Ankauf umliegender Gärten seine heutige Form erhalten. Seine Anfänge hängen wahrscheinlich mit der Entscheidung König Wladislaws aus dem Jahre 1478 zusammen."

„Friedhof" · Charlott Ruth Kott

Welcher Geist hat mich hierher getrieben – zurück in die Vergangenheit. Tina erinnert sich an Klaus. Er war 21 Jahre alt und Student der Medizin in Dresden. Es war ein Wochenende im Mai, er hatte sie eingeladen.
Da sie zu dieser Zeit in einem Mädchenwohnheim in Leipzig lebte, war diese Wochenendreise für sie ein großes Erlebnis. Ein Glück, dass Tina die Erlaubnis von der Heimleitung bekommen hatte, sie war sechzehn Jahre jung und Schriftsetzerlehrling. „Deutsche Graphische Werkstätten" war der Name des Lehrbetriebes.
Das Studentenwohnheim an der Elbe, in einem alten Schloss, befand sich in einem herrlich angelegten Park. Gegen Abend setzten sich die jungen Menschenkinder auf eine Bank, umgeben von Holunderbüschen. Der Holunder, auch Flieder genannt, verströmte seine Düfte.
Tinas Herz war schwer, sie wollte Klaus an diesem Wochenende sagen, dass sie die DDR verlassen wollte. Flüchten aus Leipzig, sobald ihre Ausbildung in der Gutenbergschule zur Schriftsetzerin beendet ist.
Den Studenten Klaus kannte sie seit dem letzten Jahreswechsel, er war ihr erster Freund, ihre erste Liebe. Tinas beste Freundin Gisela, auch Studentin der Medizin, hatte ihn zur Silvesterfeier in die Kongresshalle am Leipziger Zoo mitgebracht.

Im kühlen Abendwind, sehnsüchtig nach Nähe, einem ersten Kuss, schmiegte sie sich an Klaus und erklärte ihr Vorhaben zur Flucht aus der DDR.
Auch, dass die Reise über Berlin nach Braunschweig gehen sollte, denn dort lebte ihr Stiefvater.
Er schrieb ihr schon länger Briefe an eine Deckadresse in Leipzig und erklärte, wie sie sich zu verhalten hätte, um in der Bundesrepublik bleiben zu können. Zuerst müsste sie sich im Abfluglager in Westberlin melden. Da sie am Tag der Flucht noch nicht volljährig sein würde, müsste er sich verpflichten, sie in Braunschweig aufzunehmen. Alles würde er in Berlin schriftlich hinterlegen, sie sollte sich keine Sorgen machen. Das war leicht gesagt, denn weder

im Mädchenwohnheim noch im Lehrbetrieb oder in der Gutenbergschule durfte ihr Vorhaben bekannt werden. Klaus wusste bisher nichts von der Post aus Westdeutschland. Westkontakte waren auch ihm verboten.
Klaus reagierte auf ihre Pläne erregt: „Wie kannst du deinen, unseren Staat verlassen? Auch wenn dein Leben im Heim und oft im Betrieb unerträglich ist. Wir alle, auch ich, müssen Opfer für den Aufbau des Sozialismus bringen." Stundenlang redete er auf Tina ein, bis die Dunkelheit beide einhüllte und er seine Gefühle für Tina nicht mehr unterdrücken konnte.
Sie hatten auch von Braunschweig gesprochen.

In seinem Elternhaus gab es eine reich bestückte Bibliothek noch aus der Zeit vor dem zweiten Weltkrieg. Klaus hatte viele Bücher gelesen und erzählte ihr von Wilhelm Raabe, aus der Wolfenbütteler und Braunschweiger Zeit.
Tina hörte still und staunend zu, von dem Schriftsteller Wilhelm Raabe hatte sie noch nie etwas gehört.
Gespenstisch und spannend war für sie die Novelle „Holunderblüte". In der Volksschule und später in der Berufsschule, wurde hauptsächlich der sozialistische Realismus gelehrt.
Von einem „Hungerpastor", der „Sperlingsgasse" und der Novelle „Holunderblüte" hörte Tina Klaus sprechen.
Letztere passte zum Umfeld im Park, denn je später der Abend wurde, umso mehr verströmten die Blüten des Holunders ihren schweren, süßen Duft. Gespenstisch zeichneten sich die knorrigen Äste der Büsche im Licht des Mondes ab.
Behutsam zog Klaus das junge Mädchen an sich, küsste ihre Wangen bis sich die Lippen fanden.
Tina flüsterte glücklich: „Wir sind noch so jung und haben viel Zeit, noch bin ich hier. Immer werde ich an uns denken, an unseren Holunderfrühling in Dresden."
„Ja, wo auch immer wir sein werden", Klaus schaute sie traurig an, er liebte sie und konnte ihr doch das Vorhaben, die DDR zu verlassen, nicht ausreden.

Er sagte mit bedrückter Stimme: „Ich werde hier studieren, nicht mit dir kommen. Es war schwer genug einen Studienplatz zu erhalten. Wie du weißt, ist mein Vater Arzt und ich musste dafür kämpfen. Zuerst kommen immer die Arbeiterkinder an die Reihe. Meine besten Zeugnisse und die Zugehörigkeit zur FDJ (Freie Deutsche Jugend) haben mir dabei geholfen."

Was Tina zu dieser Zeit nicht wusste: Klaus war schon als IM von der Stasi angeworben, wie viele seiner Mitstudenten. Zum Glück sind einige der Aufgabe zu spionieren und denunzieren, nie nachgekommen.
Dass Klaus einer dieser angeworbenen Mitarbeiter war, hat sie erst viele Jahre später, 1989 nach dem Mauerfall erfahren.
Im November 1953 hat er Tina zur Flucht nach Braunschweig verholfen.

Wie groß musste seine, leider unerfüllte Liebe, zu ihr gewesen sein, dass er dafür seinen Studienplatz aufs Spiel setzte und sicher wusste, dass sie sich niemals wieder sehen würden.
Er konnte ihr nicht schreiben, Westkontakte jeglicher Art waren verboten. Als Tina 1990 nach ihm suchte, erfuhr sie, dass er Kinderarzt geworden war, in Greifswald an der Klinik praktizierte und kurz vor dem Mauerfall verstarb.

Und nun – Tina sitzt noch immer träumend an der gelben Friedhofsmauer. Der Wind rauscht in den alten Bäumen, auch er erzählt seine Geschichten.
Die Dämmerung auf dem Judenkirchhof lässt die steinernen aufeinander gelegten Platten mit den schwer zu deutenden Hieroglyphen, gespenstisch erscheinen.
Für Tina wurde „Beth-Chaim" ein Ort der Erinnerung, an eine vergangene Zeit, an die Schatten der Vergangenheit.
In Wilhelm Raabes Novelle „Holunderblüte" blieb das Mädchen Jemima zurück. Jemima Löw, hieß auch die Tochter Hiobs aus dem Lande Uz.

Der Medizinstudent ging, er sollte sie vergessen, so wie man einen Traum vergisst. Jemimas letzte Worte, bevor sie zwischen den Holunderbüschen verschwand, lauteten: „Gedenke der Holunderblüte".

Prag, Wilhelm Raabe, Holunder, die Jahre vergingen.
Tina spürt den schwarzen, feuchten, modrigen Boden zu ihren Füßen. Ab und zu trägt der Wind den schweren, süßen Duft des Holunders zu ihr. Die Erinnerung an Klaus und Dresden überfällt sie mit Macht. Sie hatte den Studenten, ihren ersten Freund verlassen und sich ein neues, erfülltes Leben aufgebaut.
Seit dem Holunderfrühling im Park an der Elbe, sind fünfzig Jahre vergangen. Erinnert daran hat sie nicht nur der Holunder, auch die Geschichte des ehrwürdigen Ortes „Beth-Chaim", das „Haus des Lebens" in Prag.

Jüdische Geschichte, Schicksale, Träume, Schmerzen, Verzweiflung, Verfolgung und Hoffnung sind begraben und tauchen in den Gedanken der vielen Besucher wieder auf.
Auch in Tina, an die Zwänge in der DDR, die Flucht und eine begrabene, unerfüllte, nie vergessene große Liebe.
Mit müden Schritten geht sie den Weg zwischen den übereinander geschichteten Grabplatten entlang, durch den „Wald der Erinnerung".

Das Holunderbett – ein Bild
Vergangenes, Geborgenheit,
Sehnsüchte, Wärme, Düfte –
wie viel möchte ich ausdrücken.
Eine Zeichnung nur?
Es duftet:
H o l u n d e r !

Von Wilhelm Raabe und der Novelle „Holunderblüten" inspiriert.

Sehnsucht

Sehnen nach Weite,
Süden, Wind und Wärme –
ein Blick zurück
in die Vergangenheit.

Ich spüre, schmecke,
fühle die lauen Winde,
Freude mit Menschen –
es hatte seine Zeit.

Mein Blick in die Ferne,
zum Meer, gen Himmel –
weit, weit
in eine andere Zeit.

Die Natur kann nicht lügen,
ich werde vergessen,
die Not meiner Seele –
erlangen Vertrauen
in Freud und Leid.

Karl-Heinz Kott gewidmet (1955 – 2010)

Charlott Ruth Kott: Mein Sohn wollte ein Zeichen setzen. Während der schweren Krankheit hat er kleine Texte und Gedichte geschrieben.

Wir gehen nach Hause
Gespräche – Erinnerungen – Erkennen

SOHN
„Gedanken, Verse, Augenblicke. Gedanken an das was vorher war, die letzten Monate ohne Geli. Gedanken an meine Familie, Freunde, Kollegen. Pläne für die Zukunft und vieles mehr.
Vieles ist jetzt neu für mich – neu der Gedanke an den Tod. Ich habe mich vordem nie damit beschäftigt. Jetzt ist er mir sehr nahe. Ich weiß, ich bin in guten Händen, die Heilungschancen heute sind sehr viel größer als früher.
Und doch hat das Ganze etwas unheimlich Bedrückendes, Dunkles an sich. Ich lasse meine Gedanken wandern und spüre dabei den leichten Nachtwind, der mir den Geruch von Meer, Gräsern, Sand und Erde bringt.
Ich ahne den Hauch einer drohenden Gefahr, die langsam näher kommt, die mich einfangen will, um mich zu besiegen. Gleichzeitig verspüre ich auch eine Art Herausforderung, die mir Kraft bringt, um die schwere Krankheit zu besiegen!"

MUTTER
Diese Zeilen fand ich beim Auflösen der Wohnung meines Sohnes Karl-Heinz. Er schrieb sie ab dem ersten Februar 2010 während der Chemo in der Klinik. Weitere Aufzeichnungen und Gedichte aus dieser Zeit fand und finde ich immer noch. Auch Fotos mit Texten, Erinnerungen an viele Aufenthalte in Sousse, in Tunesien mit seiner Frau Angelika. Sie verstarb 2009 mit 48 Jahren.

An seinem Kühlschrank haftete folgende Notiz:

„Vorsätze: Jeden Tag drei wichtige Sachen erledigen! Nicht mehr rauchen! Mindestens 1 x täglich 1 Stunde spazieren gehen, raus!"
Akribische Notizen über jeden Tag in der Kur sind in einigen Briefblöcken verzeichnet. So genau und sorgfältig, wie er es stets in seiner Arbeit als Offsetdrucker handhabe. – Neununddreißig Jahre in der Braunschweiger Firma Westermann.
Und in der Klinik, dem so ganz anderen Umfeld, hielt er es genau so: Alle Gegenstände, Materialien standen griffbereit in seiner Ordnung.

Wenn ich heute, sieben Monate nach einem langen Abschied, durch meine Räume gehe, sind überall Zeichen zu finden, die er setzte.
Nun rücke ich die Gegenstände, die von ihm bei mir eingezogen sind, gerade, stelle seine Ordnung her.
Zeichen setzen – während der Krankheit, die fast nur aus Chemo und Bestrahlung bestand, schrieb er, mein Sohn, Gedichte. Nie vordem in seinen vierundfünfzig Lebensjahren hat er meines Wissens Gedichte verfasst. Als Mutter kann ich nur staunen und mich daran erfreuen.

Ein Wort
gedacht, geschrieben
an das was war –
ist uns geblieben

Ein Wort
vorhanden in Gedanken –
ausgesprochen
wie ein Hauch

Das Wort
gezeigt oft unbewusst
doch angekommen
wo es berührt –
Liebe

(geschrieben von Karl-Heinz Kott per Handy)

Im Hospizhaus

MUTTER
Sieben Tage und sechs Nächte waren wir vereint – zusammen und hielten aneinander fest. Ich sitze am Bett des Sohnes, halte seine Hand. Schwester Eva kommt in das Zimmer, schläft er, oder hat mein Sohn nur die Augen geschlossen? Das linke Auge ist durch die Operation verletzt, Karl-Heinz kann es nicht ganz schließen. Er atmet unruhig, Schwester Eva streicht über seine Stirn und sagt: „Diese Sorgenfalte ..."
Sie bittet mich, ihn los zu lassen und nimmt seine Hand. „Ich werde Sie rufen, wenn er noch einmal aufwacht. Gehen Sie in den Park oder um das Haus, es ist ein strahlend, sonniger Sonntag."
Im Treppenhaus nehme ich das Handy aus der Tasche und rufe meinen Sohn Rainer in Frankfurt an. Er war am Tag zuvor bei seinem Bruder Karl-Heinz. „Es ist nun so weit, heute, bald ...!" Schluchzend, das Gesicht in den Händen verborgen gehe ich hinaus in den Park.
Dort treffe ich einen jungen Mann, möchte weglaufen, er hält mich fest und sagt: „Mir geht es auch so, meine Frau wird sterben", wir umarmen uns und weinen. Seine Frau hatte vor einigen Tagen im Hospizhaus ihren Geburtstag gefeiert. Sie war sehr jung und hatte viele Gäste an einer langen Tafel versammelt. Nach kurzer Zeit ging ich einmal über den laubbedeckten Rasen, es war feucht und roch nach Herbst. Ich schaute zum Himmel, in die Wipfel der hohen alten Bäume, zum Fenster hinauf, hinter dem mein Sohn lag. Die

Sonne schien und auch an diesem Morgen zwitscherte ein Vogel im Baum vor seinem Fenster, wie an jedem Morgen. Krähen schrien in den hell leuchtenden Tag – Reformationstag 2010.
Ich erledigte noch schnell einen Anruf bei einer unserer Freundinnen, sie wollte uns im Hospizhaus besuchen, das ging nicht mehr. Mich trieb es wieder zu meinem Sohn nach oben, in unser Gästezimmer. Auch Karl-Heinz war Gast.
Wieder am Bett von Karl-Heinz – Schwester Eva streichelte mir über den Rücken, Stille breitete sich aus. In all den Tagen war der Fernseher oder ein Radio an, er wollte es. Am Morgen hatten wir Choralgesänge angehört. Eine Kerze brannte und ich redete leise auf ihn ein. Seine Hand hielt die meine wieder ganz fest. Er war ja so sehr mager, ich spürte jeden Herzschlag! Elf Uhr schlug die Glocke der Jacobikirche, in dieser war Karl-Heinz 1956 getauft worden.
Ich machte Schwester Eva darauf aufmerksam, dass er so schnell atmete. Sie erklärte mir, dass Karl-Heinz sich zwischen den schnellen, lauten Atemzügen ausruhen würde. Wieder sprach ich leise, gefasst und ohne zu weinen: „Die Sonne scheint, es ist ein herrlicher Tag, der Park und darin die alten Bäume."
Erneut schlug die Glocke der Kirche, seiner Taufkirche, in der Nähe des Hauses. „Das farbige Laub ist wie eine Decke, wie Patchwork und bald kommt der Winter, dann decken Schnee und Eis alles zu, ja mein Sohni, Schnee und Eis.
Als du geboren wurdest, war es kalt, es lag sehr viel Schnee, am Buß- und Bettag 1955. Und wenn der Schnee schmilzt, dann wird es wieder Frühling, alles grünt und blüht" – nun war es gut, dass mein Sohn meine Tränen nicht sehen konnte.

Ein Pfleger oder Schwester Eva kamen kurz an die Tür des Zimmers, das nun ein Sterbezimmer war, und fragten, ob ich etwas brauchte, nur um Wasser bat ich.
Leise, ganz leise gingen sie wieder, nachdem sie mich kurz in den Arm genommen hatten, oder sie streichelten meinem Sohn die Stirn.

Gegen 13.30 Uhr sagte ich zum Pfleger, dass mein Sohn keine Atempause mache, heftiger atme. Danach kam Schwester Eva, sah uns an und sagte; „Ich bringe um 14.00 Uhr die Medizin."
Bald kam sie wieder, mit zwei Spritzen in der Hand. Schon das tat mir, der Mutter, weh, denn inzwischen war beim Umkleiden der Port abgegangen. Ich sagte: „Sie können ihn doch nicht stechen, das tut so sehr weh, er hat doch kein Fleisch mehr" und sah sie fragend an.
Schwester Eva darauf: „Ich gebe ihm nur die eine." Sie berührte seine Stirn, fühlte den Puls, sah mich mit großen Augen an und entschied: „Ich gebe ihm keine Spritze mehr."
Die letzten Minuten brachen an, noch hielt mein Sohn ganz fest meine Hand umschlungen. Kräftig, hart drückte er zu, ich drückte zurück und sah bangend in sein Gesicht, wartete auf jeden Atemzug, er blieb aus, lange, endlich – er atmete schwer ... seine Hand ward ganz weich, locker, ich griff nach der Rechten, hob sie – sie fiel herab ...
Nun drückte ich die Klingel, Schwester Eva kam. Sie hielt seine rechte Hand und leise, ganz langsam atmete mein Sohn in meinen Armen aus, war wieder in mir – Für zehn Minuten waren wir allein im Zimmer, dann trat Schwester Eva in Begleitung von Frau Ludwig-Mayer, der Seelsorgerin zu mir. Diese streichelte mir den Rücken, nahm mich, die Mutter in die Arme.
Schwester Eva sagte: „Soll ich ihren Sohn jetzt schön machen?"
Ich verstand den Sinn der Worte nicht und sagte: „Das haben sie doch am Morgen getan."
„Ganz schön", sagte Frau Ludwig-Mayer und ging mit mir hinunter in den Raum der Stille.
Sie hatte es Karl-Heinz versprochen noch einmal zu kommen, am Sonntag und war nun für mich da. Frau Ludwig-Mayer hatte schon die Trauerrede für die Frau von Karl-Heinz gehalten und uns in der Trauer begleitet. Sie rief nun Rainer, den Bruder in Frankfurt an und erklärte ihm die Situation. Ich hatte keine Worte mehr. Als wir bald nach oben zum Zimmer kamen, stand vor der Tür eine große Kerze im Glas, Blumen und daneben eine kleine Baumscheibe, sein

Name ist darin eingebrannt. Jeder „Gast" im Hospizhaus bekommt sie. Die Baumscheibe können die Angehörigen später mit nach Hause nehmen, oder sie wird verbrannt und die Asche des Holzes im Park verstreut. Vergehen und Werden.
Im Zimmer angekommen, staunte ich, erkannte es fast nicht wieder. Das Bett, das sechs Nächte und sieben Tage für mich bereit stand, war nicht mehr zu sehen. Ebenso alles, was an Krankheit erinnert.

Mein Sohn lag auf dem großen Bett, einen Bronzeengel und eine cremefarbige Rose in den Händen. Seidige, farbige Bezüge auf dem Kopfkissen und der Bettdecke, in Blau-Grau-Grün. Sein Gesicht, friedvoll entspannt. Volles Haar mit grauen Strähnen, so wie auch mein Haar, hatte ich oft am Krankenbett zu ihm gesagt, dann lächelte er immer. Sie hatten ihm sein maisgelbes Polohemd angezogen. Viele kleine Kerzen brannten und Blumen standen dabei.
Frau Ludwig-Mayer betete mit uns und sang das Lied: So nimm denn meine Hände … ich konnte nur noch weinen – endlich weinen und sagte, dass ich allein sein möchte.
Sie teilte mir mit, dass sie am nächsten Morgen, dem 1. November zur Aussegnung kommen würde. Erst danach käme der Bestatter, wenn ich es so möchte. Meine Antwort: „Danke, ich komme nicht."
„Das brauchen Sie auch nicht, bitte ruhen Sie sich nun einmal aus."
Vom Treppenhaus aus, rief ich meinen jüngsten Sohn Gerold und seine Freundin Ulrike an, sie war in dieser schweren Zeit immer für uns da.
Beide kamen nach längerer Zeit, Zeit die ich brauchte. Wieder hielt ich seine Hände, spürte seine Wärme und gab die meine dazu. Leise erzählte ich, dass wir uns bald wieder sehen werden, ich komme auch nach Hause.
Lange blieb ich am Bett meines erwachsenen Sohnes, der wieder mein kleines Kind geworden war. Mit Schmerzen geboren – mit großen Schmerzen nach einem langen Abschied, seit Januar des Jahres, als der Arzt in der Klinik sagte: „Herr Kott, daran werden sie sterben", war ich auch bei ihm. Bei Karl-Heinz zu bleiben, das hatte ich versprochen.

An diesem Abend, in meinem Zuhause, schlief ich erschöpft ein und erwachte, als Karl-Heinz nach mir rief: Mutti, Mutti – es war um vier Uhr am Morgen. Sofort stand ich auf, bestellte ein Taxi und fuhr zum Hospizhaus, zu meinem Kind.
Erstaunt ließ mich die Nachtschwester herein und sagte: „Erschrecken Sie nicht, die Fenster im Zimmer ihres Sohnes sind geöffnet, im Zimmer hat es gebrannt, es ist nichts Schlimmes passiert." Sie schloss die Fenster und zündete neue Kerzen an. Karl-Heinz lag mit einem feinen Lächeln um den Mund, als wartete er auf mich. Ich entdeckte Asche auf seiner Stirn und ein kleines Krümchen auf seiner Nase. Meine Atemluft pustete diese weg.
Die schwarzen Aschepünktchen auf dem gelben Polohemd ließ ich liegen, wollte nichts verwischen. Meinen ältesten Sohn – noch zwei Stunden bis zur Aussegnung konnte ich ihn streicheln und erwärmte seinen linken Arm, durch die Wärme meiner Hände. Noch immer sprach ich leise auf ihn ein.

Rückblicke

Am 28. Oktober hatte ich die Fußpflegerin in das Hospizhaus bestellt. Da Karl-Heinz bisher nie zur Fußpflege war, es selbst erledigte, erschrak er bei jedem Pieks oder wenn es kitzelte. Später nahm ich eine gute Creme und rieb massierend die Beinchen ein. So dünne, raue Beine. Es gefiel ihm so gut, dass ich es täglich wiederholte.

Am Freitag, dem 29. war er sehr unruhig, steckte die Füße, bzw. ein Bein durch das „Geländer" des Bettes. Mit Mühe „holte" ich das Beinchen zurück in das Bett.
Zur Schwester sagte ich lachend: „Er randaliert." Es kam eine unruhige Nacht, ich saß stundenlang am Bett und sang für ihn, Abendlieder und andere. Oft summte ich nur. Das hatte ich auch vordem in der Unfallklinik getan. Es beruhigte ihn und er wusste, Mutter ist da – immer da!

Karl-Heinz Kott im April 2010

In den begrenzten Tagen im Hospizhaus bekam auch ich Essen und Trinken, wann immer ich wollte. Zuerst dachte ich, es wäre nicht nötig, ich könnte sowieso nicht essen. Doch dann war ich sehr dankbar dafür.

An einem Abend holte ich eine Kanne mit Tee und machte mir Schnitten zurecht. Ich nahm alles mit in unser Zimmer. Karl-Heinz war wach, der Fernseher lief. Zwischen dem Essen ging ich an sein Bett und beugte mich zu ihm herab.

Er sagte zu mir: „Leberwurst, Leberwurst", ich hatte eine Schnitte damit bestrichen und er nahm den Geruch wahr. „Möchtest Du auch?" fragte ich und mein Sohn nickte. Brot konnte er nicht essen und da ich kein Messer oder Löffel im Zimmer hatte, holte ich die Wurst mit meinem Finger vom Brot. Als ich diesen in seinen Mund führte, lutschte er genüsslich wie ein Baby seine geliebte – Leberwurst! Es war seine letzte Speise. Danach nur noch Flüssigkeit durch den Tropf oder aus dem Trinkbecher. Am Freitag hatte er erstaunlich viel Durst und trank schluckweise Apfelsaft, Wasser oder Kakao. Mühsam, denn nach jedem Trinken musste er stark husten. Als am Samstag kaum Flüssigkeit durch den Tropf gegeben werden konnte, tränkte ich Baumvollkompressen mit Wasser und sagte: „Beiß zu, ganz fest", so drückte er das Wasser heraus, lutschte wie ein Kind. Ich hielt die Kompresse fest, dass er sie nicht verschlucken konnte. Auf diese Art hatte ich ihm schon in der Klinik zu Flüssigkeit verholfen. Kaum zu verstehen – ich dachte an Jesus, die Kreuzigung und den getränkten Schwamm, der IHM gereicht wurde.

Es gab so viele Begebenheiten in diesen sieben Tagen und Nächten. – Was muss mein Sohn, mein Kind für Ängste gehabt haben? Zur Seelsorgerin hat er gesagt: „Ich muss sterben, habe keinen Bock darauf." Nachts rief er mich, wenn er Wasser lassen musste, riss ängstlich die Bettdecke weg, wollte nicht in das Bett machen: „Mutti, Mutti schnell." Mehrmals in der Nacht riss er mich dadurch aus dem Schlaf, wenn ich überhaupt schlief. Dankbar ihm helfen zu können, klingelte ich nach der Schwester, half so gut es ging. Er konnte sich nicht mehr helfen.

In der Nacht zum Sonntag rief er leise: „Hilfe, ich sterbe bald, ich muss sterben." Betroffen, erschrocken obwohl ich es wusste ... Ich rührte mich nicht, was sollte ich sagen oder tun. Ruhig und sanft habe ich meinen Sohn in den fünf Tagen in der Klinik und in sieben Tagen im Hospizhaus betreut, begleitet.
Meine Tränen versuchte ich vor ihm zu verbergen, es war schwer und schmerzlich. Es waren die Begebenheiten, die selten ein Mensch, eine Mutter erleben kann.
Einmal murmelte er etwas von Liebe, ich sagte: „Ich hab dich lieb."
Darauf er: „Ich dich auch, das habe ich erst nicht gewusst."
Ein großes Geschenk für mich, bevor er nur noch schlief, war: Karl-Heinz arbeitete mit beiden Armen umher, zeigte zur Decke und suchte an der Wand.
Ich sagte zu ihm: „Dort ist das Badezimmer", er schüttelte seinen Kopf, fand meinen Kopf, nahm ihn in beide Hände und küsste mich auf den Mund. Ein Abschiedskuss – nie zuvor hat mich der Sohn auf den Mund geküsst. Danach schlief er nur noch, wachte nicht mehr auf – bis zum letzten Atemzug.

Viele Tage sind vergangen seit mein Sohn zum letzten Mal mit mir sprach, er meine Hand stundenlang streichelte – hielt, bis er davon ging.
Leise, leise, friedlich schlief er ein. Ich streichelte ihn noch stundenlang, fühlte seine Stirn, die mir seit Tagen so hoch erschien. Und sein volles Haar mit grauen Strähnchen, ich sehe es vor mir.
Und der Gedanke an seine schmalen, blassen Hände, nie zuvor hatte ich sie so gesehen, nie wieder werde ich diese Hände in meine Hände nehmen können. Wir hatten beide noch so viel vor. Gott hilf mir, zeige mir den richtigen Weg – zu meinem Sohn, wenn ich nach Hause gehe.
Und immer die Erinnerung, wie er liebevoll lächelte, als ich seine Beine und Füße kremte.
Auf unser Grundstück, so nenne ich die Doppelgrabstelle unter Bäumen, habe ich das Ginko-Bäumchen vom Balkon gepflanzt. Und den Stein für Karl-Heinz, habe ich selbst bearbeitet, bis auf

die Schrift. All das, was uns immer verbindet, versuchte ich in den Stein einzuschlagen. Es ist der Findling aus dem Tagebau bei Cottbus. Als ich zu Karl-Heinz einmal sagte: „Den werde ich wohl nie bearbeiten können, der ist viel zu hart für mich, ein Granitstein", hat er geantwortet: „Mutter, du machst das schon." Nun ist es der Stein für den Sohn geworden, ein kleiner Engel ist darin verborgen, er beschützt und vereint uns.
Im März dieses Jahres weilte ich einige Tage in Travemünde. Warum Travemünde? Ich meinte, ihm am Wasser besonders nahe zu sein, schaute in den Himmel, sprach mit dem Sohn und unserer Sehnsucht nach der Natur. Lief und lief, sammelte Steinchen, dachte daran, wie Karl-Heinz es mit Angelika liebte am Meer zu sein, Muscheln zu sammeln, den Geruch von Tang in sich aufzunehmen und dem Rauschen der Wellen zuzuhören.

Es war am Morgen meines Geburtstages, noch war der Tag nicht erwacht, als ich seine Stimme hörte. „Karl-Heinz, was ist los?" habe ich laut gerufen. Dann sah ich vier Männer in hellblauen, zweiteiligen, dünnen Anzügen stehen.
Gleichgroß standen sie dicht beieinander. Ich konnte keine Gesichter erkennen, nur hellgelbe Ovale. Laut und deutlich wie seine Sprache immer war, hat er geantwortet: „Alles in Ordnung, Mutter."
Wolltest du Karl-Heinz sagen, nun ist alles gut.
Ich bin angekommen – ?

Lächelnd sehe ich wieder seine großen, blauen Augen, fühle seine Hände und kann endlich trauern.

Das Gedicht ZEIT schenkte er mir einmal – oder gar diese Zeit, die ich brauche.

SOHN

Zeit

bleibt bestehen, vergeht.
Zeit
ich kann sie nicht fühlen,
noch greifen und doch –
kann ich sie mir nehmen,
dir geben.

Wo ist sie? Was macht,
wer hat oder braucht sie?
Hab ich sie, dann wird sie laufen –
heute, morgen, immer.

MUTTER

Nachsatz – Mutter an den Sohn

Mein lieber Sohn,
so ungeplant, doch von Gott gewollt, bist du in mein junges Leben gekommen. Leise und zart, mit Liebe empfangen und umhegt.

So leise, bewusst dich von mir zu trennen, bist du nach Hause gegangen. Ein kleines Stückchen von meinem Herzen fehlt, du hast es dir mitgenommen. Das macht mich froh. Das Herz, es ist nicht zerbrochen, und immer werde ich diese kleine Wunde spüren.

Erich Krause   Halle/Saale

Die Tötung der Gefühle

Beide waren wir in derselben Schule. Sie in der 12., ich in der 11. Klasse.

Der Schulbau war alt, dunkel und die Gänge verwinkelt. Zudem mit unterschiedlichen Schul- und Pausenzeiten.

Lange haben wir uns daher nicht gesehen und kennengelernt.

Der Blitz schlug auf dem Pausenhof ein. Ich sah sie kichernd und tratschend mit anderen Mädchen stehen. Sofort raste mein Puls, meine Sinne schreckten auf.

Kann das ein anderer erklären? Auf keinen Fall.

Die unbarmherzige Geschwindigkeit überrumpelte mich.

Fast besinnungslos sprach ich sie an. Ihre Art, ihr Augenaufschlag betäubte mich.

Ich vernahm nur: „Wir sehn uns wieder".

Einmal, zweimal, zehnmal. Die Sympathie war dauerhaft, oder war es schon Liebe?

Die Verehrung schlug in Verlangen um.

Vom Fahrrad fiel sie mit Knieverletzung. Ich umsorgte sie und streichelte ihr Knie. Kam ich in höhere Zone, so bekamen meine Finger Abwehr durch ihre Hand.

Gibt es einen Mann, den das nicht stachelt?

Meine Träume bedrängten mich.

Sie wusste, lange durfte sie mich nicht mehr hinhalten.

Bald lud sie mich zum Abendessen ein. Was für ein Gefühl erfasste mich. Der Himmel war blauer, die Bäume grüner, die Sonne schien heller.

Das Glück trug mich in die Wolken. So muss das Gefühl dort eben sein. Ich kaufte Blumen und andere Dinge.

Was für ein Hochgefühl hatte ich noch vor ihrer Tür.

Im Zimmer des Himmels aber erstarrte ich wie ein Taubstummer und Blinder.

UM SIE HERUM SASSEN IHRE DREI KINDER!

Bibi, der Ehemann

Bibi, der Ehemann,
Musste öfters ran.

Sie nannte ihn Bibi,
Er war so süß von Kopf bis Knie.

Mit solch verliebtem Gockel
Steht die Frau auf hohem Sockel.

Das gefiel ihr gut und ihm doch auch.
Bald schlich sich ein so mancher Brauch:

Die Achtung ging ab vom Manne,
Das war so eine tragisch' Panne.

Sie schielte zu des Nachbars Clan,
Der nahm sie ohne jede Scham.

Doch es war ein Tanz auf dem Vulkan –
So glitt sie aus auf dieser Bahn.

Nach Haus' kam sie geschlichen,
Sehnsucht hatte den Ehemann verblichen.

Und so liebten sie sich wieder,
Doch manches Mal noch wollte sie den Macho-Tiger.

Drum, Ehemann, jetzt merk' es dir:
Sei nicht zu brav im Eh'-Revier!

Die Frau will zwar den Schein,
Doch ganz so brav darf es nicht sein!

Das Hochgefühl

Herr Knurr und Frau Dribble
Fühlen sich im Allgemeinen wie Hans im Glückle.
Sie ist im Sommer gern im Grünen,
Diesmal aber geht es in Richtung Philippinen.

Das ist nun mal der Zug der Zeit:
Reisen, weit weg in die Freiheit.
Unterwegs wird gelandet in Bangkok,
Viel zu erleben ist an diesem Ort.

Frau Dribble ist begeistert sehr
Von dem bunten Stadtverkehr.
Die Läden sind schön vollgepackt
Mit viel Getrick und manchem Track.

Für die Augen ist es ein Schmaus,
Vieles lockt zum Kaufen raus.
Herr Knurr, der kann kaum satt sich seh'n,
Die Mädchen sich kokett nach ihm umdreh'n.

Durch die verschiedene Interessen-Sach'
Kommt es gleich zum ersten Krach.
Nur schnell jetzt weiter nach Lumpur,
Wer weiß es schon, das Ziel ist Ferienkur.

Warme Nächte, heller Strand,
Auch in der Nacht und im Tagessand
Werden die Sinne unentwegt gereizt
Und die Stimmung hochgeheizt.

Zum Donnerwetter, man will ja leben,
Jawohl, auch Geld wird ausgegeben.
Mittendrin im drehenden Trubel
Gejauchzt wird tagelang in Jubel.

Schließlich unsanft aufgewacht:
Das Geld ist alles aufgebracht.
Der große Krach beendet nun
Das unvernünftig teure Tun.

Zerknittert und zerknirscht zu Haus
Zieht man enttäuscht die Schuhe aus.
Doch dem Nachbar kann man viel erzählen:
Wie herrlich ist doch dieses Leben.

Die Handwerker-Liebe

Alles lief nun wunderbar,
Sie bewährten sich als nettes Paar.
In der Arbeit und der freien Zeit
Gibt's Großes und manche Kleinigkeit.

Als hätt' das Schicksal drauf gewartet,
Eine Katastrophe glatt gestartet.
Herr Knurr, sonst wenig schnell,
Mit Schreckensschrei laut und grell

Über einen Eimer in der Stube,
Bald liegt er in seinem fließend' Blute.
Die Malerarbeiten, selbst ausgeführt,
Dadurch das Verhängnis eskaliert.

Nun liegt er da, der Handwerksmann,
Sich kaum bewegen kann.
Die Operation macht zeitweilig zum Krüppel,
Rechts und links die Krücken-Knüppel.

Herr Knurr, mit großem Ärger-Dreck,
Drückt seinen Unmut ständig weg.
Macht in der Kur die Leut' verrückt,
Bald wär' ihm neue Lieb' geglückt.

Die Schwester sagt mit leisem Lachen:
„Herr Knurr, darf ich es Ihnen machen?"
Öfter zwar schwer von Begriff,
Doch diesmal ihn der Amor kniff.

So erblühten wirklich alte Triebe,
Es entsteht: Kurschatten-Liebe.
Nun aber geht das Krachen los –
Frau Dribble schreit nicht einfach bloß:

Sie wettert ohne jede Ruh',
Schlägt dabei unablässig zu.
In gekränktem Zorn
Nimmt sie beide auf das Korn.

Der Schwester spaltet sie das Nasenbein,
Dem Knurr donnert sie den Krückstock rein;
Letztlich sitzt er ohne Kass'
Vor der Haustür, pudelnass.

Denkakrobat

Jetzt kommt das Finale,
Das Ende von's Banale –
Die Welt ist nicht gerettet,
Die Glieder wurden nicht gefettet.

Was man so sagt: Bleib auf dem Teppich,
Genieß das Leben, sei glücklich, nicht vergesslich.
Die Hoffnung, Hand und Herz darauf:
Auf keinen Fall gib's Denken auf.

Die letzte Stunde

Was treibt uns zum Gelaber:
Der Dummheit Flug-Geschwader?
Die Liebe ist das einzig Wahre,
Sie verleiht Flügel und alle Gabe.

Der Eine lebt in Saus und Braus,
Der And're arm wie eine Maus.
Ja, ja, beide sind gleich hernieden –
Gehen nackt ins letzte Reich nach drüben …

Harald Kriegler   Bitterfeld

Des Herrn Geheimrats geheimste Gedanken

Süßer Augenblick, halt ein,
ich fühl mich dem Himmel nah.
Auf der Zunge dieser Wein.
Augenblick, bleib doch noch da.

Süßer Augenblick, verweile,
spür die Lippen von Frau Stein.
Amor schoss vortrefflich Pfeile.
Augenblick soll ewig sein.

Süßer Augenblick, halt inne,
die Ulrike ist bei mir.
Sie geht mir nicht aus dem Sinne.
Augenblick, so bleib doch hier.

Schönster Augenblick von allen,
du darfst jetzt nicht plötzlich gehn.
Mir ist etwas eingefallen.
Augenblick, so bleib doch stehn.

Heinz Kulb Dresden

Augenblick, warum verweilst du nicht – oder Luzifer ist an allem Schuld

Gott, der Herr, war schon damals, bevor er seine großen Werke inszenierte alt und leicht senil. Ständig suchte er sein Nachtsichtgerät, weil es ringsum dunkel war. Und das machte ihn mit der Zeit, und Zeit hatte er zur Genüge, immer mürrischer. Seine Engel suchten immer weniger seine Nähe. Gefürchtet waren besonders seine Wutausbrüche.
„Finster wie im Bärenarsch", fluchte er vor sich hin. „Gabriel, merk dir das", wies er seinen Kanzleisekretär an.
„Den Bären oder den Arsch?"
„Beides, mein Lieber, beides", knurrte er.
„Und wo soll ich diese Neuschöpfungen hinschreiben?", fragte Gabriel in seiner nüchternen Art.
„Na in unseren Plan."
„Wir haben keinen Plan, nicht mal einen göttlichen", seufzte Kanzleiengel Gabriel.
„Haben wir nicht?"
Gott, der Herr der himmlischen Scharen, kraulte sich am Kinn.
„Nun gut. Dann schreib es irgendwo hin. Irgendwann brauchen wir unsere Ideen vielleicht. Trotzdem, so kann es nicht weiter gehen. Hat denn niemand eine Idee?", fluchte er von neuem und stieß mit dem Fuß in die Dunkelheit. Gabriel schwieg.
„Aber Opilein. Fluch doch nicht immer so. Davon wirst du nur krank. Mach doch einfach Licht", sprach ein kleiner, verschmitzt dreinschauender Engel.
Gütig schaute Gott nach unten. Da stand er vor ihm, sein Lieblingsengel; schwarzes, lockiges Haar, ein ebenmäßig schönes Gesicht und große Augen, immer gut gelaunt und nicht so verbiestert wie der Gabriel oder so töpelhaft draufgängerisch wie Michael.

„Ach Luzifer, du bist der weitaus Schlaueste unter meinen himmlischen Heerscharen und machst deinem Namen alle Ehre. Recht hast du."
Und mit seinem Energiestab tippte er an einen umherfliegenden Steinbrocken und sprach: „Es werde Licht". Und so entstand die Sonne. Zum ersten Mal sah er die Welt um sich herum. Auch die Engel, die sich Gott wieder näherten, staunten. Endlich konnte er einen Blick in das werfen, was um ihn herum sich bewegte. „Universal. Super." Und so kam das Universum zu seinem Namen. Weil ihm das solch einen Spaß machte, schuf er noch viele kleine Lichter und nannte sie Sterne. Aber nicht alle Klamotten machte er zu Licht. Die begeisterten Engelein unter den Führungen von Gabriel, Michael und Luzifer bildeten Mannschaften und spielten mit den tauben Brocken Fußball, so dass einige um die Sonne flogen und andere weit in den Weltenraum hinein. Endlich konnte Gottvater sein Nachtsichtgerät wegwerfen.

Als er einen der um die Sonne kreisenden Steinbrocken betrachtete, meinte er zu seinem Lieblingsengel Luzifer: „Was soll ich mit diesem Brocken anfangen?" Auch hier wusste Luzifer Rat. Und so trieb Gott tiefe Furchen und Löcher in den Brocken, den er auf Vorschlag von Gabriel Erde nannte. Dann pissten alle Engel in die Löcher. Das sich sammelnde Wasser nannten sie dann Meer und die Pissrinnen wurden zu Flüssen. Die Engel rannten nun über das Land, sprangen in das Wasser und hatten einen Heidenspaß.
Doch die Freude währte nicht lange, Gruppenführer und Hüter der Moral Erzengel Michael fing als erster an zu nörgeln: „Nüscht los hier. Nur Langeweile. Immer dasselbe."
Ratlos blickte Gott Vater auf seine Engelein und ganz besonders wieder zu Luzifer.
„Siehste Väterchen. So ist das mit den Bedürfnissen. Wenn du welche zum Leben erweckst, häckern sie rum und vermehren sich."
„Sei nicht so vorlaut, Luzifer."
„Euer Gnaden, wie wäre es mit ein paar Bäumen, Sträuchern, Gräsern und Pilzen auf dem Land? Und dazu noch ein paar Tiere, wie

Bären, Löwen, Ziegen, Krokodile, Würmer und Bakterien? In das Wasser könnten doch Fische und Quallen rein."

„Sehr gut, mein Sohn", sprach Gott Vater. Und so geschah es. Die Engel spielten nicht nur, sondern sie mussten von nun an auch die neuen Landschaften in Ordnung halten und das Wasser ständig reinigen.

Mehrere Tage durchwanderte Gott nun dieses neue Gebilde namens Erde und betrachtete mit Wohlgefallen sein Werk. Unbemerkt von ihm breitete sich unter den himmlischen Heerscharen Unruhe aus. Immer mehr Engel murrten über Dienstpläne, Akkordarbeit und Befehlsgewalten der Macht an sich reißenden Gabriel, Michael und anderer sich selbst ernannter Führungspersönlichkeiten. Dem sensiblen Luzifer sind diese Misstimmungen nicht entgangen. Auch er hatte keine Lust mehr, tagaus tagein zu schuften. Da kam ihm die zündende Idee.

„Wie wärs mit einem neuen Wesen. Das könnte uns Engeln ähnlich sein. Dieses Wesen kann dann die Erde selbst gestalten, wir brauchen nicht mehr soviel zu rackern und können uns auf unser Kerngeschäft konzentrieren."

„Gut, das probiere ich mal", brummte der alte Herr.

Aus einem Klumpen Dreck formte Gott ein zweibeiniges Wesen ohne Flügel, das dem Gabriel ähnlich sah und ließ sein Werk in der Sonne trocknen. Kaum war der Alte weg, huschte Luzifer hin und betrachtete die göttliche Schöpfung.

„Irgend was fehlt noch", murmelte er vor sich hin. Wenn das neue Wesen schon keine Flügel haben darf, dann braucht es etwas, was Engel nicht haben: Neben der harten Arbeit die Lust auf Spaß, Genuss und Sex. Luzifer flößte ihm die Lust ins Gehirn und formte noch eine Wurst und zwei kleine Kügelchen und platzierte diese zwischen seine Beine.

Als er gerade fertig war, kam der Alte zurück. Mit finsterem Blick betrachtete er die Veränderungen an seiner Schöpfung.

„Luzifer, was soll das?"

„Ach, Eure Eminenz. Ich habe nur einen Hahn angebracht, damit das Wesen auch das Wasser wieder aus dem Körper lassen kann." Ein Lächeln machte sich auf seinem Gesicht breit und er streichelte seinem intelligentesten Engel liebevoll über den schwarzen Haarschopf. Dann hauchte Gott dem Wesen seinen Lebensodem ein und nannte es Mensch oder auch Adam.

Die Engel umschwärmten das neue Wesen und waren begeistert. Jeder wollte sich mit ihm beschäftigen. Einige brachten ihm Sprechen, Tanzen und Singen bei, andere zeigten ihm, wie man pflanzt, pflegt und erntet und wieder andere spielten den ganzen Tag lang mit ihm. Die sich vorher breit machende schlechte Laune war verschwunden, Harmonie kehrte wieder ein. Alle, auch Gott Vater, waren selig.

Doch mit der Zeit fiel einigen Engeln auf, dass Adam immer wieder an seinem Hahn herumspielte und dieser dabei größer wurde. Als einer der Engel ihn anfasste und daran rieb, kam ein milchiger Strahl aus dem Hahn geschossen. Adam schaute erst verdutzt und dann ganz fröhlich in die Runde. Gottvater und die Engel rieben sich ratlos das Kinn. Nur Luzifer, der die Szene im Hintergrund beobachtete, freute sich diebisch. Ausgerechnet der spröde und immer ernst dreinschauende Erzengel Michael hatte eine Erklärung.

„Das könnte so was wie Sex sein, nur mit sich selbst. Ich hab davon in der himmlischen Zukunftsbibliothek gelesen. Igitt, igitt, wie eklig. Wir müssen das strikt unterbinden und zwar schnellstens." Viele Engel nickten zustimmend. Was sie nicht haben durften, sollte auch kein niederes Wesen haben.
Wieder griff Luzifer ein.
„Das besorgt schon in späteren Zeiten euer Bodenpersonal", regte er sich auf. „Viel besser wäre es, wenn er einen Spielgefährten hätte, am besten einen weiblichen."
„Einen weiblichen?", kam es wie aus einem Munde.

„Ja", betonte Luzifer, „ein Weibchen, natürlich ohne Hahn zwischen den Beinen. Dann könnten sie wie die Hasen, Schweine und Kamele Junge bekommen und sich vermehren."
„Mit dem Weibchen hast du recht. Aber Vermehren kommt nicht in Frage", polterte der Alte.
„Wo kommen wir da hin, wenn es tausende von dieser Art gibt. Da verlieren wir ja den Überblick und den Einfluss."
Aber Luzifer konnte ihn von den Vorteilen überzeugen. Dann machte sich Gott ans Werk. Er versetzte Adam einen Hieb, so dass dieser ohnmächtig zusammenbrach, entnahm ihm eine Rippe und packte etwas Lehm darum und nannte das neue Wesen Eva. Völlig geschafft von der Plackerei betrachtete Gott sein Werk.
„Das artet ja langsam in Arbeit aus. Jetzt ist erst mal ein Päuschen angesagt", trippelte davon und legte sich zur Siesta auf eine Wolke.
Luzifer schaute sich neugierig das göttliche Werk der Eva an. Nicht schlecht, dachte er. Aber ein wenig verbesserungswürdig ist es doch noch. So machte er das Becken breiter, formte größere Brüste, setzte viele Kügelchen in den Bauch und machte einen Schlitz zwischen die Beine. Zu Schluss hauchte er auch der Eva sein Lustsekret ein.

Nach zwei Stunden kam der Alte von seinem Mittagsschlaf zurück und betrachtete sein neuestes Werk. Entsetzen überkam ihn und ein schlimmer Verdacht.
„Luzifer!!! Her mit dir. Warst du das?"
Luzifer setzte seine unschuldigste Unschuldsmiene auf.
„Oh nein, Eure Heiligkeit. Vielleicht lag die Eva zu lange in der Sonne. Aber wenn ich sie so betrachte, so sieht sie doch gut aus. Besser jedenfalls, als wäre sie nur eine billige Kopie vom Adam."
Gott Vater knurrte, ließ sich besänftigen, hauchte der Eva Leben ein und weckte Adam aus der Narkose. Nach diesen anstrengenden sechs Tagen setzte sich der alte Herr am siebenten Tag auf eine Wolke und betrachtete zufrieden und mit großer Freude sein Werk. Adam, Eva und die Engel spielten fortan vergnügt in einem großen Garten, den sie Paradies nannten. So ging das die nächsten Zeiten weiter.

Doch nun wurde Luzifer immer unruhiger. Warum regte sich bei den beiden keine Lust aufeinander? Irgend etwas stimmt nicht. Nun beobachtete er die beiden Menschen und ihren Tagesablauf genauer. Er bemerkte, das der Erzengel Gabriel jeden Morgen mit einer seltsamen Frucht kam, diese aufschnitt und den Saft herauspressste. Den mussten die Beiden vor seinen Augen trinken. Raffiniert, dachte Luzifer. Aber nicht raffiniert genug für mich. Er mixte einen Cocktail aus Selleriesaft, Alraune, Sauerampfer, Tomate, Spanische Fliege und Bibergeil, versetzt mit Tomatensaft. Bei einem romantischen Plauderstündchen im Angesicht der untergehenden Sonne schenkte er beiden Menschen ein. Sie fragten, was das sei und Luzifer sagte, das sei ein Cocktail und der passe gut zu dieser abendlichen romantischen Stimmung.

In dieser Nacht war das Paradies nicht nur von den Rufen der Nachttiere erfüllt, sondern auch von den Lustschreien von Adam und Eva. Am nächsten und auch den darauf folgenden Tagen trieben sie es schamlos, auch im Beisein der Engel.

Da sprach der Kanzlei- und Geheimdienstchef der himmlischen Heerscharen, Erzengel Gabriel, bei dem alten Herrn vor und verpetzte Luzifer, denn seine Beobachter hatten den abendlichen Plausch des Luzifer wohl registriert. Gott Vater war darüber so erbost, dass er Adam und Eva von Michael aus dem Paradies jagen ließ.

Sie sollten von nun an keine Vollkasko mehr fürs Leben haben, ab sofort sterblich sein, mit Krankheiten, Parteien und Kirche gestraft werden und für sich und ihre Nachkommen zusehen, wie sie mit den Unwidrigkeiten des Lebens und der Selbstsuche der Nahrung zurande kommen.

Auch Luzifer entging einer Strafe nicht. Das hatte Gabriel beim Alten durchgesetzt. Er wurde vom obersten Militaristen, dem Erzengel Michael, vor das himmlische Tribunal gezerrt und von Gott

Vater für seine Eingriffe in die göttliche Schöpfung zum ewigen Ausschluss aus dem Himmel verurteilt. Er traf dieses Urteil mit Widerwillen, denn er liebte Luzifer immer noch.

Und Luzifer? Er war nicht einmal böse über das Urteil. Endlich war er die sauertöpfischen Moralprediger los. Mit einigen Freunden gründete er in der Unterwelt die Hölle, richtete es sich dort gemütlich und gesellig mit allen denkbaren Annehmlichkeiten, wie Bars, Badehäusern und Bordellen ein. Sehr zum Ärger und zum Neid der spartanisch lebenden himmlischen Engel, die nun nichts anderes mehr zu tun hatten, als ihr neues Bodenpersonal auf Erden übel zu beeinflussen.

Aber Luzifer und die Seinigen scherten sich wenig darum und hatten auch weiterhin Spaß und Freude daran, dem alten Herrn dort oben ins Handwerk zu pfuschen.

Tina Kunde (Danilina) — Dresden

Du drehst dich um ...

Du drehst dich um
nach einer Liebesnacht,
ich liege wach
und grüble ...

Glücksgefühl:
man schwebt auf Wolken,
Trübseligkeit:
man schreibt Gedichte.

Was tue ich?
Nach außen ruhig,
nervös nach innen,
ich lasse dich,
am besten, los
und schreibe weiter
meine Verse ...

22. Februar 2005

Ich brach ...

Ich brach
alle meine Regeln
und ließ
alle meine Kleider
fallen
für einen
Sonnenaufgang
mit dir ...

Warum?

Warum, warum,
warum
quälten wir uns
so lange?

Wir hatten uns
zu lange lieb.

Bis ich verstand:
Vorbei, end!gültig.

Zweifel

Mein ganzes Leben
war voller Zweifel.
An allem.

Meistens aber,
an mir selbst.

Не понимаю ...

Не понимаю до сих пор,
чья вина,
почему пути наши
пересекаются рвами?

Казалось, всё дело
только во мне, но
не раздумываю
с сегодняшнего дня
я больше об этом.

Ты знаешь, конечно,
давно уже сам,
в раздоре, обычно, и
нашем тоже, виноваты,
только, мы сами.

Verstehe nicht ...

Verstehe bis jetzt nicht,
wessen Schuld,
warum unsere Wege
durchkreuzt von Gräben?

Es schien, es läge nur
alles an mir,
doch grüble ich,
vom heutigen Tage an,
nicht mehr darüber.

Du weißt, natürlich
schon lange selbst,
zum Streit, gewöhnlich,
so zu unserem auch,
gehören – Zwei.

30. Juni 2004

Расплата

Тебе я позвонить не смею,
не знаю адреса, не знаю телефон, и
только мысли посылаю дуновением,
да запахом сирени за окном.

Ты всё равно меня услышишь,
во сне увидишь, всё равно,
и знаю я, живёшь ты только этим,
желанием одним и, это – только я.

И борешься с собой, как я когда -то,
и даже квиты мы, скорей всего,
но слишком дорогой была расплата,
наверное, хотели оба мы с тобой того.

Vergeltung

Dich anzurufen trau' ich mich nicht,
kenne weder Nummer doch Adresse,
und nur Gedanken sende ich gehaucht,
und Fliederduft von draußen.

Du wirst mich sowieso vernehmen,
im Traum siehst du mich doch,
ich weiß genau, du lebst nur noch
mit diesem, einem Wunsch,
und das – bin einzig ich.

Und kämpfst mit dir, wie einst ich,
und sogar quitt sind wir womöglich,
zu teuer doch war die Bezahlung,
wir wollten beide, scheinbar sehr,
zusammen, dies.

1. Mai 2004

Verse

Es entstehen Verse oft in mir,
so ähnlich wie ein Kind,
im Mutterleib – nur ohne Nähe.

Als Zeichen für die Nachwelt
aus deinen, meinen Worten.

Ich will die Verse dir eröffnen,
hoffend, dass du verstehst,
warum und weshalb's mich
zu ihnen zieht und somit
in die Einsamkeit führt.
Das Ganze nur
schaflose Nächte bereitet.

Die Gedichte von Tina Kunde wurden ihren Büchern „Sehnsucht",
„Du und Ich – Ты и Я" sowie „Wirrwarr der Gefühle" entnommen.
Erschienen in den Verlagen Christoph Hille und SV SAXONIA,
beide Dresden.

Marion Lange — Muldestausee, OT Mühlbeck

Genieß den Augenblick

Es ist März, ich steige mit Besen, Schaufel und Kehrblech auf den Roten Turm in Pouch und versuche, den Dreck des Winters zu beseitigen, ein bisschen zumindest.
Morgen haben sich zwei Schulklassen aus Wolfen angesagt, denen werde ich die Schönheit unserer Goitzsche zeigen, und auf den schmutzigen Turm kann ich die Schülerinnen und Schüler nicht lassen. Ich lege Decken auf die Treppe, damit sie sich darauf setzen können und ihre Kleidung nicht beschmutzen. Ob mich jemand dazu beauftragt hat? Nein, ich liebe Kinder, und ihnen möchte ich etwas bieten, und so werde ich morgen zum ersten Mal auf dem Roten Turm vorlesen und Geschichten erzählen.

Als ich so beim Saubermachen des Turmes bin, finde ich einen Zettel, gefaltet ganz klein. Ich hebe ihn auf und lese:

> „Bagger, Kohle war einmal.
> Riesenlöcher ohne Zahl.
> Mit der Wende kam das Ende.
> Nehmt das Glück in eure Hände!
> Alle Menschen atmen auf,
> gingen auch viele Jobs bei drauf.
> Bäume pflanzen, Kippen räumen,
> zwischendurch vom Aufschwung träumen.
> Wasser marsch am Muldeeinlauf,
> den Wandel hält jetzt keiner mehr auf.
> Roter Turm und Goitzschewächter,
> vom Pegelturm klingt das Gelächter
> bis hin zur schönen Wasserfront,
> dass Leben sich hier wieder lohnt.

Paupitzsch, Niemegk und auch Döbern,
lasst uns mal im Buchdorf stöbern.
Goitzschetoffel und Agora,
still streift der Blick bis nach Roitzschjora.
Open Air und Wanderspaß,
die Goitzsche hat für jeden was.
Die Tschu Tschu Bahn fährt mit Gebimmel,
es gibt auch wieder blauen Himmel.
Im Herbst ist es besonders schön,
viele tausend Gänse sind zu sehn.
Am Gänseblick nahe Holzweißig,
alle waren dort sehr fleißig.
Der Schafstall, Zöckeritz, die Zscherne,
man erinnert sich sehr gerne.
Der viele Wald und die Gewässer,
auch die Luft ist längst viel besser.
Segeln auf den Goitzscheseen,
im klaren Wasser baden gehen.
Da mussten wir nicht lange warten,
nun können hier auch Sportler starten.
Ob Wanderfreund, ob Stauseeschwimmer,
wir alle hier sind die Gewinner.
Die Landschaft so toll zu gestalten
und allen nach uns zu erhalten.
Und die sich nicht benehmen wollen,
die sollen sich hier schnellstens trollen.
Wir lassen und doch nichts zerstören,
die saubere Goitzsche soll allen gehören.
Egal, wo ihr in Deutschland wohnt,
kommt uns besuchen, weil sich's lohnt.
Die Goitzsche ist für alle da,
für Groß und Klein – das ist doch klar."

Das ist ja eine richtige Liebeserklärung an die Goitzsche. Wer mag diese wunderschönen Zeilen geschrieben haben? Ich nehme das Stück Papier mit hinaus in die Natur, setzte mich auf eine Bank, blicke auf den Goitzschesee und atme diese endlose Stille. Ich sehe den ersten Bienen zu, wie sie von Blüte zu Blüte fliegen. Und dann lese ich wieder diese Zeilen von einem unbekannten Verfasser. Er sagt alles, was es über die Goitzsche zu sagen gibt, und ich ... genieße diesen Augenblick.

Am nächsten Morgen hole ich die Schulklassen von der Bushaltestelle ab. Alle schnattern durcheinander und löchern mich mit Fragen. Wo ist der Rote Turm? Wie weit ist es noch? Wieviele Stufen sind es bis nach oben? Nun, diese Frage gebe ich an die Kinder zurück. Es sind genau 105 Stufen.
Die Kinder und auch die beiden Lehrerinnen sind fasziniert von unserer herrlichen Umgebung, auf die sie nun aus 28 Meter Höhe schauen können.
Nachdem ich den Kindern einige Geschichten vorgelesen habe, erzähle ich ihnen die Sage von der Becherwette. Der Ritter Hans aus Pouch hatte mit dem Teufel gewettet, wer von den beiden zuerst betrunken sei, der Ritter Hans gebe dafür seine Seele und der Teufel seinen Schwanz. Die beiden tranken drei Tage lang und der Ritter Hans schaffte es, mit einer List den Teufel unter den Tisch zu trinken. Der wollte fliehen, doch der Ritter Hans hielt ihn am Schwanz fest und schnitt ihm die Quaste ab.
Seitdem habe man den Teufel in der Ortschaft Pouch nie wieder gesehen, und der Ritter Hans lebte bis an sein Lebensende in Saus und Braus.

Die Kinder hören mir gespannt zu, und dann, dann ziehe ich das Tuch von der Vitrine und sage: „Seht Kinder, das ist der Schwanz vom Teufel ..."
Die Kinder staunen mit großen Augen und offenen Mund. Ich ziehe mich ein wenig zurück und ... genieße diese Augenblick.

Ein paar Tage später schlage ich die Zeitung auf. Mein Blick fällt auf das Foto vom Roten Turm mit vielen Kindern davor. Sie schreiben, dass es ihnen sehr gut gefallen hat und bedanken sich bei mir für diesen schönen Tag. Sie wünschen sich, einen ihrer nächsten Wandertage wieder mit mir zu verbringen und freuen sich auf neue Geschichten. Darauf freue ich mich auch und ... genieße diesen Augenblick.

Eva Lindner — Burgstädt

Als Kinder

Als Kinder fragten wir den Fischer,
wie hoch das Wasser steht,
und spielten Federball oder Verstecken,
ließen die hölzernen Kreisel tanzen
und zielten mit Steinen in Kästchen,
um bis in den Himmel zu springen.

Als Kinder naschten wir unreife Kirschen
und tranken grüne Limo vom Fass.
Wir schnipselten Bohnen für Oma
und schleckten fruchtiges Eis am Stiel.
Aus tropfenden spitzen Tüten
schmeckte uns der saure Kohl.

Als Kinder bauten wir Höhlen auf Bäumen
und aus braunen Decken ein Zelt.
In endlosen heißen Sommern
radelten wir holprige Straßen entlang
und segelten über das Meer
in alten Wannen aus Zink.

Kind sein

Den Sommer ungetrübt genießen,
kosten die Abenteuer dieser Welt,
und Düfte schmecken in den Wiesen,
fangen den Wunsch vom Sternenzelt.

Aus rotem Mohn an schmalen Wegen
und rosa Wolken Schlösser bauen,
sich in die gold'nen Felder legen
und nur noch mit dem Herzen schauen.

Den weiten Himmel, traumgefüllt,
aus seinen Angeln heben,
von stiller Sehnsucht eingehüllt
auf Gänseblümchen schweben.

Sich heute lieben, morgen hassen
und weinen, lachen oder schrei'n,
im Wind vom Fernweh treiben lassen
und einfach nur im Leben sein.

Unter Sternen

Fühlst du noch
den Tau der Nacht,
von damals,
in der dunklen Wiese,
in der wir träumten
und heißer Atem Feuer legte
auf unsre Haut,
bis die Morgenröte sich erhob,
damals – als das Leben uns
ein zweites Mal gebar.

Himbeerrot

Hörst du noch
die Melodie,
von damals,
in kleinen Bar,
in der wir tanzten,
eng umschlungen,
in einer himbeerroten Nacht,
bis um uns her die Welt versank,
damals – als die jungen Linden
duftend unsre Wege säumten.

Am Fluss

Siehst du noch
die alte Brücke
von damals –
und das grüne Ufer,
an dem wir unter Schirmen saßen,
als die Gefühle fliegen lernten
und Worte in die Wellen tauchten,
bis ich die Sonne in dir spürte,
damals – als die Stunden ewig währten
und für mich alles noch einmal begann.

Den Sommer im Tank

Gute Laune gezapft
und Streicheleinheiten,
die Seele aufgetankt,
Wohlgefühle
auf den Rücksitz gestapelt
und den Kofferraum
mit Regenbögen gefüllt,
den Duft der Sonne
durch das Schiebedach
eingeatmet,
mit Leichtigkeit
über den Asphalt gerollt,
das Leben wieder gespürt
und in Gedanken mich erhoben
im Aufwind deiner Worte.

Zu früher Stunde

Die Dämmerung
im morgengrauen Mantel
klopft an das Himmelspult,
hebt leis den Stab
und gibt der Sängerschar
ein Zeichen.

In Wipfeln, Büschen, Hecken
erklingt ein erster Ton,
dann trällern helle Stimmen
aus voller Kehle
die erste Strophe
in die Frische
dieser frühen Stunde.

Vereint besingen sie
das Licht,
und wenn es
den Horizont erklommen,
verstummt für heute
der Kanon
dieses großen Chores.

Sigrid Lomsché

Dessau-Roßlau

Traumhaftes Stelldichein

Verzaubert von der reifbestickten, blitzenden Märchenlandschaft des Winters drängt es mich zu schreiben. Meine Gedanken wirbeln wie Schneeflocken. Ich bringe nichts, aber auch gar nicht's zu Papier.

Bedauerlich, schade, denke ich und gehe enttäuscht ins Bett. Auf meinem Nachttisch liegt ein schmales Reclambändchen mit Wintergedichten. Ich schlage es auf und lese die heiteren Zeilen von Mascha Kaléko

> *„Betrifft: Erster Schnee*
>
> *Eines Morgens leuchtet es ins Zimmer,*
> *und du merkst: 's ist wieder mal so weit.*
> *Schnee und Barometer sind gefallen –*
> *Und nun kommt die liebe Halswehzeit."* [1]

Diese Zeilen stimmen mich heiter. Lächelnd lege ich das kleine Büchlein zur Seite. Ich schlafe ein.
Plötzlich stupst mich Joachim Ringelnatz an. Er rezitiert mit leiser angenehmer Stimme:

> *„Ich stapfe einsam durch den Schnee.*
> *Vielleicht steht links im Busch ein Reh."* [2]

Ich entgegne ihm, mit im Raum schwebenden Worten: „Ach ja, lieber Ringelnatz, das Reh darf nicht fehlen." Die Fee Elisabeth Borchers mir ihrem wallenden Nebelgewand, flüstert mir ein Märchen ins Ohr

„Märchen

*Auf der Suche
nach etwas Schönem wie Schnee
ging ich leer aus,
bis es des Wegs zu schreien begann."* ³

Staunend zolle ich ihr meine Bewunderung: „Mit wenigen Worten viel gesagt." Ich seufze: „Ach, könnt ich doch auch so fabulieren!"

Eduard Mörike haucht ein Guckloch durch mein mit Eisblumen bedecktes Fenster und huscht in mein Schlafzimmer. Er enthüllt mir seine eiskalten Gefühle:

*„Einem Kristall gleicht meine Seele nun,
den noch kein falscher Strahl des Lichtes getroffen;
Zu fluten schein mein Geist, er scheint zu ruhn,
dem Eindruck naher Wunderkräfte offen,
die aus dem Gürtel blauer Luft
zuletzt ein Zauberwort vor meine Sinne ruft."* ⁴

Hermann Hesse scheint zu frieren. Er kriecht unter meine Bettdecke und beschwert sich brummig:

„Grauer Wintertag

*Es ist ein grauer Wintertag,
still und fast ohne Licht,
ein mürrischer Alter, der nicht mag,
dass man noch mit ihm spricht."* ⁵

Plötzlich baumelt Wilhelm Busch an meiner Lampe. Kichernd, mich neckend, zitiert er:

„*Wie wohl ist dem, der dann und wann
sich etwas Schönes dichten kann.*"[6]

Ich antworte: „Mitnichten, ich würde auch gern dichten."

Die Wintersonne blinzelt in mein Zimmer. Ich erwache, überaus glücklich über das traumhafte, nächtliche Stelldichein mit den Dichtern und ihrer eiskalten Lektüre. Es ist mir als säße Bettina von Arnim[7] auf meinem Nachttisch und würde an ihrem Frühlingsblütenkranz flechten.

---

1 Mascha Kaléko: Betrifft.: Erster Schnee. Das lyrische Stenogrammheft. Erschienen im Rowohlt Verlag, Reinbek, © 1975, Gisela Zoch-Westphal

2 Joachim Ringelnatz: Stille Winterstraße. Sämtliche Gedichte. Zürich: Diogenes, 1997. S. 420, © 1997, Diogenes Verlag AG, Zürich

3 Elisabeth Borchers: Märchen. Was ist die Antwort. Gedichte. Frankfurt a. M.: Suhrkamp, 1998. S. 34 ©1998 Suhrkamp Verlag, Frankfurt am Main

4 Eduard Mörike: An einem Wintermorgen, vor Sonnenaufgang... Gedichte. Auswahl und Nachwort Von Bernhard Zeller. Stuttgart: Reclam, 1997 (u.ö.). (Universal-Bibliothek.) S. 3 ff.

5 Hermann Hesse.: Grauer Wintertag. Gesammelte Werke. Bd 1: Stufen. Die späten Gedichte. Frühe Prosa. Peter Camenzind. Frankfurt a. M. Suhrkamp, 1982. S. 135 ff. © 1970 Suhrkamp Verlag, Frankfurt am Main

6 Wilhelm Busch: Wie wohl ist dem, der dann und wann sich etwas Schönes dichten kann, Ausgewählte Werke, Hrsg. Gert Ueding, Philipp Reclam jun., Stuttgart 1988 und 2007

7 Bettina von Arnim, Clemens Brentanos Frühlingskranz, Insel-Verlag, Frankfurt am Main, 1985

Eine Nelke für Nino

Lehrertag. Ich erhalte einen Blumengruß von meinem Elternrat. Gut aufgelegt verlasse ich nach Unterrichtsschluss das Schulgebäude, das Blumengebinde fest im Arm.
Ich betrete den Pausenhof. Die Schüler der Klasse 8a stehen in Grüppchen zusammen. Nino, einer von ihnen, schlendert lässig auf mich zu. Ich mag ihn. Er schleudert mir folgende Worte entgegen: „Die Blumen haben Sie wohl geklaut, Frau Lomsché?" Ich bin enttäuscht. Nino dreht sich mit einem Siegerlächeln zu seinen Klassenkameraden um. Die prusten los.
Meine Finger lösen eine Nelke aus dem Strauß und reichen sie Nino. Er errötet, senkt den Blick. Zögernd ergreift er die Blume. Die Gruppe kichert.
Am Tag darauf. Ich habe Kunstunterricht in der Klasse 8a. Nino erwartet mich vor der Tür. Er sagt mit leiser Stimme: „Die Nelke habe ich meiner Mutter geschenkt. Sie hat sich sehr gefreut." Ich zwinkere ihm zu und schiebe ihn in den Klassenraum.

Anmerkung: Ich habe bis 2005 als Lehrerin in Dessau-Roßlau unterrichtet. Die Anekdote basiert auf einer Begebenheit, die sich 1980 ereignete.

Langeweile

Ruhestand – keine Hektik, kein Stress.
Nur Langeweile!
Sie baumelt träge an der Gardinenstange.
Schleicht durchs Zimmer.
Umklammert mich.
Besuch von einem ehemaligen Schüler.
Die Langeweile flieht eilig hinaus.

Frühstück am Straßenrand

Mitte Juli fuhr ich morgens mit dem Auto auf der Törtner Landstraße in Richtung Dessau. Die Sonne strahlte, die Luft flimmerte. Ich sah auf dem Asphalt einen Höckerschwan sitzen. Majestätisch, regungslos. Eine Fata Morgana? Ich bremste und stieg aus. Näherte mich der weißen Statue. Sie wendete ihren Hals und zischte bedrohlich. Erschrocken wich ich zurück. Es war ein weißer, stattlicher Schwan, äußerst lebendig. Im Grase, am Rande der Straße, entdeckte ich die Schwanenmutter mit ihren Jungen. Vier graue Wollknäuel bewegten sich im Rasen auf und nieder. Beschützt von der vorsorglichen Mutter. Bewacht vom stolzen Vater. Nach geraumer Zeit beendete Familie Höckerschwan ihr Frühstück. Sie begaben sich auf den Rückweg. Im Gänsemarsch, nein, natürlich im Schwanenmarsch, platschten die erwachsenen Tiere schwerfällig über die Straße. Ihre Jungen, im gestreiften Dunenkleid, watschelten zwischen den Eltern. Possierlich waren die Küken anzusehen. Wie konnte Hans Christian Andersen vom hässlichen Entlein sprechen? Die Familie erreichte den Dorfteich. Wie die prächtigen Schiffe der „Weißen Flotte", begleitet von vier kleinen, grauen Beibooten schwammen sie in ihrem Element.

Gestricktes Schäfchen

Befreit vom Eis die Scholle.
Schäfchen gestrickt aus luftiger Wolle.
Erde geputzt mit bunten Punkten.
Liebestoll die Frösche unken.
Geflüchtet Kälte und Pein.
Muss der zauberhafte Frühling sein.

Endlich Sommer

Wenn Herzen glücklich klopfen,
Schweißperlen heftig tropfen.
Wenn die Lerche hochhoben singt,
Der Rasenmäher melodisch klingt.
Wenn Füße sich im Wasser laben,
Die Seen einladen zum Baden.
Wenn Wasser schmeckt wie köstlich Wein,
Dann muss doch endlich Sommer sein.

Neues Jahr

Begrüßt mich wieder
mit dem ewigen Auf und Nieder.
Gehe meinen Weg geradeaus.
So bin ich glücklich, ei der Daus!

Plagiate

An Plagiate muss ich wirklich nicht denken.
Die Schriftsteller werden mir ihre Worte schenken.
„Vom Eise befreit sind Wald und Flur ..."
„Ein Königreich für ein Pferd. Wer hat es nur?"
„Ihm schenke ich ein Röslein rot."
„Sonst liege ich in seinen Armen tot."
Schwupp-die-wupp, so komm ich zu einem Reim.
Man sollte so „pfiffig" wie Herr Guttenberg sein.
Und Günter den Grassen,
bekommen die Plagiate auch zu fassen.

Leonhard Lutzke   Halle/Saale

Der Rahmen

Wer etwas schreibt in seinem Leben,
der muss sich ständig sagen lassen,
der Inhalt ist dir vorgegeben,
er muss in unsren Rahmen passen.

*

Wir müssen leserfreundlich schreiben,
der Umsatz ist das höchste Ziel,
Kritik muss schön am Rande bleiben,
das ist ein allbekanntes Spiel.

*

Ein Rahmen rund, oval, quadratisch,
ganz gleich in welcher starren Form,
ist daher niemals demokratisch,
der Inhalt ist bestimmt zur Norm.

*

So zeigt sich traurig nebenbei
dem Schreiber fast in aller Welt,
er ist zu keiner Stunde frei,
da er sonst aus dem Rahmen fällt.

*

Doch wer darüber traurig denkt,
dem kann ich hoffnungsvoll verkünden,
der Rahmen wurde oft gesprengt
aus ungezählten guten Gründen.

*

Die Größten unserer Nation,
die Unvergängliches geschrieben,
sind doch, und das erfreut uns schon,
dem freien Denken treu geblieben.

*

Woher auch unsre Größten kamen,
ihr oftmals geniales Denken,
zerbrachen alte Form und Rahmen,
um ihre Leser zu beschenken.

*

Ein wahrhaft rahmenloses Schreiben
ist längst noch keine Anarchie,
es wird wohl vorbehalten bleiben,
dem Sucher, Denker und Genie.

Geschrieben um Mitternacht
am 13. September 1994 in Halle/Saale.

Das Ringelspiel

In Preise wird in aller Welt
der eig'ne Wohlstand dargestellt,
er zeigt dem Volke klipp und klar,
ob Staat und Wirtschaft mit ihm war.

Der Staat jedoch schenkt seinerseits
den Preisen erst den rechten Reiz,
er hebt und senkt sie nach Bedarf,
auch wenn das Volk das längst verwarf.

so treibt der Staat in aller Welt
ein Spiel mit Geld und Preisen,
das stets zu seinen Gunsten fällt,
braucht niemand erst beweisen.

So schafft sich alle Obrigkeit –
im Wesen der Finanzen –
ein Ringelspiel auf Lebenszeit,
nach dem die Bürger tanzen.

Geschrieben am 01. Mai 1972 in Ammendorf. Dieses Gedicht schickte ich an den Mitteldeutschen Verlag in Halle/Saale und bekam selbiges mit den Worten zurück: „Dieses Gedicht liegt hart an der Grenze der Verleumdung der DDR!" Das Gedicht hat überlebt und ist heute noch aktuell. Oder?

Die Dummheitsmelodie

Dummheit, Dummheit über alles,
über alles in der Welt,
die in allen Kontinenten
brüderlich zusammenhält.

Dummheit oben, Dummheit unten,
wohlverteilt in jedem Staat,
in der Welt, der kunterbunten
ihren Wohnsitz ewig hat.

Dummheit, Dummheit über alles,
über alles in der Welt,
die in unsrem Alltagsleben
ungebeten Einzug hält.

Einigkeit und Recht und Freiheit
trägt die Dummheit schon in sich,
danach braucht sie nicht zu streben,
ja, das wär doch lächerlich.

Freiheit ist ihr schon gegeben,
Einigkeit hält sie für Recht,
sie wird schadlos überleben,
sind die Zeiten noch so schlecht.

Dummheit, Dummheit über alles,
über alles in der Welt,
die uns unerwartet täglich
wie ein Virus überfällt.

Dummheit, Dummheit über alles,
wenn man in der weiten Welt
eben angesagte Wahlen
für was recht Gescheites hält.

Ja, der Futtertrog wird bleiben,
nur die Schweinderln wechseln dann,
um das gleiche Spiel zu treiben,
sich bereichern, wo man kann.

Geschrieben am 23. Juni 2002 in Halle/Saale

Zeitstudie

Als der Affe froh und munter
einst vor langer, grauer Zeit,
lustig stieg vom Baum herunter,
war das gar nicht so gescheit.

Als er aufrecht gehen lernte,
um dereinst ein Mensch zu werden,
von den Bäumen sich entfernte,
da begannen die Beschwerden.

Stark behaart, mit einer Keule,
die er immer bei sich trug,
jagte er mit Lust und Eile
andre, die er dann erschlug.

Er vermehrte sich entsetzlich
während seiner Lebenszeit,
im Überfluss erschien er plötzlich,
machte überall sich breit.

So wird er nächtlich, wie am Tage,
Mutter Erde längst zu viel,
vielerorts sogar zur Plage,
wo ihn niemand haben will.

Wird er weiter sich vermehren,
was er wohl am besten kann,
wird die Zukunft uns belehren,
wir sind übel mit ihm dran.

Ja, so mancher kam schon drauf,
was einmal geschehen könnte,
frisst der Mensch den Mitmensch auf,
braucht er keine Altersrente.

Jeder kleine Junge weiß,
längst belehrt vom Kapital,
mit der Menge fällt der Preis,
auch beim Menschen allemal.

Heute baut er Todeswaffen,
wirft mit Bomben statt mit Nüssen,
heute fürchten sich die Affen,
was wir Menschen ständig müssen.

Schon daraus ist klar ersichtlich,
wie die Menschheit enden kann,
später heißt es dann geschichtlich:
Schuld war nur der Affe dran.

Dass der Mensch viel schlimmer war,
als der Affe einst im Baum,
wird ihm leider niemals klar,
so bleibt Menschlichkeit ein Traum.

Günther Mainzer   Halle/Saale

Die verspätete Hochzeitsreise

Unsere gemietete Ferienwohnung, ein Bungalow, liegt am Folgenweg von Lichtenhain in Richtung Beuthenfall. Zum Ort muss man 15 Minuten laufen und jemand ohne Auto ist schon übel dran, weil ja buchstäblich alles heran geschleppt werden muss. Der Ort hat keinen Bäcker mehr und der Konsum gab erst vor wenigen Wochen wegen zu hoher Miete seine Verkaufsstelle auf. So muss alles aus Sebnitz vom Supermarkt angefahren werden oder gar vom Einkauf in der Tschechoslowakei. Man wohnt hier aber idyllisch. Wäre da nicht ein zweites anliegendes Grundstück mit einer Gärtnerei und einem stattlichen deutschen Schäferhund, man fühlte sich hier besonders abends und nachts schon einsam. Und dann kann man hier laufen. Im Grunde genommen ist es ganz egal, wohin man sich wendet, überall ist es schön und anstrengend auch, also gut für die Gesundheit.

In einer halben Stunde ist man am Beuthenfall, im Tal der Kirnitzsch. Allerdings führt der Weg steil bergab. Nur ein paar hundert Meter weiter ist der Lichtenhainer Wasserfall, die Endstation der Kirnitzschtalbahn. Zur Abgeschiedenheit noch ein Wort: Einen so ungestörten Urlaub haben wir noch nicht erlebt. Am Tage sind wir hier meilenweit allein. Der Gärtnernachbar hat sicher in seinem Hauptsitz zu tun. Er lässt nur den Schäferhund zurück. Der Weg zu seinem Grundstück endet hier, so dass sich kein Wanderer weiter verirrt. Außerdem ist alles durch hohe Bäume, manche auch exotischer Herkunft, völlig abgeschirmt. Durch die leichte Brise nehmen wir von den Insekten nur das Summen wahr, und daran kann man sich gewöhnen. Ansonsten hört man nur das Gezwitscher der Vögel. Allen voran eine Schwarzdrossel, die ihren Gesangsplatz in einem hohen Nussbaum ausgewählt hat. Der Schäferhund schlägt nur selten an. Von weitem hört man Mähmaschinen Gras mähen. Sicher müssen dabei auch die Margeriten dran glauben, die meine Frau morgen pflücken will.

Allein sind wir sonst, ganz allein mit all unserem Glück dreizehnjährigen Beisammenseins. Mein Weib deklariert den hiesigen Aufenthalt kurz entschlossen zur Hochzeitsreise. Da werde ich nicht streiten. Haben wir doch bisher durch dick und dünn hindurch jeden Freitag, jeden 13. und jeden Jahrestag als Hochzeitstag gewürdigt, warum nicht auch im 13. Jahr der Ehe eine Reise als Hochzeitsreise? Das Wetter meint es fast zu gut mit uns. Wir mussten lange auf einen Ausspanntag warten. Erst gestern früh regnete es in Strömen, ein herrliches Gewitter. Aber wenn ich es aus heutiger Sicht betrachte, so war der Tag soviel anders oder gar geruhsamer auch nicht. Zwar gab es später Frühstück als sonst. Vorher prüften wir ausgiebig Stabilität und Tragfähigkeit der Betten, fühlten uns wie Jungvermählte, gar nicht wie Oma und Opa. Wegen des schlechten Wetters fuhren wir mit dem Auto an die tschechische Grenze, wollten nur schauen, eventuell etwas einkaufen und zu Mittag essen. Aber es wurde doch wieder eine richtige Wanderung daraus. Auf der Rückfahrt über Sebnitz machte uns die wieder einsetzende Hitze und Schwüle ganz schön zu schaffen. Trotz des begonnenen Regentages konnten wir nachmittags schon wieder sonnenbaden, zwar ab und an von einer Winddusche unterbrochen, aber einen befürchteten Regenguss gab es nicht noch einmal. Nur beim Spargelgericht mussten wir gegen Ende des Hauptganges von der Terrasse flüchten, weil der Wind doch arg Zutaten aus dem Baumbestand des umgebenden Waldes auf unsere Teller wedelte. Am Abend konnten wir uns nach ein paar Regentropfen noch auf die Pirsch machen und bekamen unseren Rehbock zu sehen. Wir nennen ihn unseren, weil wir ihn gleich am zweiten Tag entdeckten und ihn seither jeweils abends zwischen 20.00 und 21.00 Uhr auf einer naheliegenden Wiese beobachten konnten. Heute waren wir enttäuscht, weil er sich zunächst gar nicht sehen ließ. Wir gaben die Suche mit dem Feldstecher schon auf, da sprang er nur

20 – 30 Meter von uns entfernt auf und huschte ins Tal. Das Gras ist hier sehr hoch, so dass er für uns schon bei geringem Niederkauern unbemerkt blieb. Am späten Abend hörten wir ihn noch einmal röhren. Es klang mehr wie ein Bellen und kam uns so vor, als unterhielte er sich mit dem Wachhund des Nachbarn. An Getier haben wir viel zu Gesicht bekommen, ganz abgesehen von den gefiederten Sängern in den Baumkronen. So konnten wir mehrere Male Hasen beobachten. Einmal lag eine große Ringelnatter auf dem Feldweg kurz vor uns. Sie war über einen halben Meter lang und wich, aufgeschreckt, schnell in den Wiesenrand. Vorgestern früh sahen wir ein Eichhörnchen nur wenige Meter von uns entfernt am Boden sitzen und Bucheckern oder Eicheln knabbern, die es putzig in seinen Vorderpfoten hielt. Wir konnten es ungestört eine Weile beobachten, weil wir uns ganz still verhielten. Auch das leise Vorbereiten des Fotoapparates blieb ihm verborgen. Beim Klicken des Verschlusses schreckte es allerdings zusammen und kletterte auf einen Baum. Es lugte in 2 – 3 Meter Höhe noch einmal um den Stamm, ein possierliches, tief dunkles, fast schwarzes Tierchen.

Am Ende des Urlaubs können wir wirklich sagen: an Erlebnissen reiche Tage. Mit dem Wetter hatten wir bis zum letzten Tag Glück. Alles für einen normalen Stadtmenschen vielleicht vorhandene Negative dieses Ortes, wie Abgelegenheit, Stille, kein Radio, alle Wege mit steilem Aufstieg verbunden, ja sogar die gesperrte Hohe Straße nach Bad Schandau, schlugen für uns nahezu ins Gegenteil um. Zwar waren wir jedes Mal nach der Heimkehr groggy, aber wir erholten uns schnell wieder, spätestens bis zum nächsten Morgen. Und jeden Tag haben wir uns etwas Neues, noch Schöneres vorgenommen. Gleich am ersten Abend stürzten wir hinunter zum Beuthenfall und zum Lichtenhainer Wasserfall, erklommen den Kuhstall und die Himmelsleiter mit ihren 108 Stufen. Am zweiten Tag durchstreiften wir das Sebnitztal mit den interessanten Viadukten, Tunnels und Brücken der Eisenbahn. Wir fuhren auch einmal zum Grenzübergang nach Sebnitz, wanderten auf tschechischer Seite zum Tanzplan, 600 Meter über Meereshöhe. Das war für uns fast die anstrengendste Tour, weil es sehr warm war. Wir kletterten von allen Seiten in die Schrammsteine und haben von Hinterhermsdorf aus das dunkle Kirnitzschtal durchwandert. Der Flößersteig weiter talabwärts mit seinen vielen Sehenswürdigkeiten, aber auch seinem strapaziösem Auf und Ab, machte uns zu schaffen.

Rundum unser schönster und glücklichster Urlaub, dazu eine nachgeholte Hochzeitsreise. Wenn es doch nur möglich wäre, sich völlig von der gesellschaftlichen Umwelt zu distanzieren! Das gelang uns natürlich nicht. Einige Tagesnachrichten drangen doch in die Idylle, und deshalb können wir so ganz unbeschwert und glücklich nicht werden.

Lichtenhain, im Mai 1992

Kurnotizen in Piešťany 2005 und 2006

Gesichter

In einer großen Kureinrichtung hatte ich doch Bedenken, Blickkontakte so unbeschwert wie anderswo im öffentlichen Leben zu suchen. Natürlich trifft man hier auf viele Leute mit Leiden und Gebrechen. So schlimm ist es aber gar nicht, aber die sportlichen Typen sind nicht in der Mehrheit. Die Menschen mit körperlichen Behinderungen tragen diese jedoch souverän. An den Gesichtern kann man es erkennen, sie sind nicht verbissen, sondern dankbar für einen freundlichen Blick.
Am ungeniertesten kann man bei Kulturveranstaltungen in die Gesichter der Akteure schauen. Einfach mitten in der Welt sind sie. Die jungen straffer, Faltensorgen kennen sie noch nicht. Alle haben aber ein individuelles Gesicht, so, wie die Menschen, denen man auf der Straße begegnet. Gleich ob bei den Folkloregruppen, den Tänzern aus Orel oder den Mädels aus Bratislava, die Gesich-

ter sind vielfältig, interessant, individuell. Das Können – gleich ob beim Gesang, Tanz oder Spiel – ist auf ansprechendem Niveau. Bei der Estradensängerin scheint das anders herum zu sein. Zuerst wird entschieden, ob das Gesicht nach EU-Norm schön ist, erst danach dann die Gesangskunst „aufgebaut". Die Folge ist ein EU-Norm-Modelgesicht mit auf Bestellung abrufbarer Ausstrahlungskraft. Die Stimme kommt erst danach, erreicht selbst mit großem Elektronikaufwand nur Mittelmaß.

Meine Meinung: der Globalisierungszeitgeist kann den Menschen doch nicht einfach wie den Aprikosen und Gurken eine EU-Norm aufzwingen, wenn sich auch eine ganze Branche damit beschäftigt. Schaut man in die Gesichter der hier Beschäftigten oder der Einwohner auf der Straße, so empfindet man das breite Spektrum der Ausstrahlungskraft vom abweisenden Desinteresse bis hin zur freundlichen Aufgeschlossenheit. Auf dem Lande übrigens ist der freundliche Gruß auch zu Fremden immer noch ein slowakisches Markenzeichen.

Wenn auch mit Einschränkungen kann man die Aufgeschlossenheit auch auf die internationale Patienten- oder Kurgastgesellschaft ausdehnen. Mit Englisch, Russisch und Deutsch kommt man, so man will, schnell ins Gespräch. Eine Gruppe muss man allerdings ausklammern. Das sind die aus den arabischen Ländern kommenden Gäste, offensichtlich nicht gerade die ärmsten, meist mit Dienern oder Gehilfen, die Frauen verschleiert. Ein Blickkontakt gelingt nie. Sofort gehen die Augen in eine andere Richtung, auch bei den Männern. Da fällt es schwer, den Glauben zu behalten, dass die „Kinder Gottes" auf dieser Erde werden alle miteinander auskommen können, gleich ob sie zu Moses, Jesus, Mohammed oder gar niemanden beten.

August 2005

Trnava

Das ist nicht mehr die Stadt, wie ich sie von früher her kenne, nicht mehr die Stadt der Slowakischen Zuckerindustrie. Auch die berühmten Teslawerke sind Geschichte, heute verwaist. Es gibt laut Reiseführer 25 Prozent Arbeitslose, mit dem Zusatz: die Politiker behaupten zwar 12 Prozent! Für mich ist die Busexkursion im August 2005 in der Tat eine Begegnung mit einer anderen Stadt. Damals, in den 70er Jahren des vorigen Jahrhunderts imponierte sie uns, wir empfanden noch etwas von einem mittelalterlichen Kulturzentrum der Österreich-Ungarischen Monarchie. Die Museen, die Stadtmauer mit den noch erhaltenen Toren, auch die sorgsame Pflege der Architektur, natürlich bezog sich das auch damals schon vor allem auf die vielen Kirchen, das alles beeindruckte uns. Der Reichtum der katholischen Kirche erschlug uns, machte den krassen Gegensatz zu den einfachen Handwerkerhäuschen, die aus Sparsamkeitsgründen an die Stadtmauer angebaut waren, deutlich. Natürlich nahmen wir auch den Gegensatz zu den moderneren sozialistischen Betonbauwerken der Neuzeit wahr. Ausgesprochen wohl fühlten wir uns in der zweistöckigen Neubauwohnung der Familie Nikolini. Robert, damals Gastdozent an der ABF in Halle, öffnete uns den Blick für den Charme dieser alten Stadt, die er, vielleicht etwas übertrieben, das einstige ungarische Rom nannte. Heute heißt es im Prospekt: „Erste königliche Stadt in der Slowakei". Wir fühlten uns wohl, auch in der Wohnung seiner Eltern in einem kleinen älteren Haus. Dass Trnava auch einmal eine Universitätsstadt war, erfuhren wir nur durch Roberts Erzählungen und sahen es an den Namen der Straßen, Plätze und einer Kirche. Die heutige Exkursion führt fast ausschließlich in die Kirchen. Insgesamt hat die Stadt davon 12, dazu zwei Synagogen. Eine davon zerfällt. Es finden sich keine 10 Männer zur Gründung einer jüdischen Gemeinde. Die andere Synagoge ist in städtischem Besitz, wird als Kunstgalerie genutzt. Für mich ist das nichts Neues, das erklärte uns damals schon Robert. Er erzählte uns auch von dem „verrücktem Konditor", der zwar pleite machte, aber für die Stadt mit seiner Sammlerleidenschaft das Heimatmuseum füllte. Heute findet man allgegenwärtig den verstorbenen Papst Paul. Es ist wie in seiner polnischen Heimat. Sein Besuch der Stadt im Jahr 1993 wird fast wie eine Zeitenwende dargestellt.

Wenn Trnava auch kein Industriezentrum mehr ist wie früher, eine Universitätsstadt ist sie inzwischen. 1993 wurde die Universität wieder eröffnet. Und die Studenten prägen das Stadtbild. Das macht einen positiven, frischen Eindruck, bringt so etwas wie eine Aufbruchsstimmung hinüber zum aufmerksamen Besucher. Wünschen wir der Stadt nicht nur ein Aufblühen der Wissenschaften und des Tourismus, sondern auch wieder eine Industrie.

August 2005

Blaskonzert

Vor dem Musikpavillon Harmonie auf der Bäderinsel, bei herrlichem Maiwetter, die Sonne meint es gut mit uns. Nur wenn sie sich einmal hinter Wolken versteckt, oder man in den Schatten der großen Pappeln gerät, merkt man: der Sommer ist noch weit.

Eigentlich sollte schon am 1. Mai die Estradensaison eröffnet werden, mit einem kurzen Marsch von der Konzerthalle bis hierher, nur etwa 500 Meter, und dann anschließend das erste Platzkonzert des Jahres. Das fiel buchstäblich ins Wasser. Der Himmel öffnete an dem Tag alle Schleusen über dem Tal der Vah und ertränkte aufkommende Maigefühle. Auch der Sonnenschein am späten Nachmittag vermochte nur wenige Spaziergänger ins Freie zu locken. Heute ist das anders. Alle Bänke vor dem Musikpavillon sind besetzt. Die Gruppe „Butschowanka" aus Novo Meste begeistert das Publikum. Je zwei Trompeten, Tenorhörner, Klarinetten und Basstuba spielen vorwiegend slowakische und böhmische Polka, Walzer, Märsche u. ä. Ein junges Pärchen – laut Moderator sind es

Studenten – singen dazu die so schnulzig klingenden, rührenden volkstümlichen Weisen. Sie treffen den Nerv des Publikums, denn wenigstens die Hälfte der Anwesenden singt oder summt mit, ein Zeichen, dass die ausländischen Touristen noch in der Minderheit sind. Der Moderator unterhält mit Informationen und Anekdoten, deren Pointen uns verborgen bleiben. Es ist also eine echte slowakische Veranstaltung, nicht in erster Linie für ausländische Touristen gedacht. Natürlich könnte man sagen, es sind Schnulzen wie auch bei uns, wenn Herbert Roths Melodien in Thüringen erklingen. Was soll's? Soviel versteht man sogar vom slowakischen Text, dass es auch zarte, gefühlvolle Liebeslieder sind. Wo liegt die Grenze zwischen Volkslied und volkstümlicher Schnulze? Gibt es sie überhaupt? Und der weiche Klang dieser Blasmusik ist nun einmal etwas ganz anderes als die preußische Militärmusik. Schon seit meiner Kindheit bemerkte ich den Unterschied und später in der Studentenzeit lernte ich die Liebe meiner Freunde aus der Tschechoslowakei zu dieser Musik achten und zu respektieren. Jaroslav aus Prag konnte gar nicht genug davon bekommen.

Mit der Zeit scheint sie uns etwas eintönig. Ist das nicht aber bei jedem Genre so? Die Fans kümmert das überhaupt nicht. Und wo anders ist eben alles anders. Die Musik auf jeden Fall.

Mai 2006

Slowakische Dörfer

Fährt man mit dem Bus oder dem Fahrrad durch die Dörfer im Tal der Vah, bekommt man noch einen echten Eindruck vom slowakischem Dorf. Auffallendes Zentrum ist jeweils eine schmucke alte Kirche, meist katholisch, jede auf ihre Art ein Original, nur selten ist es ein Neubau, vergleichbar mit denen, die wir in Mitteleuropa auch haben. Laut Reiseführer gibt es in der Slowakei 85 Prozent Gläubige, davon 65 Prozent Katholiken, der Rest sind Protestanten, Juden, Zeugen Jehovas u. a. Sekten. Ein weniger schmucker, meist unansehnlicher Bau beherbergt die Gemeindeverwaltung. Auf jeden Fall haben fast alle Dörfer noch eine Gaststätte, wenn sie jetzt auch oft Pub oder Bar heißt statt „Hostinec". Auch gibt es immer eine „Potravina", einen kleinen Laden mit den dringlichsten Waren für den täglichen Bedarf. In der Mittagszeit haben diese kleinen Läden allerdings in der Regel geschossen, manche Gaststätten auch noch nicht geöffnet. Da spürt man den Unterschied zu unseren Dörfern nicht all zu sehr, muss mit hungrigem Magen schon mal ein Dorf weiterfahren. Die Dörfer sind sauber und gepflegt, der Fahrdamm recht breit, umsäumt von einem Grünstreifen oder auch einem Graben, der die Kanalisation übernimmt. Oft ist er schon überdacht, dann sieht man die Kanalroste im unterbrochenem Grünstreifen. Zwischen Fußweg und Hauswand gibt es einen Vorgarten, wenigstens eine schmale Blumenrabatte, die zur Zeit gerade auf Frühjahr getrimmt wird. Flieder, Schneeball, japanische Kirsche sind wohl neben den Obstbäumchen die häufigsten Ziersträucher. Manchmal nimmt die Dorfstraße gar den Charakter einer Allee an, dann aber nicht nur mit Birken, Pappeln oder Kastanien, sondern auch mit Wacholderbäumen. Daher also der Borovicka. Von der Hast in den Städten spürt man hier noch wenig. Der Plausch auf einer Bank vor dem kleinen einstöckigen Häuschen dauert auch mal etwas länger, wie wir bei der Rückfahrt mit dem Fahrrad bemerkten. Zwar selten, aber doch noch trifft man ein altes Mütterchen in der slowakischen Tracht, wohlgemerkt ihrer Arbeitskleidung; am Sonntag, zum Kirchgang, sahen wir die Volkstrachten schon häufiger.

Fast in jedem Dorf steht auch ein Maibaum, etwas anders als in Deutschland. Eine kleine Birke oder Tanne mit bunten Bändern ist einfach an einem glatten hohen Stamm angebunden. An den Bushaltestellen sammeln sich Schüler, denen man die Freude des überstandenen Schulvormittags ansieht. Ausgelassen toben sie und warten auf den Schulbus. Die Bushaltestelle gehört einfach zum Dorfzentrum, ist wohl inzwischen ein wichtigerer Knotenpunkt der Infrastruktur geworden als der Bahnhof.

Auf den Feldern steht die Saat gut. Wir sehen blendend gelbe große Rapsfelder. Der Mais zeigt seine Spitzen. Winter- und Wasserschäden halten sich in Grenzen. Auch die Kartoffeln sind schon aufgegangen. Es stimmt wohl doch nicht, was uns im vergangenen Jahr die Reiseführerin sagte, dass die Slowaken sie nicht mehr anbauen, weil sie von den Zigeunern gestohlen („gelöffelt") werden, bevor der Bauer zum Ernten kommt.

Mai 2006

Siegfried Modrach   Berlin

Ich brauche dich doch

Mit wem soll ich meine Geheimnisse teilen
als mit dir, die meine Vertraute ist,
mit wem soll ich schlafen und lachen und heulen,
wenn du nicht in meiner Nähe bist?

Was ist schon der Schwur von der ewigen Liebe,
ich kenne doch ihre Vergänglichkeit,
und was schon das Wort von der ewigen Treue,
ich weiß doch um ihre Endlichkeit?

Drum bleib noch, und geh nicht aus meinem Leben,
ein Tag ist mal so und mal so ein Tag,
und nimm dir von allem, was ich dir kann geben,
und gib mir von dem, was ich an dir mag.

Ich brauche dich doch grad' heute und hier
für das tägliche kleine beschissene Glück,
und ahne, solange ich das nicht verlier',
ist's zur Endlichkeit hin ein unendliches Stück.

1995

Frühlingsjefühle

Olga, pack de Stullen ein,
heut jehts in den Friedrichshain,
laß uns unter jrünen Bäumen
mal in't Blau vom Himmel träumen,
det sich endlich eenmal zeicht.

Und im warmen Frühlingshauch
liejen wir bei jenen Strauch,
wo ick dir vor Jahren küsste
mit 'ner Hose voll Jelüste.
Und du warst nich abjeneicht.

Det is schon een tolles Stück:
ick schieb vor, du ziehst zurück,
bis ick dir dann doch erbeute,
mit een Ooge uff d' Leute,
det die nur nischt merken tun.

Wie verstohlen du mir kost
und dein Leib verhalten tost,
ach, ick könnt bei det Vajnijen
jlatt bis hoch in'n Himmel fliejen
und uff Wolke sieben ruhn.

Doch det wär janz unerhört,
weils det Publikum vastört,
selbst de Eichhörnchen im Laube
machten sich jleich aus'n Staube
und entfleuchten uff'n Baum.

Und so drücken wir de Bank,
schlürfen unsen Thermostrank
und verspeisen unse Stullen.
Allet andre sin nur Schrullen,
wie so mancher Frühlingstraum.

Mai 2002

Stolperballade

An eenen Samstach, ohne Nässe,
flog ick beit Joggen uff de Fresse
un lag, noch eh ick mir versah,
mit forchtbar blutjer Neese da,
und ooch von Stirn un Oberlippe
floß Brihe ab, un mein Jerippe –
fürwahr, mir war nich mehr zum Scherzen –
bejann jleich iberall ßu schmerzen.

Daher begab ick ma uffs Schnelle
fluks hin zur nächsten Rettungsstelle
un stellte mir bein Dokter vor,
der kiekt mit an un war janz Ohr,
wie ick uff Frajen reajierte,
mit die er mir jleich malträtierte.
(Et jing um mein Jehirn sein Bette,
un ob ick vleicht ne Meise hätte.)
Druff folgten die Extremitäten,
ob die sich ooch noch richtich drehten.
Denn bin ick, tetanusjespritzt
entlassen, wieder heimjeflitzt.

Denn kiekt ick mir die Stelle an,
allwo mein Leidensweech bejann,
und fand da eene janze fiese
von Wurzeln hochjedrickte Fliese
un kann bis jetzte nich vastehn,
weswejen ick di nicht jesehn.

Am schlimmsten, als ick, tränennah,
meinen Kopp im Spiejel sah:
De Fisage, sonst so rein,
nee, det durfte doch nich sein,
war jetz völlig ramponiert.
De Kledasche blutvaschmiert.

Det sehn – schon kam mir der Jedanke,
ick stelle an des Ortes Flanke
een Kreuz uff, wie an Straßenrändern,
un mit een Schild, umrankt von Bändern,
uff dem der Text jeschrieben steht:

„HIER STARB BEINAH EEN POET!"

Denn kommt ooch noch ne Vase hin,
da tu ick öfter Blimchen rin.

10. Oktober 2010

Sommerzeit

Weiß nicht, weshalb die Leute mit dem Sommer schmollen,
obwohl bekannt, wie er in unser'n Breiten ist,
da nörgeln sie, anstatt ihm wohl zu wollen,
daran herum, oft gar im Dauerzwist.

Dem einen ist er viel zu heiß und viel zu schwitzig,
dem ander'n viel zu kühl, zu trübe und zu nass,
ich find' das unfair und auch aberwitzig,
gibt uns der Sommer doch von allem was.

Gewiss, manchmal mag man ihn ganz und gar nicht loben,
er stürzt selbst Wetterdienste in die größte Pein,
trotz Wetter-Schön-Prognose strömt's von oben,
und tags darauf kann's umgekehrt schon sein.

Doch legt das Mäkeln ab, und hört schon auf zu zagen,
sucht einen Platz euch unterm dichten Schattenbaum
an diesen hellen, heißen Nachmittagen
und spinnt euch einen Sommersonnentraum.

Was für ein Leben in und hinter den Gesträuchen,
ihr spürt, wie mancherlei Verbissenheit sich legt,
auch Schmetterlinge melden sich in Bäuchen,
ihr seid aus ander'm Grund als sonst erregt.

Gibt's eine schön're Zeit, der Liebe Kranz zu flechten
von lauter Blumen aus dem Überfluss Natur,
mit diesen unverschämten lausch'gen Nächten
und weichen Wiesen als „quartier d'amour"?

Es eilt. Bald läuft die Sonne einen flacher'n Bogen,
es folgt der kühle Herbst, der kalte Winter dann,
nur wer genügend Wärme aufgesogen,
hält durch auf jenem Teil der Jahresbahn.

Juli 2003

„Schilf" · Zeichnung von Siegfried Modrach

Moldau II

Seh dich zwischen Steinen schnellen,
seh dich im bedächt'gen Lauf,
Bilder schließt du vor mir auf
mit dem Hauch von Aquarellen.

In der Šumava entsprungen,
schwingst du dich mit Flussverstand
in Mäandern durch das Land,
Berge, Täler sanft umschlungen.

Bringst in meine Sinnenflüge
deine Unrast, deine Stille –
als ob Leichtigkeit mich trüge.

Schönster unter Böhmens Flüssen,
lass mich lachen, weinen, küssen,
einmal leben der Idylle.

August – November 1999

Annemarie Neugebauer Dessau-Roßlau

Ein wundersames Erlebnis

Ich stand ganz ruhig, schaute und staunte.

Ein prächtiges Gebirge vor mir.
Drei spitze Kuppen, die anderen daneben rund,
wie ein durchgeschnittener Ball. Glatt.
Der nächste Berg sehr hoch wie aus großen Steinen gebaut.
Dort möchte ich wandern auf weichem Schnee.
Plötzlich ein breiter Spalt zwischen zwei nebeneinander
stehenden Felsen.
Schade, hier wäre meine Wanderung zu Ende.
Wo könnte diese schöne Bergwelt zu Hause sein?
In Südtirol, in Tschechien, in der Schweiz?
Ich wusste es nicht.
Einen Moment drehte ich mich um, und alles war weg.
Langsam schwammen kleine weiße Wolken abwärts.
Es war die schönste Gebirgslandschaft,
die ich je gesehen habe, konnte erleben, wie sie entstand,
sich veränderte und davonschwamm.

Ich nenne es das Wolkengebirge vor meinem Balkon.

Sonnenuntergang

Glutroter Ball
Verschwindet ins Nichts
Eingerahmt von leuchtendem Feuer
Sinnesbewegt

Schneeflockenwirbel am Abend

Schneeflocken fallen zu Tausenden wie Kristalle vom Himmel.
Hinter dem Fenster stehend, sehe ich,
wie sich alle ein Fleckchen suchen, um auszuruhen.
Auszuruhen von ihrer langen Reise.

Um die Kälte zu spüren, öffne ich das Fenster und atme tief.
Einige haben sich auf meiner Nase verirrt.

Auf dem Tannengrün in meinen Balkonkästen glitzern sie,
wie Sternchen um die Wette.

Der Tisch sieht aus, als sei er mit einem weißen Tafeltuch
dekoriert und zwei Stühle laden zum gemütlichen Sitzen ein.
Ich genieße diesen Anblick.

Es ist wunderschön wie im Märchenland. Der Schein
meiner Tischleuchte unterstreicht alles wie ein Gemälde.
Meine Angst, dass es bald schmilzt, ist gewichen.
Das Thermometer sinkt und sinkt.

Vor meinem Haus brennt das Licht.
Männer im Schneeflockenwirbel
kehren und schieben den Schnee an den Rand der Wiese.

Ich schaue auf meinen Balkon und freue mich,
die weiße Pracht genießen zu können.
Keiner zerstört dieses hervorgezauberte Bild.

Das Birkenwäldchen

Picknick will sie machen, die Kleine mit ihren vierzehn Jahren und einem großen Korb voller Leckereien und einer Decke. Ihr Freund, sagt sie, wartet bestimmt schon. „Machs gut, Tante." Mit diesen Worten und einem Küsschen verabschiedet sie sich und fliegt förmlich die Stufen des Hausflures hinunter. Marianne fühlt sich verlassen.
Ab und zu sieht sie, wenn sie aus dem Fenster schaut, wie die Familien ihre Autos voll packen und mit ihren laut plappernden Kindern davonfahren.
„Ich bleibe auch nicht hier", sagt sie und holt die Trittleiter, steigt drei Stufen hoch, greift einen Korb, welchen sie nur zum Einkaufen nutzt und lässt ihn auf den Boden fallen. Nun öffnet sie den Kühl-schrank und viele Leckereien, wie Salami und kleine Fläschchen Sekt und noch mehr verschwinden im Korb.

Sie muss lachen, noch nie hat sie Picknick gemacht. Warum musste ihr damaliger Freund immer nur lernen? Die Kleine macht Picknick schon mit vierzehn Jahren. Schnell holt sie eine Decke von der Couch und klemmt sie unter ihren Arm. „Tschüss", sagt sie scherzhaft, schließt die Korridortür von außen zu und beeilt sich, die Stufen hinunter zu kommen. Bevor sie ihr Fahrrad aus dem Schuppen holt, telefoniert sie: „Liesel komm, wir fahren picknicken. Beeile dich, ich warte vor deiner Haustür." Liesel wundert sich über diesen Anruf. „Picknicken, das haben wir nicht mal in unserer Jugend gemacht." Schon klingelt es an ihrer Tür. „Nun komm schon endlich", hört sie. Eiligst verlässt Liesel ihre Wohnung, holt ebenfalls ihr Fahrrad und ab geht es. „Wohin, Marianne, willst du eigentlich?", fragt Liesel.
„Weißt du noch, wo wir immer Federball gespielt haben?", fragt Marianne. „Du meinst doch nicht etwa unser Birkenwäldchen? Da war ich ja schon eine Ewigkeit nicht mehr. Unterhalb des Berges fuhr die Bahn entlang und nebelte uns mit ihrem Dampf ordentlich ein."

„Kannst du dich noch an die Hexentreppen erinnern, an denen wir immer versuchten hochzuklettern? Wir hatten viel zu kurze Beine", erzählten sie. „Und kannst du dich noch an die vielen Kränze aus Katzenblumen erinnern, die ich für unsere Theatervorstellung allein flechten musste? Du wolltest immer nur Prinzessin spielen."
Sofort tritt Marianne kräftig in die Pedalen.
„Nicht so schnell, mir fehlt die Kraft und Luft kriege ich auch schwer. Wir sind schon siebzig und nicht mehr siebzehn", fleht Liesel.
„So, stimmt das?", fragt Marianne. „Ach komm schon, das Eis im Picknickkorb schmilzt sonst, und wir müssen es trinken statt lecken."

Endlich sind sie in ihrem Birkenwäldchen angekommen. Wie Riesen stehen die einst kleinen Birken da und wippen stolz mit ihren Kronen, als heißen sie Marianne und Liesel willkommen. Unterhalb des Berges fährt die Bahn noch immer entlang. Die weißen Dampfwolken gibt es nicht mehr. Elektrizität ist an die Stelle von Kohle getreten.

Marianne und Liesel machen es sich auf der Decke bequem. Sie schauen in den Himmel, und Erinnerungen schleichen sich ein.
Da gab es damals das Schaf in unserer Gemüsekiste.
Es war Pfingsten, als das Bierfass den Berg wieder hinunterkullerte, nachdem es mühevoll heraufgeschleppt worden war.
Liesels zerbrochener Federballschläger und ihr blutendes Knie, mit einem Handwagen musste sie aus dem Birkenwäldchen nach Hause gebracht werden.
Marianne ist hellwach. Sie horcht. Liesel schnarcht leise und lächelt. An was denkt sie?
„Aufwachen", ruft Marianne und fasst Liesel am Arm. „Wir müssen nach Hause fahren."
Inzwischen sind die Zeiger der Uhr um Stunden weitergeeilt. Der Picknickkorb ist leer, ihr Kopf dagegen voll mit Erinnerungen an ihre Jugend. Schweigend fahren sie nebeneinander her.

„Warum lächelte Liesel vorhin im Schlaf? Denkt sie noch an den Jungen, der sie mit dem Handwagen nach Hause brachte und dafür einen Kuss haben wollte?"

Abends klingelt bei Liesel das Telefon. „Hallo Liesel, wie geht es dir?", fragt Marianne besorgt.
„Gut", antwortet Liesel. „Habe nur ein bisschen Muskelkater", dabei reibt sie ihre sämtlichen Muskeln mit Rheumasalbe tüchtig ein und lässt sich kraftlos in ihr Bett fallen.

„Unser Birkenwäldchen, ist das schön", nuschelt sie und ihre Augen fallen vor Müdigkeit zu.
„Was ich dir noch sagen wollte Liesel, der Junge hieß Alexander und wurde damals mein Freund."
Das aber hört Liesel nicht mehr. Sie schläft, schnarcht leise und lächelt.

„Schade", meint Marianne, und drückt ihr Handy aus.

Lenas Fahrt nach Lublin

Ihr runder Geburtstag rückte näher, und ein neues Kleid, was sie sich wünschte, hatte sie noch nicht. Deshalb wollte Lena heute mit ihrer Nachbarin in die Stadt fahren, diese könnte beim Kauf behilflich sein.

„Diese Woche nicht, aber nächste Woche komme ich gerne mit", bekam Lena zur Antwort. Enttäuscht fuhr sie allein. Im Park der kleinen Stadt angekommen, setzte sie sich auf eine kaputte Bank, um auszuruhen. Die Rotbuche neben ihr breitete ihre Zweige weit aus, so dass es ihr vorkam, als säße sie unter einem Dach. Lena lauschte dem Säuseln der Blätter. Menschen gingen an ihr vorbei und keiner setzte sich neben sie. Nur ein kleiner schwarzer Hund kam und hielt seinen Kopf schief und schaute sie an. „Na mein Freund", sagte sie, aber husch, war er schon wieder weg.

Ihr damaliger Verlobter hatte auch so einen kleinen schwarzen Hund, er war sehr eifersüchtig. Wenn sie im Arm ihres Schatzes lag, bellte er laut und lief weg. Hinter jedem Busch mussten sie ihn suchen. Sämtliches Unkraut hing dann an seinen Haaren, und er sah aus wie eine Vogelscheuche. Was hatten sie für einen Spaß mit ihrem Karli.
Hoffentlich ist der Krieg bald zu Ende, wünschten sie sich. Es war als schlich die Zeit seht langsam fort, nicht wie sie es sich wünschten, sie möge im schnellen Tempo fliegen. Jahre vergingen und nur Briefe voller Hoffnung auf ein baldiges Wiedersehen erreichten Lena.

Eines Tages, als ein Telegramm Lena erreichte, das mitteilte, sie könnte nach Lublin fahren und ihren Verlobten besuchen, vermischten sich Freude und Angst.
Am nächsten Tag schon hielt sie ein Visa für 11 Tage in der Hand. Angst schlich sich ein, mit 19 Jahren allein nach Lublin zu fahren. Kein Vater, keine Mutter begleiteten sie bis Berlin. Der Zug fuhr

und fuhr, bis sie plötzlich aus ihren Gedanken gerissen wurde. „Fliegeralarm, alles aussteigen!" Im Tunnel des Bahnhofes hockten die Menschen dicht aneinander gedrängt.
Manche weinten, hofften und beteten, dass das Krachen der Bombeneinschläge bald zu Ende sein möge.
Die Entwarnung ließ alle Menschen aufatmen, und der Zug fuhr weiter bis Warschau. „Umsteigen", hieß es. Lena, unsicher und ängstlich, band ihr Halstuch ab und setzte es als Kopftuch auf. Sie fror.

Eine Menschenmenge verdunkelte den Bahnhof. Sie stellte sich in die Nähe des Eingangs, um ein bisschen mehr Luft und Licht zu bekommen. Eine alte, kleine, rundliche Frau, ebenfalls mit Kopftuch, stellte sich neben sie. Zitternd hielt sie sich am Arm der Unbekannten fest. Beide schwiegen. Mit Tränen in den Augen sprach sie plötzlich: polnisch. Die junge Frau schaute sie tröstend an und ließ mit Händen und Kopfschütteln sagen: „Nichts verstehen." Die alte Frau blieb an ihrer Seite und umklammerte noch fester Lenas Arm und lächelte.

Stunden waren vergangen. Ein Zug fuhr ein. „Lublin", konnte Lena lesen. Menschen drängelten sich, um in den Zug einzusteigen. Die kleine Frau umklammerte noch fester Lenas Arm, aber die Kraft der vielen Menschen war stärker. Das alte Mütterchen wurde in einen anderen Waggon geschoben.

Endlich Lublin. „Aussteigen", hieß es.

In welche Richtung musste sie gehen? Nur der Name des Lazaretts stand auf ihrem Schreiben. Ein Soldat kam auf sie zu und sagte, sie müsste sich beeilen, jetzt im Oktober würde es schnell dunkel, und er hielt einen kleinen Wagen mit einem Pferd davor an. Der Kutscher saß auf einem breiten Brett und sie daneben. Endlich waren sie auf dem Berg, wo das Lazarett stand, angekommen. Die geforderten Złoty drückte sie dem jungen Kutscher in die Hand und

ging durch die Tür des Gebäudes. Als sie sich dort meldete, hörte sie, dass dies das falsche Lazarett sei.
Tränen rannen aus ihren Augen, und draußen war es dunkel. Stockdunkel. Zwei Soldaten brachten die junge Frau mit einem PKW noch weiter bergaufwärts in das richtige Lazarett.

Nachdem sie sich mit ihren Papieren und dem Telegramm ausgewiesen hatte, wurde sie in einen großen Raum, wo viele verwundete Soldaten lagen, geführt. „Nicht weinen", wurde ihr vorher gesagt. Das konnte sie auch nicht mehr und erwachte in einem Raum, der einer Schreibstube ähnelte. Lena blieb elf Tage bei ihrem Verlobten. Angst und Hoffnung hatten beide. „Ich komme bald nach Hause mit einem Flugzeug", sagte er schwerfällig.

Noch im Oktober erhielt sie ein zweites Telegramm.

Frau Lena saß noch immer auf der kaputten Bank im Park. Der Krieg war lange vorbei, die Erinnerungen aber waren geblieben. Schnell fuhr sie mit ihrem Fahrrad nach Hause zu ihrer Familie.

„Haste ein schönes Kleid gekauft?", fragte ihr Sohn.
„Nein, ich war im Kino", gab sie ihm zur Antwort. „Ohne unsere Nachbarin?"

Peter, der kleine Träumer

Im September, wenn der Herbst beginnt, wird Peter sechs Jahre. Nun fehlen nur noch zwei Monate, dann hat er Geburtstag.
Sein Gesicht war rund, seine Haut braungebrannt wie ein knuspriges Brot, und sein Kopf saß voller blonder Locken. Eine davon kringelte sich genau über seiner Nase und kitzelte ihn. Sooft er sie aus seinem Gesicht wischte, sofort lag sie wieder auf seiner Stirn. Wo Peter war, und egal, was er tat, immer träumte er ein bisschen.

In seiner Stadt gab es eine Veilchenstraße. Am Ende dieser Straße, mitten in einem großen Garten, stand ein kleines Haus mit vielen Fenstern. Dort wohnte er mit seinen Eltern, mit Strupp, seinem Hund und Mulle, seiner Katze. Strupps Fellhaare im Gesicht waren von kurz unter seinen Augen bis zu Nasenspitze etwas länger als an seinem Körper. Deshalb sah es aus, als hätte er einen Bart.
Mulles rabenschwarzes Fell glänzte in der Sonne, und nur drei ihrer vier Füße waren weiß. Wenn Mulle lief, dachte jeder, sie trüge drei weiße Stiefel.

Weil es heute ein wunderschöner sonniger Tag war, sprang er die paar Stufen, welche aus dem Haus führten, hinunter. Er rief nach Mulle und Strupp. Dann liefen alle drei bis ans Ende des Gartens zu den vier Kiefern. Weil sie sehr groß waren, sah es aus, als streckten sie ihre Kronen in den Himmel. Immer wenn Peter sie sah, wünschte er sich, hoch oben auf einem Ast zu sitzen. Sicher sähen seine Freunde von dort viel kleiner aus als in Wirklichkeit. Vielleicht so klein wie Monis Puppen? Oder wie meine Plüschtiere? Bald hätte er schon wieder geträumt.

Weil er nicht bis in die Wipfel der Kiefern klettern konnte, setzte er sich zwischen zwei schlank gewachsene Fichten ins Gras. Die unteren Zweige wuchsen so dicht, dass die Bäume aussahen, als wären es zwei umgestülpte große Zuckertüten. Mulle und Strupp legten sich auf den Bauch und streckten ihre Pfoten von sich. Peter tat es

ihnen nach, nur er reckte seine Beine in die Höhe und bewegte die Füße zappelnd in der Luft. Seine Ellenbögen stemmte er ins Gras, und mit den Händen stützte er seinen Kopf.
So, wie Peter jetzt im Gras lag, konnte er am besten träumen. Er träumte die schönsten Geschichten und Märchen von bösen Königen und guten Feen. Am liebsten hätte er immer alle Geschichten gemalt, so schön bunt waren sie und zu gut gefielen sie ihm.
Oft erzählte er sie abends, wenn er im Bett lag, seiner Mutti. Sie sagte dann immer: „Das war eine hübsche Geschichte, jetzt schlaf schön und träume sie noch einmal."
Aber dies war so eine komplizierte Sache mit dem „noch mal träumen". Er träumte meistens nur am Tag, wenn die Sonne schien, oder wenn es regnete oder schneite. Er sah in jedem Regentropfen etwas anderes, was ganz Besonderes. Einmal war es keine Schneeflocke, sondern ein klitzekleines Männchen mit einem Fallschirm, das durch die Luft schwebte, wie es sich auf seine Hand setzte, und als er zufassen wollte, war das Männchen mit dem Fallschirm verschwunden. Es war plötzlich weg, immer träumte er mit offenen Augen.

Aber heute schneite es nicht. Es schien die Sonne. Peter lag noch immer auf dem Bauch im Gras, und neben ihm lagen Strupp und Mulle. Strupp räkelte sich und Peter dachte nach. Jetzt träumte er nicht.

Er musste an gestern denken, an diesen bösen und gemeinen Bussard, der sich auf eine kleine Maus stürzte, die verzweifelt nach einem Versteck suchte, flink durch das Gras lief und ihre Mäusewohnung nicht fand. „Ach", fragte Peter, „warum können sich nicht alle Tiere so gut wie ihr vertragen?"
Mulle und Strupp wuchsen zusammen auf, zankten sich und waren wieder die besten Freunde. Strupp hatte nie etwas dagegen, wenn Mulle an seinem Futter leckte und schleckte.
Mulle hatte lange genug gefaulenzt, langsam erhob sie sich, machte einen Katzenbuckel und wollte spazieren gehen. Doch da hielt sie

Peter mit beiden Händen an ihrem Körper fest und kuschelte sich an ihr seidenweiches Fell. Mulle schnurrte und ließ es sich gefallen.

„Mulle", sagt Peter, „hast du das gestern gesehen, wieder gemeine Bussard das Mäuschen mit seinen scharfen Krallen gepackt und gequält hat?" Mulle schüttelte öfter ihren Kopf, denn Peter sprach so dicht an ihrem Ohr, dass es sie kitzelte.
„Mulle, du darfst ab heute keine Maus mehr fangen, hörst du? Ich will, dass alle Tiere miteinander Freund sind, wie du und Strupp!"
„Auch du, Strupp, darfst keiner Maus mehr etwas böses tun, nie mehr."

Mulle legte sich wieder ins Gras und Peter sah mit weit geöffneten Augen in das Blaue des Himmels und schon träumte er wieder:

Da saßen alle Vögel, auch die Amsel mit ihrem Amselmann auf dem Baum. Denen sagte er, dass sie keinem Würmchen, keinem Insekt etwas tun dürften. Also keine Raupen picken, keine Fliegen schnappen.
Den Spinnen verbot er, Netze zu weben, damit sich keine Fliege darin verfangen kann. Er sah ganz deutlich, wie ihm die Tiere anschauten, mit dem Kopf nickten und alle wollten befolgen, was Peter sagte.
„Es wird bestimmt ein herrliches Leben in unserem Garten", sagte er träumend.
Da waren die Amsel und ihr Mann unterwegs, um Würmer und Fliegen für ihre Kinder zu holen. Vier Amselkinder saßen im Nest und warteten auf einen guten Bissen.
Doch die Vogeleltern durften nichts fangen. Hatten sie es nicht eben mit ihrem Kopfnicken Peter versprochen, keinem Insekt etwas zuleide zu tun? Laut piepsten die Kleinen, sperrten ihre Schnäbel weit auf und reckten ihre Hälse in die Höhe. Doch vergebens, keine Fliege wurde in ihren Hals gesteckt. Die Vogeleltern saßen neben dem Nest, waren traurig, weil sie nicht wussten, was sie ihren Kinder zur Mahlzeit füttern sollten.

Alle Katzen sahen zu, wie die Mäuse an den Wurzeln der Büsche nagten und wie sie in der Laube die Kekse anknabberten. Ja, sogar die schöne bunt gestickte Tischdecke zerfraßen sie. Alle großen und kleinen Mäuse huschten hin und her. In jeder Ecke der Laube suchten sie, was sie noch verspeisen könnten.
Alle Katzenmuttis hielten ihre Kinder zurück. Sie durften den Mäusen nichts tun. Nie mehr konnten die Eltern ihren Kindern lehren, wie sie auf Mäusejagd gehen, sich lautlos an das Mäuseloch heranschleichen und abwarten bis sich die Maus aus ihrem Versteck wagt, um flink loszuspringen und wie sie die Maus mit ihren Katzenpfoten halten müssen. Alle Katzenmuttis waren traurig, aber versprochen ist versprochen. Auch sie hatten genickt und damit Peter ihr Versprechen gegeben.

Die Spinnen saßen auf den Blättern der Büsche und mussten zusehen, wie die Fliegen an ihrer Nase vorbeiflogen. Netze weben durften sie nicht. Kein einziges Mal mehr. Peter hatte es verboten.
Nun krabbelte und kroch es um Peter herum. So hatte er sich das Leben in seinem Garten vorgestellt. Jeder sollte leben, wie er wollte und tun können, was ihm gefiel.
Peter lag noch immer auf dem Bauch und träumte mit offenen Augen. Doch, jetzt hörte er, wie die Bäume „Hilfe" riefen. „Hilfe", wir können uns nicht wehren. Unsere Blätter werden von den vielen Maden und Raupen aufgefressen. Wie sollen wir Früchte tragen, wenn alle unsere Blüten zerstochen werden? „Hilfe, Peter hilf."
„Hilfe", piepste auch die Amselfamilie. Unsere Kinder verhungern. Sie haben keine Kraft mehr, ihre Schnäbel aufzutun. „Hilf, Peter hilf. Erlöse uns von unserem Versprechen!"
Alle Pflänzchen baten um Hilfe. „Wir können nicht wachsen, wir müssen sterben. Unser Wurzeln werden von den vielen Mäusen aufgefressen." Andere riefen: „Unsere ersten zarten Blättchen verspeisen die Raupen."

Strupp und Mulle lagen nun lange genug neben Peter im Gras. Jetzt wollten sie spielen und mit Peter umhertoben. Deshalb schubste

Strupp Peter mit seiner Schnauze freundschaftlich in die Seite und Mulle kitzelte ihn mir ihrem Schwanz im Gesicht.

Peter schnellte hoch, lief los und ängstlich schaute er auf die Apfelbäume, ob sie noch ihre Blätter hatten. Er rannte zu dem kleinen Beet mit den jungen Salatpflänzchen. Lief schnell weiter und guckte, ob alle Blumenpflanzen noch ihre Knospen besaßen. Dann stand er vor den Kletterrosen und beobachtete, wie die Amselfrau ihre Jungen fütterte. Diese rissen ihre Schnäbel weit auf, reckten ihre Hälse höher und höher und piepsten so laut sie konnten.
Eiligst lief Peter in die Laube und sah die Kekse auf der bunten Tischdecke liegen. Angeknabbert war nichts. Kein kleines Loch war in der Decke zu sehen.

Peter war sehr froh. „Nie könnte ich alles wieder in Ordnung bringen, was ich mit meinem Verbot durcheinander gebracht hätte", sagte er.

Der nächste Tag war erwacht.

Die Ameisen liefen emsig im Sand umher. Die Schmetterlinge schwebten von einer Margerite zur anderen. Die Bienen saugten ihre Rüssel voll Nektar, und die Amseln steckten Fliegen in die Schnäbel ihrer vier Schreihälse.
Mürrisch schaute die Sonne zu Peter herab. Schon lange versuchte sie, ihn zu wecken. Weil sie ein Frühaufsteher war, konnte sie Langschläfer überhaupt nicht leiden.
Endlich saß Peter am Frühstückstisch. Noch immer musste er an den Bussard denken. „Auch du darfst wieder Mäuse fangen", sagte er zu Mulle. Diese schaute Peter kurz an und leckte ihre Milch weiter.

Ingeborg Nieburg Dessau-Roßlau

Begegnung I

Wir lebten in einem Kokon
Getragen von Wolkenleichtigkeit.
Wir fragten immer wieder
Gibt es wirklich so ein Eins-Sein
In Sichten und Empfindungen?
Es kam der letzte Abend.
Wir blieben wach bis zur Frühröte
Die über die Hügel schimmerte.

Dann bist Du gegangen
Um wiederzukehren.

Ich wartete. – Lange Zeit ...
Und hörte von deinem Unfall
Der allem das ENDE brachte.   Bad Düben, 24.06.2009

DASEIN

Weite Kreise zieht
Unsere Lebensbahn.
In dem LABYRINTH
DASEIN fallen Schranken. –
Einen winzig Augenblick ...

Dann beugen wir uns
Wieder dem Gewohnten.
Doch sind wir nicht
die Gestrigen geblieben. –   1983 / 2007

Sommer 1991

Sie waren gekommen – auf einen Tag
Meine beiden Cousinen und deren Männer
Kilometerweit – die Bundesstraße entlang.
Nach Jahrzehnten war dieser Besuch möglich.
Im Restaurant am Fluss aßen wir zu Mittag
Mit Blick über Wasser und Aue
Dem Elbschiffer winkten wir zu.

Für mich war's wie Kindheit –
Spielgefährtinnen der frühen Jahre
Hier am Strombett – der Oder ähnlich –
Erzählten wir, was uns gerade einfiel.
Vergessen geglaubte – nur heimatliche Wörter
So lange nicht mehr benutzt
Purzelten über unsere Zungen.

Am Abend fuhren sie wieder.
Jetzt laufe ich durch die Wohnung
Gehe durch den Garten –
Und alles ist unsinnig leer.

1991

Nach der Maueröffnung

WELCHEN
        Platz weist mir
die Gesellschaft nun zu:
den eines
    - Verlierers
       - Verlorenen
          - Ausgeschlossenen
             - Fallengelassenen

oder
den eines
    - Mitgestaltenden
       - Gebrauchtwerdenden
          - Noch-Brauchbaren
             - Geduldeten ...

wer kann mir sagen
        WELCHEN?

Dessau, 28.11.1989

Weihnachtsabend 1944

Seit Wochen habe ich mich auf meinen zwölften Geburtstag, der wenige Tage vor Weihnachten ist, gefreut. Und natürlich auf das Weihnachtsfest.

Heute endlich ist Heiligabend. Die Bescherung könnte von mir aus bereits am Morgen sein. Aber nein, da muß man den ganzen Tag „zappeln". Mutter hat noch dieses und jenes zu tun.

Meine große Schwester ist geduldiger als ich. Sie bereitet die MOHLKLÖSSEL zu, wie man sie in Schlesien nachts nach dem Besuch der Christmesse in trauter Runde ißt. Natürlich helfe ich meiner Schwester. Trotzdem, die Zeit ist wie stehen geblieben. Ob mir das Christkind die neuen Schlittschuhe, die „Holländer", bringen wird? Die mit den runden Spitzen?, überlege ich schon den ganzen Nachmittag.

Wir essen zeitiger als sonst. Es gibt wie jeden Heiligabend gebratene WEISSWÜRSCHTEL, dazu Kartoffeln und Sauerkraut. Nachdem das Abendessen vorbei und das Geschirr abgewaschen ist, schaut unsere Mutter in die Stube.
Tatsächlich, das Christkind hat die Geschenke schon gebracht. Das GLÖCKCHEN bimmelt, ganz zart. Wie vom Himmel her.

Meine Schwester und ich dürfen in die Weihnachtsstube. Die brennenden Kerzen flackern am geschmückten Christbaum, die Kugeln und das Lametta glitzern um die Wette.
Ich kann es kaum erwarten, nach den Geschenken zu sehen. Doch erst wird gesungen. Die Mutter stimmt das Lied „Stille Nacht, heilige Nacht ..." an. Die Arita und ich singen mit hoher Stimme mit. Es folgen „Oh du fröhliche, oh du selige ..." und „Es ist ein Ros' entsprungen ...". Nachdem der letzte Ton verklungen ist, sagen wir unserer Mutter „Frohe Weihnachten" und drücken sie heftig. Dann gehen wir zum Gabentisch.

Neben meinem bunten Teller, auf dem sich Plätzchen, Zuckerzeug, Nüsse, Äpfel und sogar zwei Mandarinen befinden, liegen die Schlittschuhe. Genau, wie ich sie mir gewünscht habe. Nur neu sind sie nicht. Neue kann selbst das Christkind in dieser fünften Kriegsweihnachtszeit nicht bringen. Meine Freude ist trotzdem riesengroß, schon weil es die „Holländer" sind. Nur wenige Kinder laufen mit solchen Schlittschuhen auf der Eisbahn.
Gestrickte Fäustel mit der passenden Mütze liegen daneben. Sie verdecken eine weitere Überraschung. Das Christkind hat das Buch „DAS GLÄSERNE UNTERSEEBOOT" für mich Leseratte hingelegt.
Es gibt noch eine Besonderheit in diesem Jahr. Das erste Mal darf ich zu mitternächtlichen Christmesse mitgehen, also auch länger aufbleiben. Vorerst beginne ich in dem neuen Buch zu schmökern. Ganz offiziell. Nicht wie sonst das öfteren mit der Taschenlampe unter der Zudecke.

Auf dem Weg zur Kirche erblicken wir nicht ein einziges erleuchtetes Fenster. Alle sind vorschriftsmäßig verdunkelt. Nur der Schnee glitzert im fahlen Mondlicht.
Am Ende der Breslauer Straße angelangt, sehen wir die Kirchgänger von allen Seiten herankommen. Sie laufen über den Schloßplatz zum Gotteshaus hin.
Meist sind es Frauen. Einige ältere Männer und größere Kinder kommen gegangen sowie drei verwundete Soldaten. Sonst sehe ich keine Urlauber in dieser Weihnachtsnacht.
– Die Soldaten kämpfen an der Front. Sie sollen den Feind aufhalten und ihn wieder zurückschlagen. –
„Die Front muss gehalten werden", hören wir in der Schule und wenn Erwachsene miteinander über den Krieg sprechen.
Was wird, wenn der Russe bis zur Oder und bis Breslau kommt?, fragen viele.
Ich habe mir „das zur Christmesse gehen" immer fröhlich vorgestellt. Doch die Erwachsenen gehen schweigend durch die nächtliche Stille. Nur manchmal knirscht der Schnee unter den Schuhen.

Viele der Frauen sind schwarz gekleidet. Wir Kinder verhalten uns still, als wären wir von diesem Schweigen angesteckt worden. Ich halte die Hand meiner Schwester ganz fest und lasse sie erst vor der Kirche los.

Es ist eine sehr feierliche und trotzdem bedrückte Stimmung. Erzpriester Wahlich hält die Predigt und gedenkt der gefallenen Soldaten. Den Angehörigen spendet er Trost und in besonderem Maße Gottes Segen. Manche Frauen können ihr Schluchzen nicht unterdrücken.

Nach dem Gottesdienst verlassen wir langsam die Kirche. Ich nehme heimwärts wieder die Hand meiner großen Schwester und fühle mich geborgener. Die Muttel geht vorsichtig und stützt sich auf ihren Stock, damit sie nicht hinfällt wie im Jahr zuvor. Ihr gelähmtes Bein darf sie sich nicht noch einmal brechen, hat der Professor in der Breslauer Universitätsklinik gesagt.

Niemand ahnt, dass dies die letzte Christmesse in der Heimat sein wird.

30.01.1994 · überarbeitet
am 07.12.2007 und im März 2011

ICH WEISS NICHT

öffne ich
die Hände
forme sie
als Schüssel
und
schau hinein
weiß ich nicht
sind sie
noch leer
oder
schon leer
oder
ist mir
ihr Inhalt
nur
verborgen

1989

BIN

eine Amsel
flügellahm –
    wann
        kann ich
            wieder
                singen ...

1989

Ruth Piehler Gera

„Ein Augenblick, gelebt im Paradiese, ..."

1.

Es war einmal ... könnte man sagen, jedenfalls ist es aber schon sehr, sehr lange her. Ich war ein kleines Mädchen – so zwischen neun und zehn Jahre alt – und natürlich auch eine tüchtige Radfahrerin!

Eines Tages passierte es dann aber doch, als ich gemütlich mit meinem Rad unterwegs war.
Ich kam mit dem Vorderrad etwas zu nahe an die Bordsteinkante heran, stürzte und fiel ganz besonders hart auf mein rechtes Knie. Oh, es tat sehr weh, das Blut floss und auch die Tränen!

Da kam ein Junge, nein, es war kein Junge mehr, es war schon mehr ein junger Mann. Vielleicht so um die zwanzig Jahre alt. „Ach, du kleines Mädchen, so ein Unglück, weine nicht, ich helfe dir", sagte er. Er hob mich auf, nahm sein Taschentuch aus der Tasche, wickelte es um mein Knie, wischte mir mit seinen Fingern die Tränen aus den Augen, nahm das Vorderrad zwischen seine Beine, machte mir den verbogenen Lenker wieder gerade und gab mir einen aufmunternden Klaps auf den Po.

Ich fasste in die Tasche meines rosa Kleidchens, holte ein weißes Taschentuch mit dem Monogramm meiner Mutti und mit einer sehr breiten, geklöppelten Spitze heraus. Ich durfte mir ein so schönes Taschentuch zur Zierde von ihr ausleihen, und ich war sicher, dass ich es im Fall der Hilfeleistung auch verschenken durfte.

Der ganz junge, hilfsbereite Seelentröster war erfreut, so tat er jedenfalls. Er gab mir keinen „Korb". Er bewunderte das Kunstwerk und steckte es ein. Wir winkten uns zu und trennten uns.

„Die Rettung" · Computerzeichnung von I Linh Nguyen

Ich vergaß die Geschichte bald ... aber doch nicht ganz! Das Taschentuch knuddelte ich in eine Ecke meines Bücherregals. Doch immer, wenn ich es zufällig in die Hand bekam, erinnerte ich mich an das vormals Geschehene.

Eines Tages, ich war inzwischen um die 16 Jahre alt, also nach ungefähr sechs Jahren, fiel mir das Tuch wieder einmal in die Hände und ich meinte nun plötzlich, es waschen zu müssen. Ich weichte es lange ein uns wusch es gründlich. Die alten Blutflecken gingen aber nicht ganz raus. Das machte mir aber nichts aus. Ich bügelte es sehr sorgfältig und es wurde wieder sehr schön. Es war silbergrau und hatte einen kupferroten Rand, der mit ein paar winzig schmalen silbergrauen Streifchen aufgelockert war. Ich steckte es in die Seitentasche meiner Handtasche und es wanderte im Laufe der Zeit in viele Handtaschen. Ich hatte es nun immer bei mir. Mit der Zeit wurde es zur Manie, vielleicht aber auch zu einem Talisman. Die Jahre vergingen. Ich war nun schon achtzehn Jahre alt. – Der Krieg tobte, die Zeiten waren schlimm, aber trotzdem hatte man noch kleine private Freuden.

2.

Ich war auf dem Weg zu meinen heißgeliebten Großeltern und befand mich auf dem Umsteigebahnhof und eilte vom Bahnsteig 2 – die Treppen runter! zum Bahnsteig 6 – Treppen rauf! Da stürmte mir ein junger Mann, ein schneidiger Offizier, entgegen.

„Hallo, kleines Mädchen, wo willst du denn hin?",
hörte ich eine mir wohlbekannte Stimme.
„Zu meinen Großeltern" ... „und wo wollen Sie hin?"
„Zu meiner Braut, ich will bald heiraten!"
„Oh, viel Glück!"
„Dein Taschentuch habe ich immer bei mir".
Und er tippte auf seine linke Brusttasche.

„Ihr Taschentuch habe ich auch immer bei mir".
Und ich tippte dabei auf meine Handtasche.

Die Züge führten uns in entgegen gesetzte Richtungen weit auseinander, so meinte ich, und so wird es wohl auch gewesen sein.

Immer, wenn ich das silbergraue Taschentuch mit dem kupferroten Rand von einer Tasche in die andere tat, erschien vor meinem inneren Auge (oben rechts!) so eine Art Passbild und sagte: „Hallo, kleines Mädchen!" Und ich musste immer lächeln.

Die Jahre gingen dahin mit viel Leid, mit viel Freude, mit Glück und mit Unglück. Ein Auf und Ab, wie ein Leben so halt geht! Die Kinder wurden geboren; sie wuchsen heran; sie gingen aus dem Haus; sie bekamen auch Kinder ... und so weiter und so fort.

3.

Mein Leben hatte lange, lange den Zenit überschritten. Das Alter klopfte auch bei mir an, der Zahn der Zeit nagte und nagte auch bei mir. Was soll's, das ist das Leben! Für meine „paar siebzig" war ich noch „fit". Ich war auch nicht „zimperlich" mit mir und ich konnte auch noch reisen! Und das tat ich dann auch.

Diesmal ging es nach Norwegen! Erst natürlich mit dem Schiff, später war ein Bus vorgesehen. – Ich fand das Schiff riesig. Zum Glück waren die Decks überall nummeriert, sonst hätte ich mich verlaufen. Ich war auf Deck 5 und wollte mich auf Deck 4 begeben. Dafür benutzte ich die schöne, breite Treppe.

„Hallo, kleines Mädchen" hörte ich eine mir vertraute Stimme sagen. Mehr als 50 Jahre hatte ich sie nicht gehört und es sahen mich die gleichen lieben, grauen Augen an. War die große, schlanke Gestalt leicht gebeugt? Ach, nein, sie neigte sich wohl nur zu mir herab. Mein Held aus Kindertagen nahm meine Hände in seine und wir gingen die letzten Stufen vom 5. zum 4. Deck gemeinsam hinunter.

Diesmal trennten sich unsere Wege nicht gleich wieder. – Es ging auch nicht, denn wir waren mit dem Schiff auf dem Weg nach Norwegen.

„Hast du noch das Taschentuch?"
Er tippte lächelnd auf seine Jackentasche und ich tippte auf meine Handtasche.

„… Und wenn uns nur noch ein Jahr bleibt, dann hat es sich gelohnt! Vielleicht werden es auch zwei? … Und wenn wir ganz, ganz leise sind, werden es vielleicht sogar noch mehr!"

„Ja", sagte ich. „Ja, ich bin ganz leise, ich bin bereit, aber sag mir bitte deinen Namen." Er küsste meine Stirn und meinte: „Ja, aber nur, wenn du mir deinen sagst."

4.

Waren wir – als wir auf dem großen Schiff einen stillen Platz gefunden hatten – die zwei alten Menschen von über 70 und über 80 Jahren? Nein, wir waren es nicht, wir waren zeit- und schwerelos. Seit mehr als 60 Jahren wussten wir gegenseitig von unserer Existenz; erstmalig, jetzt, sagten wir uns unsere Namen.

Eigentlich waren sie unwichtig, alles um uns herum war im Augenblick nicht wichtig. Wir waren sehr erschrocken und zugleich tief ergriffen über die seltsamen, rätselhaften, höheren Geschicke, die uns zusammengeführt hatten. Was sollte das Schicksal noch mit uns vorhaben? Wir wollten keine Veränderungen mehr in unserem Alter. Es sollte alles so bleiben, wie es war. Verzichten wollten wir allerdings auf dieses wunderschöne Märchen auch nicht.

Und eine einfache profane Liebe konnte es nicht sein; nichts gab es, was darauf schließen ließ. Der 21jährige Jüngling konnte sich ja nicht in das 10jährige kleine Mädchen verliebt haben – und umgekehrt schon gleich gar nicht. Es war viel mehr, es war ein unerklärlicher Zauber, der sich um unsere wenigen und nur kurzen Begegnungen rankte. Von dem Wort „Zufall" wollten wir aber beide nichts wissen. Keiner stellte Fragen, keiner wollte Alltäglichkeiten erfahren.

Immer wieder nahm er meine Hände, schüttelte den Kopf, und immer wieder sagte er: „Es ist nicht zu fassen, das kleine Mädchen ist auf dem Schiff."

Wo kam diese wunderbare Vertrautheit her, diese innige Verbundenheit? Wir hatten uns ja nie gesucht und eigentlich auch nie vermisst.

Und dann erlaubte sich mein „Halbgott" einen kleinen, allerliebsten Scherz. Er stand unvermittelt auf, verneigte sich formvollendet vor mir und sagte: „Gnädige Frau, ich muss Sie bitten, sich zu legitimieren". Ich ging erheitert auf den Spaß ein: „Gern, mein Herr, wenn auch Sie es tun."

Ich öffnete meine Handtasche, natürlich um das Taschentuch herauszunehmen. Und der noble Herr fasste zielsicher in die Innenseite seines Sakkos und holte das Taschentuch mit der Klöppelspitze heraus. Sein kurzer Kommentar: „Danke! Es stimmt! Wir sind echt!"

Die Wirklichkeit war nun zum Traum geworden, nun musste der Traum wieder Wirklichkeit werden!

5.

Das Schiff legte am nächsten Tag gegen Mittag – und nach einem großartigen Kapitänsfrühstück – in Oslo an.

Mein Bus wartete. Und nun will ich ihn endlich beim Namen nennen. Er hieß zufällig genauso – und das war wirklich Zufall – wie der berühmte Opernsänger Marcel W.

Marcel musste sein Auto von Bord fahren, denn er war ja eigentlich auf dem Weg zu seiner zuvor angemieteten Ferienwohnung.

Um unser weiteres Zusammensein, das wir uns beide innig wünschten, brauchte ich mir keine Gedanken zu machen. Marcel war ein Zauberer. Er kannte unsere Reiseroute, Norwegen war ihm nicht fremd und er änderte seine Reisepläne ohne großen Aufwand mit ein paar Telefonaten.

Natürlich schauten wir uns erst das wunderschöne Oslo an. Über den Polarkreis schritten wir gemeinsam; Fauske erlebten wir und auch die bizarr-schönen Lofoten. Dort fanden wir viele vierblättrige Kleeblätter. Auch den nördlichsten Freiwild-Tierpark besuchten wir miteinander.

Den schönsten Traum jedoch erlebten wir in Tromsö. Die Eismeerkathedrale ist ein architektonisches Kunstwerk. Sie ist ein hochgestelltes, spitzwinkliges Dreieck. Die Frontseite ist ganz aus Glas. Der Mittelpfeiler ist ein auf den Kopf gestelltes Kreuz.

„Bist du frei?" fragte mich Marcel leise. Ich nickte. „Ich auch", sagte er sehr sanft, ehe ich ihn fragen konnte. Wir gingen in die Kirche und setzten uns. Marcel nahm – wie in den letzten Stunden so oft – meine Hände und sagte flüsternd zu mir: „Auf dieser Welt bleibt mir für uns nicht genug Zeit, aber im Jenseits warte ich auf dich; ich glaube fest daran, kleines Mädchen."

Ich hatte das Gefühl, dass ihm mein Name schwer von den Lippen kam. Ich konnte nicht antworten, der Augenblick überwältigte mich. Ich vertraute den Worten und den grauen Augen. Nur an das „Jenseits" mochte ich noch nicht sobald denken.

Mageroy und Nordkap erlebten wir auch noch gemeinsam. Mein Weg führte danach über Finnland durch Schweden nach Stockholm und Malmö.

Meine Inkarnation der Glückseligkeit fuhr mit seinem Auto auf norwegischer Seite vor Ende seiner Urlaubszeit zurück. Ganz selbstverständlich stand er dann in Travemünde am Fährschiff. Bis Hamburg fuhr ich in seinem Auto mit. Da war er zu Haus.

Hier trennten wir uns, aber nicht für immer, nur räumlich. Mit dem Telefon überwanden wir später die große Entfernung mit Leichtigkeit.

Wie diese Liebesgeschichte weitergeht, verehrte Leserinnen und Leser, erfahren Sie in den Kapiteln 5 bis 10. Die gesamte „Love-Story" erschien bereits im Frühjahr 2011 in der Edition Freiberg.

M. E. Pösger   Wien

Der Teich

Und ich gelange zu einem verborgenen Teich. Grün ist der Teich – nicht blau wie das Meer. Grünes trägt er von unten herauf, weil alles in seiner Nähe voll und schwer sich zur Erde beugt durch seine Feuchtigkeit, die von den Wurzeln zu den Kronen steigt. Und schwer geworden neigen sich die weitgeöffneten Äste zu ihm herab wie Arme, die berührend umschlingen den, den sie lieben und durch den sich ihr Leben kraftvoll in die Höhe hebt - - immer sich selbst genügend. Und ich sehe, was ich verstehe: Das Wasser vom Teich lässt alles gedeihen. Er verschenkt immer von sich an alles und jeden und jeder kann nehmen so viel von ihm wie ein jeder will und aufnehmen kann. – Die Bäume am Ufer, sie wissen das - - der Teich gibt ihnen Kraft, sie suchen nicht danach, denn so wie sie sind, stehen sie immer gleich verwurzelt still an selber Stell', wo ihr Wachsen in die Höhe begann. Und der Teich verschenkt immer gleich Kraft an sie, die sie von ihm in ihren Wurzeln zu sich nehmen. Und von dort treibt es die Säfte zur Spitze – immer verteilend die Kräfte bis in die äußersten Äste und überall treibend aus ihnen ein schweres Grün. Und wenn sie ganz schwer geworden sind in ihrem äußersten Grün, dann neigen sie sich, weil Schwere sie beugt, und beugen sich in ihrer Kraft zu ihrem Spender herab und spiegeln sich in ihm und versenken ihr Grün in ihm als ihr erkennendes Zeichen: Du bist der Spender gewesen. Und so kommt es, dass der Teich nicht nur grün ist aus sich, sondern auch in seiner Widerspiegelung – ein Teich, der allem durch sich die Kraft zum Grünen verleiht. Ein grüner Teich aber ist immer ein Zeichen von Leben!

Die Arme

Ich kehre zurück aus dem Teich, in dem die zackenbesetzten Scheiben kreisen. Da bricht die Nacht herein. Im Zwielicht des Tages rekeln sich knorrige Arme, die auf und nieder sich heben, als wollten sie nach mir greifen. Durch die Arme hindurch sehe ich über dem Dickicht ein kleines Stück Himmel -- der hell sich von der hereinbrechenden Dunkelheit abhebt. Bedrohlich wirken die Arme gegen ihn – ins Schwarze getaucht, in muskulöser Stärke als wollten sie gegen den letzten Rest des Tages zu Kampfe zieh'n. Ich wende mich ab von dem letzten Rest des Lichtes, das zu meinem Auge dringt, und stehe still. Wuchtige Arme – quergestellt und wildverkreuzt versperren mir den Weg. Ich bin eine Gefangene der Arme geworden; das sind keine Arme, die tragen, das sind Arme, die ausweglos sich schließen um all das, was ihnen durch Nähe ausgeliefert ist. Ich beuge mich, denn keinen offenen Weg sehe ich mehr vor mir, und die Arme schließen sich um mich. Ermattet schlafe ich ein in diesen starken Armen, die wie ein eiserner Ring um mich geschlossen sind und gegen die ich mit nichts vergleichbar machtlos bin.

Da steigt ein Gefühl der Geborgenheit herauf, denn diese Arme, die hermetisch verkreuzt mir jeden Weg versperren, beschützen mich zugleich. Denn keine Gewalt kann von außen dieses hängend verschränkte Dickicht durchdringen. So bin ich allein mit diesen um mich geschlossenen Armen in der Dämmerung, die zur Nacht geworden ist.

Der Sonnenaufgang

Da bricht der Tag herein. Ich trete zum Eingang der Höhle – die Luft ist frisch wie entspannt von den Gepflogenheiten des Tages durch die ruhende Stille der Nacht, die alle Lasten abgeworfen hat. Der Wind trägt den kühlen Duft des Meeres zu mir und die Stille, das Plätschern von sanft an den Felsen anschlagenden Wellen an mein Ohr – sonst rührt sich nichts. – Es ist so still wie in der Erde - - denke ich - - und doch ist es nicht gleich. - - Das bewegte Farbenspiel des hereinbrechenden Tages kündigt von einem Geschehen, das sich in Kürze vollziehen wird.

Alles ist von Erwartung bestimmt und nicht in Teile erstarrt als ich durch die Erde fiel. Die Luft wird schwer von dieser Ankündigung und wirft sich silbrig-schimmernd auf das Meer. Ich halte meinen Atem an im Gleichklang der Erwartung mit der Natur - - und in dieses Gespanntsein hinein fällt plötzlich ein rötlicher Schein, der sich in Sekundenschnelle ausbreitet über das Meer bis ein am Horizont eingesäumter rötlicher Teppich ganz ausgebreitet vor meinen Blicken liegt. Die silbrig sich ziehenden Fäden durch ihn verraten mir, dass er tatsächlich gewoben ist und sich keine gauklerische Täuschung vor meinem Auge ausgebreitet hat. Denn wer hätte es nicht gerne wie ich, dass zu meinen Füßen ein tiefrot samtener Teppich ausgebreitet wird, auf dem ich gehen kann - - der zum Wohle mir dient, weil meine Füße von ihm sanft getragen werden, ohne eine Gefahr, sich an Spitzen und Kanten unebener Erde zu brechen. Ein wunderbarer Teppich für mich ganz allein gewoben aus der silbrigen Ankündigung des frühen Tages und dem plötzlich hereinbrechenden rötlichen Schein – wie er seine Bahn vom tiefsten Horizont bis zu mir gefunden hat. Was spielt der Zauber der Natur nun für ein Schauspiel für mich - - wie behandelt sie mich königlich! Sie breitet einen Teppich aus zu meinen Füßen und in der klaren Struktur seines Verwobenseins gibt sie mir ein Zeichen: Auf diesem Teppich kannst du schreiten - - er trägt dich über ein Element, das dir in deiner Schwere sonst nicht gewachsen ist - - in dem du versinkst, sobald du nur einen Schritt deines Fußes auf dieses hinsetzt.

Dieser Teppich allein ist ein Grund, auf dem dein Fuß nicht entgleiten kann und durch den dein Körper getragen wird, wohin du auch willst, weil der rötliche Teppich aufgerollt in seinem Schein von einem Anfang bestimmt gleichsam einem Urheber, der noch unsichtbar, von dem aber die vorgesandten Strahlen gleichsam die Boten der Ankündigung seiner in Kürze zu erwartenden Erscheinung ist. – Gerade überlege ich mir, meinen Fuß auf den Teppich zu setzen und dem entgegenzueilen, der da auf mich zukommen will! Aber zum Glück tat ich es nicht - - der Moment meines Zögerns war Dauer genug für den Eintritt eines Geschehens, dem sich die Natur mit angehaltenem Atem voll gespanntem Erwarten schon längere Zeit zugewendet hat wie auch ich! Und da sehe ich es - - zum Glück stieg ich nicht auf den verlockenden Teppich hinab - - im Eingang meiner Höhle stehe ich – und ich sehe wie sich ein Schimmer aus dem rötlich eingesäumten erhebt, der die ganze Luft durchdringt und den Himmel durchstrahlt als ob dieser nun gleichsam wie ein Kristall bis in alle Tiefen sichtbar wird und da sehe ich es wie sich aus ihm eine Rundung erhebt, die alles übertrifft, was zuvor an Licht sich ankündigend ausgebreitet hat. Der Teppich - - er war nicht für mich - - er war für diese Königin, damit ihre Strahlen in wohlgebetteten Bahnen bis zu mir vordringen und Licht und Wärme spenden und nicht in der Tiefe des Meeres versinken.

Und die Rundung wird zum halben Kreis, der fern am Horizont auf dem Meere liegt – da erhebt sich von unten her der zweite Teil von einem Kreis und macht die Rundung ganz, so dass von selbst eine Kugel entsteht – eine Kugel im Kristall, der offen durch die Kugel wird, weil die Kugel in ihm den Kristall überallhin durchsichtig macht. Ein glühender Ball emporgekommen wie die Zeit vom zuvor Nicht-Gewesenen ins Dasein gehoben – so lautlos eben ohne die geringsten Fragwürdigkeiten: Die Sonne! Von niemandem gerufen – aus keiner Absicht geboren und ohne auf Erwiderung zu hoffen spendet sie Licht immer und in einer Beständigkeit als ob sie die Unsterblichkeit in sich trägt. – Da trifft auch mich ein Hauch von zaghafter Wärme getragen von ihr zu mir aus solcher Ferne als müsse sie ganz behutsam werben um den, den ihre Strahlen treffen, weise wissend um ihre Kraft, die alles in Feuer entbrennen lässt, was sie zu nahe zieht zu sich. – Aber aus der Ferne berührt sie nur und ihr Berühren tut gut, weil ihr Berühren feingebündelt aus weiter Ferne aufgefächert wird. So trifft eben nur ein ganz geringer Teil ihrer nicht versiegenden Wärme auf mich und eben gerade so viel, dass mein vom kühlen Morgentau benetztes Gesicht wohlig erwärmt und von kühler Nässe getrocknet wird. Und das tut gut – so eindringlich tröstend meinen kühlen Körper nach der kalten Nacht auf dem nackten Stein. Welch eine Wohltat sendet mir da diese große Spenderin, ohne im geringsten von mir aufgefordert zu sein. Und gerade zur rechten Zeit als mein kleiner zitternder Körper in jeder seiner Zelle nach Wärme schrie, weil das Maß der kühlenden Umgebung zu groß geworden war. Und gerade da traf mich der erste Hauch von einem wärmenden Strahl: Ein Sonnenstrahl drang von weiter Ferne zu mir und nun erkenne ich einen Zusammenhang, der mir vorher verschlossen war: Der Teppich – der rötlich-schimmernde Teppich vor mir. Er war nicht für mich - - er war wegbereitend für diese Spenderin, damit die Strahlen ihren Weg finden auf ihrer frühen Bahn und weder im Meere versinken noch im Kristall sich verlieren, wie die ohne Grenzen nicht orientierten Winde. Nein – so sollte der Weg der Spenderin in ihren Strahlen nicht sein, sondern sie wollte bestimmt ihren Weg zu mir finden und darum wurde der Teppich aufgerollt bis zu meinen Füßen, damit ihre Strahlen in vorbereiteten Bahnen vom rötlichen Schimmer des Meeres ohne einen Umweg zu mir finden konnten, um den erkühlten Körper neu zu erwärmen.

Aus: „Die Reise – Betrachtungen", erschienen bei der Weimarer Schiller-Presse, ISBN: 978-3-8372-0668-5. Der Verlag erteilte uns freundlicherweise die Genehmigung zum Abdruck der hier vorliegenden Texte. Danke!

Berliner Luft

Anlässlich der 750-Jahr-Feier von Berlin im Juli 1987

Es war einmal
in einem fruchtbaren Tal –
Da wehte eine Brise
herüber vom Ozean[1]
und mit ihr kam
ein würziger Duft,
der sich mischte
mit dem ortsbekannten
von den Tannen und Fichten,
die standen auf
dem kräftigen Boden
im Urstromtal,
wo alles ganz reichlich
und üppig wuchs.

Der Duft und der Boden machten die Menschen froh und der Ort, mit seinen Tannen und Fichten, über den die Brise hinzog, wurde langsam groß!

Der Duft und der Boden waren zur Symbiose geworden: Eine glückliche, die um sich Vielfalt und Reichtum verschenkte. – Und wer gerne lebte, den zog es dorthin wie der süße Duft der Blüten die Biene zum Nektar zieht und die von diesem nie betrogen wird!

Und das Dorf im Tal wuchs heran, wurde zu einem Ort, in dem das Leben florierte, denn die würzige Luft brachte ideenreichste (vielfältigste) Einfälle mit sich, entfachte den Denker- und den Unternehmergeist grenzenlos bis eine stattliche Stadt ihr Haupt erhob,

---

[1] Dichterisch hier für Meer, auch: Meeresstrand

die ihr Wahrzeichen ihrem Namen nach in die Welt verströmte und dieses war

Die Berliner Luft!

Nichts war gleichrangig dem, was hier von der Mischung her aus Boden und Brise und mit ihr die Würze zustande kam und es zog ein Gerücht über die Grenzen des Landes:
Die Berliner Luft ist ein Lebenselixier, das langes Leben, Frohsinn und Freiheit schenkt!

Und so kam es, dass immer mehr Leute kamen aus allen Gegenden der Welt, um Luft zu holen, denn Berliner Luft war etwas Besonderes.

Und so wurde die Stadt ein Anziehungspunkt, deren Wahrzeichen nicht aus Stein oder Beton sich erhob, sondern das überall in der Luft lag!

Und als ich noch kleiner war, erzählte man mir gern eine Geschichte: Berliner Luft wird in große Konservenbüchsen verpackt und in alle Welt geschickt, weil sie so berühmt geworden ist und ich hörte dies mit großen Augen und glaubte daran ganz sicherlich, denn man sprach in einem Ton darüber, der keinen Zweifel an der Wahrheit der Geschichte übrig ließ.

Mit der Zeit bin ich größer geworden! Von Berliner Luft umgeben gedieh ich wie ein Fisch im Wasser, das voll Leben ist durch Pflanzen und Gewächse der Meerestiefe eigener Prägung. Und so ist nun auch gar nicht verwunderlich, dass es in so einer Luft auch ganz eigene Pflanzen gibt und so eine Pflanze bin auch ich: Eine Zucht von der Prägung aus Boden und Duft, der vom Meere kommt:

Eine Berliner Pflanze
wie sie im Buche steht!

Die Sinne von würziger Luft ständig angeregt bewirkt, dass man um kein Wort verlegen ist, wenn es eine Antwort zu finden gilt, aber immer mit einem Lächeln im Gesicht, vielleicht, weil die Lieblichkeit der Gegend vom guten Boden her aus der Fülle lebt und die Kargheit des steinigen Bodens nicht kennt und darum fließen auch die Worte hier reichlich, so dass dem, der in Berliner Luft aufgewachsen ist, ein weiteres Prädikat zugeschrieben wird und dieses ist:

Herz mit Schnauze

Und damit meint man: Ein Humor, der in Berliner Luft entsteht und der nur hier so üblich ist!

Aber ich erinnere mich: Eines Tages geschah etwas ganz fürchterliches: Da zog der Ernst in die Stadt ein und zwar mit Spaten und Gewalt und man umgab die Stadt mit einem Stacheldraht – aber nein – so war es nicht ganz: Man zog einen Draht **durch** die Stadt und mauerte die eine Hälfte ein!

Welch ein Missgeschick! Ich flatterte ganz verschreckt wie ein Vogel, der keine Luft mehr bekam! Was war nur passiert? Ich wusste nicht mehr ein noch aus. Ich schnappte nach Luft wie ein Fisch im Wasser, das destilliert worden war! Es war wie ein böser Traum, der mich umgab und lange Zeit verstand ich ihn nicht. Aber mit der Zeit begriff ich ein wenig und wenn ich noch länger lebe, begreife ich vielleicht noch mehr:

Mit großem Ernst haben die ideenreichen Bewohner von Berlin die Luft geteilt:

Richtig geteilt und in zwei Hälften gebannt und aus Stein und Beton eine Mauer gebaut, die ganz genau trennt, wo die rechte Berliner ist und wo die linke beginnt.

Wo hat man denn so etwas schon gesehen, dass es ganz ernst heißt: Luft teilen gehen und jeder für sich eine Hälfte in Anspruch nimmt. Und sie achten nun ja ganz genau darauf, dass ein Bewohner von einem Teil nicht die Luft des anderen genießt und wo solches doch einmal passiert, wird dies ernsthaft bestraft als ein Verstoß gegen den Stacheldraht.

Was für eine schlimme Geschichte ist das.

Wo ist denn der Humor geblieben der Bewohner von Berlin. Ist ihnen der würzige Duft der Brise vielleicht gar zu Kopfe gestiegen und sind sie übermütig geworden in ihren erfinderischen Gehirnen, das überfließt an Einfällen und Ideen?

Und das ist momentan der Stand vom fruchtbaren Urstromland:

Seit Teilung der Stadt werden keine Konserven mehr verschickt und das hat einen einfachen Grund: Es gibt sie nicht – ich meine die Berliner Luft –, weil Berliner Luft nicht teilbar, sondern eine Symbiose ist, in der eines von dem anderen lebt – und weil sie nur darum so einmalig ist, wenn sie wehen kann, wohin sie will und sonst von vielen, vielen anderen Lüften nicht zu unterscheiden ist.

Und das ist ein schlimmes Erkennen für mich, denn keine Berliner Luft weht herüber zu mir und weil mein Verstand von Kindheit her von der guten Berliner Luft angeregt ist, sehe ich deutlich den Grund hierfür vor mir:

Eine geteilte Berliner Luft gibt es nicht,

weil nur **eine** Brise herüber weht und nicht zwei – und darum nun werden auch keine Konservenbüchsen mehr verschickt, denn die Berliner Luft zerfiel durch Teilung nicht in zwei, sondern in ‚Nichts'.

Aber ich weiß es ganz genau: Einige Schlaue haben ein paar Konserven versteckt und den Inhalt eingefroren und bei günstiger Gelegenheit werden Winde aus ihnen sich erheben: Alte bekannte und tief ersehnte und wir werden wieder Atem holen:

Den gewohnten als Berliner Luft bekannt gewordenen. Und allen mit geheimen versteckten Büchsen rufe ich zu zum Abschluss der Geschichte:

Macht die Büchsen auf!
Lasst die Luft heraus!

Freut euch an dem Boden und der Würze, die die Brise bringt. Und genießt mit mir nach langen Zeiten wieder:

Atem holen in Berliner Luft, die keine Grenzen kennt!

Um sich dem zu nähern, das keine Worte kennt,
träumen wir.

Um sich dem zu nähern, das jenseits liegt,
dichten wir.

Um sich dem zu nähern, was in uns liegt,
machen wir Musik!

Anni Puhlmann Kropstädt

Gaukler im Sommerwind

Zwei Schmetterlinge –
weiß und gelb –
vergnügt
im Sonnenschein,
die gaukelten und schaukelten –
und schienen
verliebt zu sein.

Die andere Farbe
störte sie nicht,
ob gelb oder weiß –
war egal.
Sie tollten herum
und neckten sich
und spielten:
Hasch mich doch mal!

Die Zweisamkeit
tat den beiden gut,
sie fühlten sich leicht und frei.
Sie tanzten verwegen
den Harlekintanz –
und waren
glücklich dabei.

Ich freute mich
über ihr lustiges Spiel
und hielt
den Atem an;
denn plötzlich
flogen sie auf mich zu
und stupsten mich
beinahe an.

Und weiter ging
der fröhliche Tanz,
wild wirbelnd
und geschwind,
mal kreuz, mal quer –
und dann geschah es:
Sie küssten sich
im Wind!

Zartflüglige Gaukler
im Sommerwind,
genießt
euer kleines Glück!
Und wenn ihr ein Plätzchen
zum Kuscheln sucht –
kommt schnell in den Garten
zurück!

Das Wolkenschaf

Ich lag im Gras
und atmete den Sommer –
ein Zustand
zwischen Traum und Wirklichkeit.
Ein Wolkenschaf
sah ich zur Erde schweben –
so leicht, so watteweich.
Und wohlige Wärme
hüllte mich ein
und zog mich sanft
ins Zauberreich der Poesie ...

Abendständchen

Der Sommer wiegt sich
in den Zweigen,
er säuselt, summt und musiziert.
Es tanzen
Mückenpärchen Reigen –
der Abendglanz
sich sanft verliert ...

Strandlauf

Mit bloßen Füßen
lauf' ich am Strand,
spüre die Kühle der Nacht
noch im Sand,
erblick' eine Möwe
im stelzigen Lauf –
der Tag macht verschlafen
die Augen auf.

Es murmelt das Meer
einen freundlichen Gruß,
springt neckend mir
auf den nackten Fuß,
sanft zauselt der Wind
in meinem Haar,
Morgendunst schwindet,
die Sicht wird klar.

Blauäugiger Himmel –
die Sonne geht auf.
Ein Bilderbuchtag!
Ich freu' mich darauf!

Letzter Tag am Meer

Allein will ich gehen
und Abschied nehmen,
eh' das Erwachen
der Zeltstadt beginnt.
Will den Duft des Meeres
mit mir tragen –
es empfängt mich
ein herb frischer Wind.

Das Meer singt
seine rauschende Melodie,
schlägt Purzelbäume
am Strand.
Es schäumt und lacht
mir geheimnisvoll zu –
meine Spuren verwischen
im Sand.

Verlassen liegen
die Strandburgen da,
eine hab' ich
mir selbst gebaut:
Noch ein letzter Besuch –
die Kleider herab!
Schaudern
durchdringt meine Haut.

Das Meer nimmt mich auf
mit schlingernden Armen,
es wiegt mich
eisig und sacht.
Grün schunkelt
und funkelt
es unter mir –
es entschweben
die Nebel der Nacht.

Die Sonne taucht langsam
und flammend empor,
Goldflimmern
rings um mich her.
Ich genieße
die Schönheit des Augenblicks –
bin eins –
mit Sonne und Meer.

Gezielter Landeplatz

Sommermorgen – Sonnenschein.
Bienchen schlüpft durchs Fensterlein,
summt mal hin und summt mal her,
findet Landeplatz so schwer.
Wohlig strecke ich mich aus,
Bein hängt aus dem Bett heraus.
Plötzlich: Autsch! Auweioweh!
Landeplatz – auf großem Zeh!

Vera Richter   Gera

Johanna im Park

Johanna schmiegt ihren Rücken an die Lehne der sonnengewärmten Parkbank, reckt ihr runzliges Gesicht für einen kurzen Moment der Sonne zu, die an diesem Maitag den Himmel verschönt. Die Sonnenstrahlen verursachen ihr jedoch einen stechenden Schmerz in ihren Augen, schwarze Flecken tanzen für Sekunden vor ihrem Gesicht, sie wendet ihr Gesicht ab. Mit der rechten Hand umfasst sie den Knauf ihres Krückstockes fester, so, als wolle sie den Schmerz in ihren Augen betäuben, was ihr auch gelingt. Sie verändert ihre Sitzposition, beugt ihren Oberkörper nach vorn und schiebt mit der Spitze ihres Krückstockes die vor ihr auf dem Boden liegenden Kieselsteine zusammen, die, weil unterschiedlich groß, fast wie von selbst einen kleinen noch offenen Kreis bilden. Nachdenklich starrt Johanna auf den Kreis. Hat sie sich zufällig ihr Mandala, ihren Lebenskreis mit der Spitze des Krückstockes zusammengeschoben? Jeder Stein könnte für ein besonderes Ereignis in ihrem Leben stehen. Der große schwarze für den zweiten Weltkrieg, die daneben liegenden kleinen Kiesel für die schlimmen Nachkriegsjahre. Sie tippt mit der Spitze des Stockes auf den nächsten rosa glänzenden Stein. Ein Lächeln huscht über ihr faltiges Gesicht. Jung und verliebt waren sie beide, damals, vor mehr als sechzig Jahren, sie und ihr Robert. Längst hat er seine ewige Ruhe gefunden.
Sie starrt auf die zwei grauweißen Kieselsteine, die sich dem rosa glänzenden anschließen. Ja, zwei Kindern hat sie das Leben geschenkt, die nun längst erwachsen und auch schon Großeltern sind.

Jetzt berührt die Stockspitze einen größeren unförmigen dunklen Stein und beim Betrachten desselben tauchen Erinnerungen aus der jüngsten Vergangenheit auf. Johanna lehnt sich wieder an die Rückenlehne der Bank, sie lässt die Erinnerungen, die sie unangenehm berühren dennoch zu. Zwanzig Jahre ist es nun schon her, als viele Menschen auf die Straße gingen, um Veränderungen in dem Land herbeizuführen, indem sie vierzig Jahre ihrer acht Lebensjahrzehnte verbrachte. Was danach kam, war nicht das Gewollte. Auch Johanna hat sich das Leben in der neuen Zeit so nicht vorgestellt.

Wehmütig denkt sie daran zurück, als ihre Hilfe noch gebraucht wurde und sie ihre kleine Familie um sich scharen konnte. Doch schon lange hasten Kinder und Enkel einem Arbeitsplatz hinterher, weit von ihrem Heimatort entfernt. Sie haben längst ihre Wurzeln kappen müssen, um nicht arbeitslos zu werden. Zeit bleibt nicht viel, um das Leben auch fühlen zu können, es muss sich rechnen lassen. Das ist das Credo der neuen Zeit.

Ein alter Mensch ist nicht gern gesehen, er ist überflüssig. Ja, Johanna fühlt sich überflüssig, nutzlos und entbehrlich. Sie schaut wieder auf ihr ganz persönliches Mandala, wünscht sich, dass bald der Schlussstein ihren Lebenskreis beschließt. Doch wann und wie wird er daherkommen? Noch aber ist der Kreis offen. Johanna presst ihren Krückstock mit beiden Händen fest auf die Erde, legt ihren Kopf auf die Handrücken. So hat sie es oft auf dieser Parkbank gemacht und sich ein Nickerchen gegönnt. Sie schlummert ein, träumt. Sieht sich als junge Frau vor dem Fenster stehend und ängstlich auf die Straße schauend. Das Getrappel fester Schritte und schreiender Männerstimmen jagen ihr Angst ein. „Juden raus, Juden raus!" hört sie. Sie will weg vom Fenster. Für den Bruchteil einer Sekunde vermischen sich Traum und Wirklichkeit. Plötzlich ist sie hellwach.

Ganz deutlich vernimmt sie näherkommende eilige Schritte und aus mehreren Männerkehlen die brüllenden Worte „Ausländer raus, Ausländer raus!" Johanna setzt sich kerzengerade hin. Sie sieht einen ängstlich flüchtenden Afrikaner. „Komm her, komm her", ruft sie so laut sie kann. „Hier, nimm meinen Krückstock für alle Fälle." Sie geht dem Afrikaner entgegen, der aber mit weit ausholenden Schritten an ihr vorbeirast. Eine grölende Meute Jugendlicher kommt angerannt. „Haut ab, los, haut ab!" Sie schreit es förmlich dem krakeelenden Haufen entgegen, ihren Krückstock hat sie warnend erhoben. Sollen sie doch kommen, diese Brut, der man per Gesetz einfach nicht das Handwerk legt. Sie hat keine Angst. Da hört sie ein Kommando „Fass, fass", das einem Schäferhund zugerufen wird. Der Hund stürmt über die Rasenfläche in Richtung des Afrikaners. Plötzlich verändert er seine Richtung, rast auf Johanna zu.

Johanna bleibt regungslos stehen, sich auf ihren Krückstock stützend, schaut dem herbei rasenden Hund entgegen. Schon hat er Johanna erreicht. Springt an ihr hoch, seine Zähne graben sich aber nicht in ihren Hals. Er legt seine Vorderpfoten auf ihre Schultern, freudig beleckt er ihr Gesicht. Johanna erkennt ihren vor einigen Monaten abhanden gekommenen Schäferhund. Sie rubbelt liebevoll das struppige Fell. „Bello, mein Bello, ich hab dich wieder. Komm, wir gehen nach Hause."

Sie sucht mit ihren Augen die Schreihälse.
Weg sind sie, einfach weg.

Johanna atmet tief und ruhig durch. Mit einem Blick über ihre linke Schulter schaut sie noch einmal auf ihr Mandala.

Der Schlussstein wird noch lange nicht gelegt werden, das spürt sie in diesem schönen Moment.

Winfried Rochner   Berlin

Verbleibe doch und gehe nicht weiter

Der Weg in die Vergangenheit und Gegenwart ist bekannt, beleuchtet und beschrieben in unzähligen Zeitungsartikeln, Büchern, Medien. Er haftet in Langzeitgedächtnissen der Zeitgenossen und stirbt durch die Fülle der Überflutung mehr oder weniger schnell. Wissenschaftler, Sammler von Gedanken, halten die Vergangenheit und Gegenwart fest.

Um Zukunft als eine erlebbare Vorausahnung – in abgeleiteter Vergangenheit – zu betrachten, lohnt sich eine Wanderung durch Berlin. Das Wandeln, das körperlose Spiel einer Person mittleren Alters durch die Stadtbezirke, ihrer Wirtschaft, Politik, Religion, Kultur, Bildung und Verkehr ist eine aufregende Erfahrung.

Auf dem Spaziergang durch meine Stadt, über ihre Gehwege und Straßen, kann ich die Äußerlichkeiten wahrnehmen, jedoch noch nicht in innere Zusammenhänge vordringen.

1945 war Berlin keine Metropole mehr, war ein Trümmerhaufen, wie so viele europäische Städte; Geschundene, Hungernde, Obdachlose wandern durch die Trümmerberge. Ziellos, getrieben nur vom Lebenswillen in ihren ausgemergelten Körpern.

Die Fünfziger Jahre sind geprägt vom Wirtschaftswunder, der kommunalen wie politischen Trennung Berlins, mit allen sich daraus ergebenden menschlichen Hoffnungen und Nöten. Meine Füße stolpern durch die Stadt, bestaunen die glatten und löchrigen Straßen.

Meine Blicke nehmen noch einmal die wieder aufgebauten, dann unverändert gebliebenen alten Häuser wahr, halten Ausschau nach neuen architektonischen Schöpfungen und bestaunen die in den 60er Jahren errichteten Plattenbauten. Der Charme der Neuschöpfungen ist den Anschauungen Einzelner und der Not geschuldet. Ich verlasse die tristen und teilweise noch erfreulichen Zeiten des alten Jahrtausends, nähere mich den Jahren 2020, 2050, kratze dort an der Oberfläche und stelle Erstaunliches fest. Die multikulturelle Gesellschaft ist in Berlin angekommen, wird bestimmt durch die Bauten der Jahrtausendwende auf dem Potsdamer Platz. Das ehrwürdige Schloss steht wieder an seinem alten Platz an der Spree. Junge Frauen mit Kopftüchern und langen Röcken beleben Gehwege und Plätze. Viele der neuen Eckkneipen werden von Männern bevölkert, die aus einer anderen Kultur stammen. Die Berliner Urgesteine sind verschwunden, sind mangels Durchsetzungskraft eine absterbende Klientel geworden.

Mein innerer Blick erkennt die agierende politische Klasse. Mehrere Reformen des Föderalismus bescherten Berlin eine uneingeschränkte Autonomie, die – dank der Wahlgefälligkeiten – persönliche Vorlieben in Ansatz brachte und durchsetzte. Durch die hohen Senatsschulden, schloss die im Amt verbliebene Berliner Regierung, mittels vereinter Kraft der drei altbekannten Parteien, die Privatisierung der letzten kommunalen Flaggschiffe ab. Arbeitsagenturen und Kindergärten, die letzten Krankenhäuser sowie die kommunalen Immobilien trugen bereits zehn Jahre früher den privaten Stempel gemeinnütziger und ungemeinnütziger Träger. Die Justiz blieb an den Sesseln des Beamtentums kleben und bildet damit ein unerwünschtes Unikum des Senats. – Die Bildungsträger, ein dauernder Störfaktor im Parteienstreit, wurden ebenso privatisiert wie die Polizei. Eine kleine Gruppe, finanziert vom Gemeinwesen, wurde allerdings für den Selbstschutz der politischen und wirtschaftlichen Klasse behalten. Dem vorausgegangen waren freilich Länderstreitigkeiten über Bildung, Lehre und Bezahlung, die das gesamte Bildungswesen an den Rand des geistigen und finanziellen Bankrotts gebracht hatten. Die Schulen hatten es nach anfänglichen Erfolgen immerhin bis auf Platz fünfzehn der Europäischen Pisa-Studie gebracht. Die Übernahme der Ausbildung durch islamische Kulturträger und einer Minderheit von christlichen Kirchen konnte vorerst verhindert werden. Später löste sich dieses Problem, indem die Bildung an die jeweiligen religiösen Bevölkerungsträger überging. Nachdem die Länder und

somit auch Berlin für Schulen und Universitäten selbst zuständig wurden, begann ihr Ausverkauf. Die Universitäten kauften amerikanische Privatleute auf und bildeten Eliten nach ihrem Bedarf für Forschung, Marketing und Industrie aus. – Gottlob, atmete ich auf, das ist ja nun geregelt.
Die Stadtteile Marzahn und Hellersdorf sind zu gefährlichen Slums verkommen, die kein Fremder gefahrlos betreten kann. Hinter einer Hausecke versteckt, nehme ich eine Schießerei wahr, die mit einigen Toten und Verletzten endet. Von keiner Polizei gestört ziehen die Gewalttäter nach der Ausraubung der Toten und verwundeten unbekümmert ihrer Wege.
Die noblen Viertel wie Charlottenburg, Wilmersdorf und Steglitz sind straßenweise abgesperrt, bewachte Eingänge sorgen für gefahrloses Wohnen. Zur Sicherheit vieler Villenbewohner sind Zäune und Mauern mit neuester Technik ausgestattet.
Kreuzberg und Prenzlauer Berg, mit eindeutig kultureller nicht integrierter Bevölkerung, haben bereits die Autonomie erreicht und werden von ihren Mutterländern regiert, mit allen Konsequenzen auf die Sprache, Bildung und Religion. Prächtige Moscheen zieren öffentliche Plätze, verleihen dem Stadtbild einen besonderen Reiz.
In Pankow, Weißensee und Lichtenberg besteht die Bevölkerung aus etwa sechzig verschiedenen Volksgruppen, wobei der deutsche Anteil geringfügig überwiegt. Amtssprache ist noch deutsch. Christliche Religionsgemeinschaften verloren durch den Mitgliederschwund die finanzielle Basis und verkauften ihre Immobilien an islamische und andere östlichen Religionsgemeinschaften.
Einen faszinierenden Anblick bieten überall im Berliner Stadtbild die umgebauten Kirchen. Die ehemalige Hedwigskathedrale hat durch das hohe Minarett an Charme gewonnen. Die Stimme des Muezzins schrillt über die Stadt und ruft zum Gebet. Die Marienkirche beherbergt die Minderheit der evangelischen und katholischen Christen und ist ein Hort der Ruhe, der Auseinandersetzung und der Unverständigung geworden.
Neugier treibt mich in die kulturellen Einrichtungen meiner Stadt. Eine Oper steuere ich an, die „Unter den Linden", die noch im alten

Domizil ihre Spielpläne aufführt. Jede vierte Woche eine Neuinszenierung: Mozart, Beethoven und Kalle Neumann. Zwei Vorstellungen am Tage, um der Freizeit von inzwischen mehreren Millionen arbeitslosen Menschen in Berlin ein würdiges Ambiente zu bieten. Mit Interesse besuche ich die Vorstellung „Figaros Hochzeit" von Mozart. Nach der Ouvertüre traue ich meinen Augen nicht. Die Sänger sind dürftig bekleidet und die Chormitglieder zeigen ihre nackten Körper. Ich schließe meine Augen und lausche den altvertrauten Klängen. Insider bestätigten mir, diese Art des Theaterspiels, die pornografische Darstellung, die bis hin zur Kopulation reiche, sei nun in allen Theatern Berlins zur Normalität geworden. Je aufregender die sexistische Darbietung, umso beliebter und besuchter sei die Aufführung. Regisseure suchten die besondere Herausforderung in der riesigen kulturellen Vielfalt und der Auslegung der Klassiker zur perversen Größe. Die Präsentation der Pornowelt auf der Bühne diene als Anleitung für das Ausleben auf öffentlichen Veranstaltungen und im Alltag der wenigen Beschäftigten. Das Gewerbe der käuflichen Liebe ist zu großen Konzernen, den größten Arbeitgebern in Berlin und weltweit, angewachsen. Wichtig ist, viele Menschen haben Arbeit. Erstaunt betrachte ich nun den Arbeitsmarkt. Die Maxime „über die Arbeit definiert sich der Mensch" ist längst ein alter Zopf geworden. Die verelendeten Menschen, die 2020 oder 2050 keine Arbeit hatten, sind auf die Gnade der Steuerzahler und Bürokraten angewiesen. Psychische Probleme, die als Folge der Arbeitslosigkeit massenhaft auftraten und unzählige Psychologen beschäftigten, zogen eine Veränderung der sozialen Gestaltung des Lebens für den Einzelnen und seine Mitmenschen nach sich. In den Jahren 2011 bis 2020 stellte die Industrie Waren in einer Geschwindigkeit her, dass sie von niemandem mehr in dieser Menge benötigt wurden. Die globalen Märkte gaben nach zehn bis zwanzig Jahren ihren Sättigungsgrad bekannt. In den Industrien, die Waren produzierten, war der Mensch keine benötigte Größe mehr.
Ich wende meine emotionalen Antennen der politischen Klasse zu. Berlin wird von einem Senat regiert, der ab 2030 keine Gestal-

tungsmöglichkeiten des öffentlichen Lebens mehr den Bürgern vermitteln kann. Die Schulden von einhundert Milliarden – zu diesem Zeitpunkt als gering vermerkt – täuschen nicht über die Hilflosigkeit hinweg, der der Ausverkauf der kommunalen Einrichtungen, Institutionen und kulturellen Einflüsse folgt. Der Senat wird schließlich nicht mehr gebraucht und gerät zunehmend unter Druck, die geringen Einnahmen für eigene Darstellungen, Hahnenkämpfe und Lobbyisten zu verplempern. Der Schuldendienst verbraucht die Hauptsumme der noch steuerlichen Einnahmen, der Rest muss für soziale Schwerpunkte reichen. Kurzum, das lange Sterben der kommunalen Regierungselite hat begonnen. Rathäuser und öffentliche Gebäude finden damit keine Verwendung mehr für Regierungsarbeit. Sie werden umgebaut und als Musikschulen, Freizeiteinrichtungen und Altenheime verwendet. Die in den Jahren 2020 bis 2030 aufgetretenen Probleme, vor allem die Überalterung der Bevölkerung, lösten sich in der wachsenden Dienstleistungsgesellschaft auf, die mit niedrigsten Löhnen einfach nur eine Beschäftigung fand.

In meinem zeitlosen Alter vollziehe ich einen Zeitsprung in die Jahre 2100 bis 2200 und betrachte hier den Stand der Entwicklung in Deutschland.

Völlig verändert leuchten mir diese Jahrhunderte ins Gesicht. Die Politik ist als staatstragende gestalterische Institution nur noch dem Namen nach bekannt, Demokratie wird nur noch in Ausnahmefällen eingesetzt. Die neuen Bauten sind bescheiden, ohne Großmannssucht.

Auf den Straßen sehe ich Menschen aller Hautfarben, höre verschiedenste Sprachen und Dialekte. Die Amtssprache ist Englisch, noch zugelassen sind deutsch und arabisch. Die Europäische Union hat sich als überdimensionierte Institution von der politischen Bühne verabschiedet. Handlungsfähigkeiten sind auf emotionale, moralische und fachliche Kompetenzen verlagert. Ein kommunales Dreikammernsystem kristallisierte sich nach einem schmerzhaften Prozess als eine handlungsfähige Alternative zur Politik, Demokratie und anderer bis dahin und davor praktizierter Methoden heraus.

Dieses System, analog des auf dem Territorium Deutschlands aufgebauten Gesamtsystems, gilt für die inzwischen auf fünf Länder zusammengeführten Kommunen und somit auch für Berlin. Das Prinzip der Föderation für diese Länder besteht weiterhin – mit einigen Einschränkungen aufgrund der neuen Strukturen.

In der ersten Kammer versammeln sich Vertreter aller ansässigen Religionsgemeinschaften. Die Zusammensetzung entspricht dem Bevölkerungsanteil der jeweiligen Gemeinschaft. Die islamischen Anteile entsprechen achtzig Prozent, zehn sind evangelische und katholische Christen, fünf Prozent versammeln Juden, der Rest verteilt sich auf verschiedene Sekten.

In der zweiten Kammer treffen sich die Vertreter der Berliner Wirtschaft, Banken, Versicherungen und der Freizeitindustrie. Ihre Zusammensetzung beruht ebenfalls auf der Größe der jeweiligen Wirtschaftseinheit. Die dritte Kammer ist dem gemeinen Volk mit seinen Vertretern vorbehalten. Hinzu kommen Richter, Juristen und Verwaltungsangestellte.

Das ehemalige Grundgesetz ist durch mehrfache Änderungen als solches nicht mehr zu erkennen. Es herrscht eine optimierte Mediengesellschaft mit allumfassender Computertechnik. Aus jeder der drei Kammern wird nach Proporz für je zwei Jahre ein Vertreter gewählt, der im Rat der Weisen seine Mitglieder vertritt. Die Auswahl trifft nach festgelegten Kriterien ein Computer, der die Daten aller Kammerträger – nach strikter moralischer, emotionaler und anatomischer Durchleuchtung – gespeichert hat. Die für die jeweilige Wahlperiode fixierte Richtschnur gibt dann den Ausschlag für die Wahl. Die Vertreter der drei Kammern, die Konkretisatoren, bringen notwendige Entscheidungsvorschläge für alle Belange der Entwicklung, der Lebensbedingungen der Bevölkerung, der Natur und der Kultur ein. Die eigentlichen Dekrete errechnet emotionslos ein Computer. Als Relikt der Demokratie ist die Volksbefragung verblieben. Die endgültige Entscheidung trifft allerdings der Computer. Die ehemalige, überwiegend von Lobbyisten beherrschte Regierung, mit ihren zeitverschwendenden Reden und Entscheidungen um die Jahrtausendwende, belegen nur noch Archivunterlagen. Von den 150 Millionen in Deutschland lebenden Menschen ist in der Industrie, im Dienstleistungsbereich, in Kunst, Kultur und Bildung noch ein Fünftel beschäftigt. Im Rotationsverfahren und nach Computerauswertung kommt wechselweise alle fünf Jahre diese Anzahl in Betracht und in Arbeit. Alle anderen widmen sich sozialen Aufgaben, den Alten, gebrechlichen, oder sonstigen wichtigen so genannten Freizeitbeschäftigungen wie dem Sport und Spiel, den Kindern oder der eigenen geistigen Entwicklung. Das Vermögen, das die automatisierte Herstellung der Waren erbringt, reicht auch für das Leben der Nicht-Beschäftigten.

In Berlin entwickelte sich zum Beispiel eine riesige Freizeitindustrie. Die Umgebung der Stadt bietet alle Möglichkeiten die Natur zu genießen und eine hoch entwickelte Technik erschloss den Berlinern unzählige Gelegenheiten, die freie Zeit zu überbrücken.

In den Jahren nach 2100 löste die globale Erwärmung verheerende Naturkatastrophen aus. Die gesamte Infrastruktur der Stadt brach zusammen. Wirbelstürme vernichteten ganze Stadtviertel und löschten ein Drittel der Berliner Bevölkerung aus. Der Wandel der Natur veranlasste die Menschen riesige schützende Hallen zu errichten mit klimatischer Ausstattung und ökologischem Wachstum. Energie erzeugen in Sonnennähe kreisende Wärmepumpen, die Umsetzer sind rings um Berlin stationiert. Transporter, die die Erdanziehung zur Fortbewegung nutzen, erledigen alle Ladeguttransporte und die Beförderung von Personen. Andere Energien stehen nicht zur Verfügung. Ich staune über diese simple Lösung des Energieproblems.

Die Kultur, schon immer wandlungsfähig und kreativ, erfindet neue Formen der Darstellung. Die Malerei überlebte sich, Künstler widmen Plastiken und Monumenten ihre Schaffenskraft. In der Musik existieren die alten Instrumente weiter, wobei viele künstlich hergestellte Tonentwickler die Musikszene entscheidend prägen. Die menschliche Stimme beherrscht nach wie vor die musikalischen Ausdrucksformen. Auf den Bühnen kommen die modernsten technischen Mittel zur Darstellung neuer Interpretationen alter Meister zum Tragen. Viele mir aus den Jahren 2011 bekannte alte Stücke von Goethe, Heiner Müller oder Otto Schlapphut erkenne ich nicht wieder, bis auf die verbliebenen Titel. Nackttheater beherrschen einen Teil der Berliner Szene, die sich vom Besucherzuspruch jedoch nicht sonderlich verwöhnt sehen.

Die prächtigsten Bauten stellen sich in den Moscheen dar, die viele Plätze und Straßenränder schmücken. Das Bankenwesen beherrscht das Leben der Menschen in ganz Deutschland. Die Schulden der vorangegangenen Jahrhunderte neutralisierten die Banken und sicherten sich damit einen herausragenden Sitz und das Mitspracherecht in ihrer Kammer, um Entscheidungen zu beeinflussen.

Dank optimaler Forschungsergebnisse hat sich das Durchschnittsalter der Bevölkerung auf einhundert fünfzig Jahre erhöht.

Zufrieden ziehe ich mich zurück, die Entwicklung vernichtete bis zu diesem Zeitpunkt nicht die Menschheit. Sie setzt Achtungszeichen gegen Auswüchse der Natur, die doch dem Menschen geschuldet sind. Wir werden neue Erkenntnisse zum Wohle einer veränderten Bevölkerung Deutschlands finden.

Gisela Schmidt   Gera

*Vierzig Jahre sind das Alter der Jugend,
fünfzig die Jugend des Alters.*

Victor Hugo

Der Zug des Lebens

Der Zug startet. Er startet in der Stunde Null deines Lebens. Du wirst zum Passagier, ohne dass du freiwillig eingestiegen bist. Der Zug beginnt durch die Landschaft deines Lebens zu rollen. Ob nun diese Landschaft karg und ärmlich oder bunt, reich und strahlend ist, du bist ein Kind und zunächst ist alles für dich eine Selbstverständlichkeit. In deinem Zug sind bereits Menschen, zu denen du nun gehörst, und es werden Menschen daraus verschwinden und wieder neue dazukommen, ohne dass der Zug jemals anhält oder irgendwo verharrt.

Allmählich beginnst du zu differenzieren und wünschst dir manchmal, der Zug möge schneller fahren und ein anderes Mal möchtest du ihn bitten zu verweilen. In der schönen Phase der Kindheit lässt du ihn erwartungsvoll weiterfahren und bist stolz darauf, langsam in die Landschaft der Jugend und der Erwachsenen hinein zu gleiten. Nun fährt er dich durch die bunten, aufregenden Gefilde deiner Jugend. Du genießt es und hättest nichts dagegen, wenn er jetzt etwas langsamer führe. Gegen Ende dieser Strecke wünschst du dir vielleicht sogar, er möge stehen bleiben. Doch ... sollte er das wirklich tun?

Claudia spürte diesen Wunsch kurz nach ihrem 47. Geburtstag. Claudia war eine Frau, mit der es das Schicksal gut gemeint hatte. Nach einer unbeschwerten Kindheit konnte sie auch ihre Jugend in vollen Zügen genießen, klug, schön und begabt wie sie war, öffneten sich ihr die meisten Türen mühelos. Ausbildung und Studium fielen ihr leicht und in ihrem Traumberuf als Modedesignerin bekam ihr Name bald einen großen Bekanntheitsgrad. Auch ihr Privatleben verlief nach einem Bilderbuchschema. Claudia hatte den attraktiven Rechtsanwalt Tom, ihre große Liebe, geheiratet. Die Beiden führten zusammen mit ihrem einzigen Kind, einer Tochter, ein harmonisches Familienleben und waren nun vor knapp drei Jahren bereits Großeltern eines süßen kleinen Jungen geworden. Als der kleine Niklas noch ein Baby war, zeigte sich Claudia sehr gern mit ihm, wurde sie doch überall als Mutter des Kleinen angesehen. Claudia war also mit ihrem Zug des Lebens bisher höchst zufrieden.

Sie bewegte sich gern im Kreis junger Menschen und passte sich deren Lebensstil an. Selbst sprachlich hatte sie einiges aus dem derzeit als cool geltenden jugendlichen Umgangston übernommen. Das manchmal vorsichtig aufblitzende Empfinden, sie gehöre dieser Generation doch nicht mehr so recht an, hatte sie bisher erfolgreich verdrängt.

Heute allerdings legte sie ihren täglichen Heimweg von der Arbeit sehr nachdenklich und etwas frustriert zurück. Als Modedesignerin hatte sie bisher ihre Modelle nicht nur entworfen, sondern sie war beim Vorführen derselben auch als Model sehr gefragt. Heute jedoch hatte ihr die Agentur ziemlich unverblümt mitgeteilt, dass künftig diese Arbeit von jüngeren Kräften übernommen werden sollte. Claudia verspürte ein komisches Gefühl in der Magengegend. „Gehöre ich nun schon zum alten Eisen?" Sie hatte diesen Gedanken bisher nie an sich heran gelassen und er machte ihr Angst.

„Fängt jetzt die Zeit an, in der das Leben an Farbe verliert?"
Ein Blick auf die Armbanduhr riss Claudia aus ihren trüben Gedanken.

Beinahe hätte sie vergessen, ihre Tochter, die heute mit dem kleinen Niklas zu Besuch kommen wollte, vom Bahnhof abzuholen. Claudia wendete ihr Auto und schaffte es gerade noch bei Einfahrt des Zuges auf dem Bahnsteig zu stehen. Viele Menschen drängten sich um sie herum und sie konnte ihre Tochter nicht gleich ent-

decken. Plötzlich ließ eine helle Kinderstimme lauthals ein „Oma, Ooooma" ertönen und ihre Beine wurden von hinten umfasst. In Claudia versteifte sich etwas und den lauten „Oma"-Ruf empfand sie kurz als peinlich. Sie ging in die Hocke und nun umschlossen zwei kleine weiche Ärmchen ihren Hals, ein dicker, nasser Kuss landete mitten auf ihrer Nase und sie hörte: „Meine, meine Oma, is hab dis ganz doll viel lieb."
Ein warmes Glücksgefühl durchflutete Claudias Körper. Sie hob den vor Freude strahlenden kleinen Niklas hoch und einem Mann, der die kleine Szene lächelnd beobachtet hatte, präsentierte sie sich stolz als Oma indem sie sagte: „Habe ich nicht einen süßen kleinen Enkel?"
Plötzlich schämte sich Claudia der dummen Gedanken, die ihr noch vor kurzem durch den Kopf gegangen waren. Sie drückte den kleinen Kerl fest an sich und dachte: „Ja, ich bin gerne deine Oma und es macht mir nichts aus, älter zu werden, weil ich dich aufwachsen sehen möchte. Vielleicht, wenn ich Glück habe, darf ich sogar sehr alt werden und eines Tages noch deine Kinder kennen lernen."
Der Zug des Lebens soll also weiterfahren! Jede Landschaft hat ihre Reize.

Sieglind Spieler Freiberg

Wunder des Lebens

Das Wasser siedet. Ich überbrühe mit diesem den Lindenblütentee in der Glaskanne, trage sie hinüber zum Zimmertisch auf dem die Tasse zum Trinken bereitsteht. Nachdem ich meinen Platz im Sessel wieder einnehme und mich des wärmenden Getränkes erfreue, verfolge ich die Fernsehsendung weiter und erfahre dabei: Fünf Wissenschaftler graben sich schon mehrere Wochen lang in einem Wüstengebiet an verschiedenen Punkten in tief ausgehobenen Gräben ins Erdreich ein. Und das, Schicht um Schicht. Bisher ohne Erfolg. Im Erdreich suchen sie nach Spuren, die Auskunft geben sollen wie das Leben zu uns auf die Erde kam. Mit der Zeit verstehe ich ihr Bemühen. Sie erhoffen sich Aufschluss über Meteoritenteile aus fernster Erdentstehungszeit zu finden, Beweisstücke, die in der Tiefe des Bodens ruhen und die bisher niemand fand. Meine Tasse ist leer. Während ich meine gläserne Kanne beim Eingießen schräg halte, bewegen sich die aufgequollenen Teeblüten an ihrem Grund. Ich finde der Tee riecht nach Sommer, nach des Honigs Süße und stelle mir vor wie an den Bäumen, die im Erdreich wurzeln, ihre feinen Lindenblüten duftend erblühen. Ich trinke wieder vom heißen Tee und sehe zum Bildschirm hin. Jetzt scheint es spannend zu werden. Einer der Grabenden muss fündig geworden sein. Aufgeregt fuchtelt er mit den Armen und ruft die anderen herbei. Jetzt hebt er einen dunklen Gegenstand auf. Ist in diesem vom Leben aus dem All etwas enthalten? Uraltes Leben, welcher Stern sandte es zur Erde? Der Fund muss erst untersucht werden. Man wird sehen. Ach so? Die Sendung ist an der Stelle, wo die Spannung beginnt, leider beendet. Wieder nehme ich des Tees feinen Geruch wahr. Ein Gedanke an den Lindenbaum, der dem Erdreich die Lebens- und Lockstoffe entnimmt, um in Blüte und Samen für sein Fortbestehen zu sorgen, bewegt mich. Nicht nur wir Menschen bedienen uns an seinen Blüten. Wie emsig summen die Bienen in seiner vollen Baumkrone. Für sie mag die Linde ein Universum unter dem blauen Sommerhimmel sein. Ich stehe auf, gehe in die Küche, nehme die Teedose vom Bord und öffne diese, nehme einige Lindenblüten heraus, lege sie in meinen Handteller um sie eingehend zu betrachten. Ganz versonnen denke ich: Aufbewahrtes, getrocknetes Leben. Und wie erstaunlich, die gleiche Lebensform finde ich jetzt vom heißen Wasser wiedererweckt im Teeaufguss, scheinbar aufgeblüht erkenne ich in der Glaskanne die feingliedrigen Blütenblätter und Staubgefäße. Mit Behagen nehme ich den Duft des Sommers wahr.

Liebe Kleinigkeiten

Nicht große Feste waren deinem Sinn,
so zwischendurch an Wochentagen
gabst du mir eine kleine Näscherei,
und freudig brachtest du mir eine Rose,
auch manchmal nur von unserm Gartenbeet,
dein Auge leuchtete dabei,
ich nahm die kleinen Dinge dankbar an,
so unerwartet eine Freude …
Denk' ich zurück –
an vielen Abenden sah ich dich kommen
mit einem strahlenden Gesicht
mich von der Arbeit abzuholen.

Der Abend wurde leicht
an deiner Hand.

Einmaligkeit

Kein Ei mag wohl
dem andern gleichen
und jeder Baum muss
eigne Blätter treiben.
Warum die Mühe der Natur?
Den Lebensbrunnen
lässt vielfältig Leben
stets unversiegbar sprudeln.

Wie deine Augen
einzigartig schauen,
die Form der Linien deiner Hand
so unverwechselbar gezogen.
Mich mag erschrecken,
die neue Technik
kann für ihre Zwecke
dein Einmalsein abgreifen.

Einmalig schön
empfind ich deine Liebe
und mein Gefühl
kann niemand messen,
für mich wirst du
das Schönste allzeit sein
und immer bleiben.

Kirschenkosten

Ein sonnig heißer Julitag
leuchtet aus unseren Tagen nach,
leuchtet mit reifen Kirschen am Baum,
ist heute nur noch ein glücklicher Traum
mit großen Kirschen wie dunkles Blut,
wie schmeckten die saftigen Früchte uns gut,
wie sehnten sie sich nach deinem Mund. –
Schenkte der Himmel noch einmal die Stund!

Sommerabend am Fenster

Der Himmel versteckte die Sterne
im blauen Ärmel der Nacht.
Falter um die Laterne schwirren
vom Lichtschein erwacht.
Es duften die Rosen, die roten,
am nächtlich heiteren Ort;
ein Hauch weht von der Tanne,
es blühet im Dunkeln fort.
Der Nachtwind spielt mit den Reben,
die Traube reift am Haus;
ich fühle die Pulse des Lebens,
der Sommer füllt mich aus.

Künstlergärten

Ein Atem aus Nähe
und unendlicher Weite.
Träume
hängen am Wege.
Ein steinern Antlitz
lächelt zufrieden.
Schwünge umrunden
Rabatten im Bogen,
den Sockel der Tänzer
am flüsternden
Brunnen,
die Glücklichen
raunen dir zu.
Kein Laut stört
schlanke Baumreihen.
Sie trennen oder geben
neue Blicke frei.
Kräfte
zum Nachdenken
wohnen in stillen Gärten.
Lichtwolken
schwimmen am Himmel,
Gedichtzeilen –
bis zum Horizont.

Jo Strauß — Berlin

Die alten Häuser

Er ging die leere Straße, hitzegleißend der Asphalt jetzt in der Mittagsglut dieses strahlend schönen Junitages, ziellos entlang. Das schnurgerade lange Band des grauen, jetzt fast weiß flirrenden Straßenbelages versank am Ende der Straße im Dunst dieser Mittagsglut wie in einer Fata Morgana, in der Dinge abgehoben und ihrer natürlichen Ebene beraubt zu sein schienen. Die fast unnatürliche Szenerie, noch unterstrichen durch die Unbeweglichkeit der Luft, die von keinem noch so zarten Windhauch bewegt wurde, war nicht geeignet, die Aufnahmefähigkeit seines Gehirns anzuregen, schaffte ihm im Gegenteil zunehmende Unlust, dieser Berliner Nebenstraße zu folgen, die er nicht kannte, von deren Eindrücken er sich jedoch Inspiration erhofft hatte.

Er hatte deshalb seine kühle Wohnung verlassen, um sich beim Vertreten der Beine nicht nur Bewegung zu verschaffen, sondern sein klimatisiertes Zuhause gegen eine äußere Atmosphäre einzutauschen, um in seinem abgekühlten Gehirn, wie er sich einredete, wieder das Feuer zu entfachen, das er brauchte, um neue Ideen zu entwickeln.

Dass sich um diese Zeit keine menschliche Seele auf der Straße aufhielt, störte ihn nicht. Ohne zwingende Not hätte auch er sein Reich nicht verlassen, aber die Unruhe in ihm, keine kreativen Gedanken zu finden, hatte ihn hinaus getrieben. Mit bleischweren Lidern über den nachlässig forschenden Augen musterte er die alten Fassaden der Häuser. In dieser Straße standen, soweit er sehen konnte, keine Bauten neueren Datums. Viele der niedrigen, meist zweistöckigen Häuser mussten über hundert Jahre alt sein. Auch der Zweite Weltkrieg hatte hier keine Schäden angerichtet. Die unübersehbaren Alterserscheinungen an den Fassaden hatten ihre Ursachen durchweg darin, dass niemand mehr in ihnen wohn-

te, der sich um ihre Erhaltung bemühte. Alle diese Häuser hatten die damals üblichen kleinen Vorgärten, durch kunstvoll verzierte schwarze Eisengitter von der Straße getrennt. Viele der Fassaden waren durch die Zeiten mit wild wucherndem Wein bewachsen, die Rollläden der Fenster herunter gelassen, die Haustüren fest verschlossen. Hier waren seit Jahrzehnten keine Menschen mehr hindurch gegangen, hatten sich keine Liebhaber der alten Baukunst mehr gefunden, in den festgefügten Mauern des neunzehnten Jahrhunderts zu leben. Er blieb vor einem dieser dunklen kleinen Häuser stehen, die nach damaliger Bauweise aus dunklen Backsteinen errichtet waren, gefügt und errichtet von soliden Handwerkern; Bauten für Generationen.
Vor über hundert Jahren dachte man noch anders über das Zusammenhalten der Generationen, jedes erbaute Haus berichtete vom Geist des Erhaltens der Familientraditionen, dachte und handelte in den Denkmustern der Vergangenheit; die Baustile der Häuser Analogien; Muster zu den Mustern in den Köpfen. Er war jetzt neugierig geworden. Langsam schlenderte er weiter, musterte die verschlossenen Häuser, herab gelassene Rollläden, das wuchernde hohe Unkraut in den Vorgärten hinter den Eisenzäunen. Er war fast erstaunt, als er ein parkendes Auto vor einem der nächsten Grundstücke sah. Hinter einem starken hölzernen Hoftor, das den Zugang zu einem Innenhof begrenzte, hörte er gedämpfte Musik, unterbrochen von einigen Hammerschlägen und dem Kreischen einer Säge. Den modernen Poprhythmen nach zu urteilen waren hier junge Leute am Wirken. Vielleicht Nachfahren der ehemaligen Besitzer? Oder Liebhaber des Alten, Gediegenen, Seriösen, die sich hier ein neues Heim errichteten, sozusagen auf historischem Grundstock neue Wohnideen mit einbrachten, Umbauten vornahmen, etwas Modernes im alten Gewande schufen?
Er nickte mit dem Kopf. Das war doch eine gute Idee. Es war ja sicher nicht mit einem Rückfall in rückständiges Denken verbunden, diesen Häusern ein neues Lebensrecht zu geben, nützlich zu sein, einer neuen jungen Generation zu dienen. Dafür wurden sie auch einst gebaut, wenn auch unter anderen Vorzeichen. Er schlen-

derte langsam weiter, schaute nach links und rechts, suchte weitere Lebenszeichen. Wenige Schritte weiter erkannte er geputzte Fenster, kleine Gardinchen, eine alte gebeugte Frau, die aus ihrem kleinen Vorgarten einige Rosen geschnitten hatte und nun wieder ins Haus trat. Sie hatte ihn nicht gesehen, ging langsam die wenigen Stufen hoch, zog bedächtig die Tür hinter sich zu.

Unweit vor ihm ertönte eine laute junge Stimme, die Stimme eines Mädchens. Sie führte über ihr Handy ein Gespräch und so tat es so laut, dass er mithören konnte, gegen seinen Willen und gegen seine Absicht. Sie war anscheinend erregt, denn obwohl ihr Ton laut klang, war er demütig und bittend. Langsam kam sie ihm entgegen. Sie war höchstens sechzehn Jahre alt, hatte ein blasses, schönes Gesicht, ihre Augen sahen ihn gar nicht, sie war mit ihren Gedanken ganz woanders. Je näher sie kam, desto deutlicher erkannte er die tiefen Augenringe und einige Tränen, die ihr die Wangen herab liefen.

Sie war jetzt an ihm vorbei und an ihren Augen hatte er erkannt, dass sie voller Unruhe war. Sie hatte zweimal ihren Namen genannt; Käthchen, ein durchaus ungewöhnlicher Name in dieser Zeit, in der die jungen Damen Jenny, Mary oder auch Anna hießen. Aber er hörte noch, dass sie laut rief: „Ich bin gleich bei dir!" und das hörte sich froh und glücklich an. Er sah ihr noch kurz nach, sah noch den Zipfel eines Kleidungsstückes durch die Hoftür zu dem Grundstück mit der Musik verschwinden.

Käthchen; unwillkürlich, wie Gedankenblitze eine Erinnerung in uns wecken, dachte er an das Käthchen von Heilbronn. Eine dramatische Liebesgeschichte, die aus der Feder Heinrich von Kleists stammte, der sie etwa 1807 geschrieben hatte.

Wahrscheinlich fiel ihm jetzt ein Vergleich dazu ein, weil das Mädchen blass war, weinte und er einen leichten süddeutschen Dialekt bei ihr zu hören glaubte.

Seine Gedanken waren durch die kurze Begegnung mit Käthchen angeregt. Die frohen Worte, die er von ihr noch gehört hatte, ehe sie den Hof dieses Hauses betrat, wiesen auf keine Parallelen zu dem Käthchen Kleists hin, der in seinem Drama einen wahrhaft fürchterlichen Schicksalsweg dieses Mädchens entworfen hatte, die in absoluter, höriger, unbeirrbarer Liebe zu einem Adligen entbrannt war und durch Kleists Erzählstil, die verwirrenden Handlungsabläufe und die Tragik der Zeit vor zweihundert Jahren, die gekennzeichnet war durch die Klassenvorurteile zwischen dem Adel und den einfachen Menschen aus dem Volk, sein gesellschaftskritisches Denken zur Grundlage der Handlungen gemacht hatte. Dass er sich dazu, um ein glückliches Ende dieser Liebe mit Hindernissen herbei zu führen, märchenhafter Einfälle bediente, wie des höchst glücklichen Umstandes, dass das Käthchen sich schlussendlich als Kaiserliche Tochter entpuppte und mancher anderen glücklichen Nebenumstände, konnte man durchaus als Ironie verstehen, weil solche Schicksalsfügungen natürlich nie vorkamen.

Aber warum beschäftigte er sich überhaupt mit diesem unglücklichen Dichter so intensiv, der vor zweihundert Jahren seinem Leben mit einem Schuss in den Kopf ein Ende setzte, nachdem er zuvor eine Freundin, die gemeinsam mit ihm sterben wollte, erschossen hatte. Heinrich war gerade vierunddreißig, die Freundin Ende Zwanzig. Beide starben nicht aus Liebeskummer, sie starben aus Verzweiflung daran, in ihrer Zeit nichts bewirken zu können. Eine Zeit, die geprägt war von den Rechten des Adels und dessen Willkür im Umgang mit dem Volk. Kleist und viele Andere hatten sich den geschriebenen und ungeschriebenen Gesetzen jener Zeit zu unterwerfen und viele, wie er, verzweifelten daran. Jene Zeit war voll von Versuchen, humanistischer, freiheitlich denkender Menschen, die eine neue Zeit herbei sehnten, nachdem in Frankreich erste Signale gesetzt worden waren. Aber es sollte noch Jahrzehnte dauern, ehe es in deutschen Landen zu offenen Revolten kam.

Mit den Gedanken an Käthchen und Kleist hatte er langsam den Rückweg angetreten. Noch immer war die Straße menschenleer, die trockene Glut der Sonne dörrte der Natur alle Kraft aus, die flirrende Hitze lag gleißend über der langen Straße, entzog die alten Häuser fast dem Blick. Am Holztor blieb er horchend stehen, vernahm kein Sägen und Hämmern, dafür ein frohes Lachen einer jungen Frau, in das ein junger Mann einstimmte. Diesem Käthchen hier und heute blieben, wie es aussah, alle Torturen des Kleistschen Käthchens erspart. Sie würde, vielleicht mit Kindern, die hier eines Tages Haus und Hof mit lautem Leben erfüllten, ein modernes Leben führen können, ein Leben, für das andere Generationen vor ihr, die noch in diesem alten Haus gewohnt hatten, viel gegeben hätten, aber als Kinder ihrer Zeit unerfüllt, und ohne ihre Träume je erfüllt zu sehen, in der Vergangenheit vergessen sind. Er wandte sich jetzt zügig dem Heimweg zu. Er hatte die Inspiration gefunden, die er suchte; sie war anders ausgefallen, als er es sich vorgestellt hatte, aber dafür sind Inspirationen auch nicht vor vorhersehbar; sie bleiben uns verborgen bis zu dem Zeitpunkt, wo sie unser Denken und Nachdenken erfüllen.

Juni 2011

Sigrid Uhlig   Dessau-Roßlau

Asylbewerber im eigenen Land

Eine Epidemie war ausgebrochen. Alle deutschen Kinder innerhalb des europäischen Raumes starben im Alter zwischen zehn und fünfzehn Jahren ohne ersichtlichen Grund. So ging diese Krankheit als „German Kids Killer" in die Geschichte ein. Die Ärzte rauften sich die Haare wegen ihrer Ohnmacht. In- und ausländische Wissenschaftler stürzten sich, Bienenschwärmen gleich, auf dieses Phänomen, ohne des Rätsels Lösung jemals gefunden zu haben. Viele junge Frauen weigerten sich, Kinder zu bekommen. Panikartig wurde Deutschland und Europa verlassen. Kanada, die USA und der Staatenbund Russlands stellten autonome Gebiete für die Deutschen zur Verfügung.
So gab es im Juli des Jahres 2169 nur noch eine einzige Familie mit einem Sohn von neun Jahren in ganz Europa. Sie wohnten im Raketenstädtchen. Dieser Ort trug den Namen zu recht. Am Rande einer Großstadt in Mitteldeutschland gab es einige Häuser, die wie Raketen aussahen. Sie wurden von künstlichen Satelliten und Sternen umkreist, und wenn diese nachts die Beleuchtung übernahmen, träumten sich ihre Bewohner in die Weiten des Universums.

Familie Hansen hatte für die Schönheit der Umgebung keinen Sinn. Um den Wohnzimmertisch saßen vier Personen; Maria Hansen, daneben Enkel Michael, ihr genau gegenüber der Sohn Jürgen und neben ihm die Schwiegertochter Felizitas. Frau Hansen war trotz ihres Alters von 65 Jahren eine elegante Erscheinung. Bemerkenswert waren ihre großen blau-grauen Augen, denen nichts zu entgehen schien. Jürgen war vierzig Jahre alt, 1,80 m groß und wegen seiner dunklen Naturlockenpracht von den Frauen beneidet. Felizitas war fünfunddreißig, sah aber bedeutend jünger aus. Mittelpunkt der Familie war Michael, ein aufgeweckter Junge, dessen Tatendrang kaum zu bremsen war.

Die Eltern wollten mit Michael nach Amerika ziehen, in eine Stadt, die Neu-Potsdam hieß. Eine Wohnung und Arbeit waren bereits sicher. Gleichsam wollten sie die Überfahrt als Urlaub nutzen und hatten eine Schiffspassage gebucht. Nun redete Jürgen auf seine Mutter ein, mitzugehen. Doch die alte Dame ließ sich nicht erweichen. Da schlang Michael die Arme um ihren Hals und schmiegte seinen Kopf an ihr Gesicht. „Oma, so lange ich denken kann, warst du immer bei uns. Warum kommst du nicht mit. Hast du mich nicht mehr lieb?" Mit der einen Hand drückte sie den Jungen fest an sich, während sie mit der anderen liebkosend über seinen Kopf strich. Ihr Gesicht war aschfahl geworden.
„Eigentlich wollte ich es euch erst sagen, wenn ihr gut in Amerika angekommen seid. Aber nun muss es wohl sein. Lange habe ich nicht mehr zu leben. Ich habe Krebs, eine Art, die bis jetzt nicht heilbar ist."
Bestürzt sahen sich alle an. Felizitas unterdrückte die Tränen.
„Aber Mama, gerade deshalb kannst du nicht allein bleiben."

„Ach, Kinder, nun macht es mir nicht noch schwerer, als es ohnehin ist. Gönnt mir doch, neben meinem Mann in deutscher Erde begraben zu werden. Es ist alles geklärt. Akim ist informiert. Zu meiner Beerdigung kommt bitte nicht. Das Wichtigste ist Michis Schutz. Zu gegebener Zeit wird er schon wissen, was er zu tun hat."

Die nächsten Tage waren angefüllt mit Reisevorbereitungen. Nun saßen sie zur letzten gemeinsamen Mahlzeit beisammen. Ihre Kehlen waren zugeschnürt, die Herzen krampften sich vor Schmerz zusammen. Die Speisen wurden nicht angerührt. Felizitas und Jürgen rührten so lange in ihren Kaffeetassen, bis dieses Geräusch selbst Michael als störend empfand. „Wenn ihr noch weiter rührt, habt ihr keinen Boden mehr in den Tassen", maulte er.

Michael hatte noch nicht ganz ausgesprochen, als es klingelte. Akim erschien mit seiner Tochter und Michaels Spielgefährtin Adina. Das Mädchen überraschte Michael mit der Nachricht, dass sie bis zum Hamburger Hafen mitfliegen würde. Akim hatte die Situation unter den Erwachsenen erfasst und drängte zum Aufbruch. Er selbst war Inder. Seine Familie lebte schon seit mehreren Generationen in Deutschland. Ihm gehörte eines von den Raketenhäusern, in dem unter anderem die Familie Hansen wohnte. Das Gefühl für die Großfamilie hatte er sich bewahrt, und ihm selbst war, als würde er mit den Hansens einen Teil seiner eigenen Familie verlieren. Deshalb veranstaltete er mit den Kindern einen Wettlauf zum Dachgarten des Hauses. Energisch schob Akim Michael und seine Eltern in den Airgleiter, und bevor noch jemand richtig zur Besinnung kam, sah ihn Maria als Silberstreifen am Himmel entschwinden.

Bedächtig stieg sie die Treppen nach unten in ihre Wohnung. Gleich würden zwei Kinder im Alter von drei Jahren kommen und bald klang es durch die Wohnung:
„Oma, gibst du mir bitte was zu trinken?"
„Oma, erzählst du uns eine Geschichte?"
„Oma, wir wollen spazieren gehen."
Für alle Kinder im Haus war Maria die Oma.

Zwei Wochen waren vergangen. Maria hatte gerade den Telefonhörer aufgelegt. Michael hatte ihr ganz stolz berichtet, dass er schon jeden Winkel des Schiffes kannte. „Das ist typisch für Michi", dachte sie liebevoll.

Es läutete. Akim würde sicher sein Söhnchen bringen. Sie öffnete. Zwei junge, unbekannte Männer standen vor der Tür. Bevor sie nach deren Begehr fragen konnte, wurde sie unsanft in die Wohnung geschoben und gegen die Wand gedrückt. Die Tür wurde zugeknallt. Erstaunt betrachtete Maria die beiden – etwa zwanzig Jahre alt, 1,70 m groß, athletisch-schlanke Gestalten, blau-schwarze Haare, südlicher Einschlag.
Maria stand immer noch an der Wand, die beiden Fremden zwei Schritte entfernt und betrachteten sie widerlich grinsend.

„Schau mal, was sie für schöne blonde Haare und blaue Augen hat, ganz echt arisch. Hitler hätte seine Freude an der deutschen Omi." Der andere begnügte sich mit einem gekünsteltem lautem Lachen.

„Hör mal, Omi, warum schreist du nicht um Hilfe? Dann können wir auch gleich deinen deutschfreundlichen Akim mit seiner Brut erledigen, ist sozusagen eine Abwäsche. Und damit du es ganz genau weißt, wenn wir dich erschlagen haben, wie einen tollwütigen Hund, dann werden wir beide dafür sorgen, dass die deutsche Sprache als Amtssprache aus diesem Land verschwindet. Du sollst eine schöne Stimme haben, also, mach schon und singe für uns das Heideröslein."

Auf Marias Gesicht erschien ein glückliches Lächeln. Ihre Kinder waren in Sicherheit und ob sie heute, in einer Woche oder in sechs Monaten starb, was machte das schon aus? Die Hauptsache, Akim blieb mit seinem Sohn von dem Überfall verschont.

Das Lächeln irritierte die Männer für einige Augenblicke. Doch dann wurde der Wortführer zusehends wütender. Mit derber Hand griff er in Marias Haare und schlug ihren Kopf mit voller Wucht gegen die Wand. „Singe, los alte Hexe, singen sollst du." Nicht ein Laut des Schmerzes kam über ihre Lippen. Sie lächelte immer noch. „Es wird dein letztes Lächeln sein", sagte er hasserfüllt und schlug auf Marias schlanke Gestalt ein bis sie zu Boden glitt. Der andere stand mit den Händen in den Hosentaschen daneben. Auf seinem Gesicht lag tief eingegerbt immer noch dieses widerliche Grinsen.

Wieder ertönte die Klingel. Maria nahm alle Kraft zusammen. „Akim, ein Überfall." Erst im Krankenwagen kam sie für kurze Zeit zu sich. Fürsorglich tupfte ihr Akim den Schweiß von der Stirn. „Die Verbrecher sind schon bei der Polizei. Gnade Gott, wenn sich herausstellt, dass der Sicherheitsdienst geschlafen hat."

„Grüße bitte meine Kinder – und sei menschlich zu deinem Per - so - nal."

Anstatt eines Grabsteines hatte Akim ein schlichtes Denkmal errichten lassen, in dessen Mitte der Kopf Marias eingemeißelt war. Ganz gleich, wo man stand, immer war das Gefühl da, das Marias Augen einem bis in die tiefsten Tiefen der Seele sahen.

Das Schicksal dieser tapferen Frau wurde weltweit bekannt. Maria Hansen wurde zur Märtyrerin erklärt. Das Denkmal wurde zum Wallfahrtsort. Nur die im Ausland lebenden Deutschen blieben fern.

Seit Marias Tod waren fünfundzwanzig Jahre vergangen. So wie mit den Jahren der Schrecken der deutschen Kinderkrankheit wich, so wuchs in gleichem Maße bei den Älteren das Heimweh und bei der Jugend die Neugier auf das unbekannte Land. Einige ganz wagemutige Jungen von fünfzehn Jahren nahmen an einer Urlaubsreise nach Paris teil. Hinterher steckten sie die Behörden in eine Quarantänestation. Nichts geschah. Das machte Mut. Von Jahr zu Jahr wurden es mehr deutsche Touristen, die in den europäischen Raum einreisten, bis sie eines Tages ihre Füße zaghaft wieder auf deutschen Boden setzten. Erneut begann ein argwöhnisches beobachten. Aber die Epidemie schien endgültig der Vergangenheit anzugehören.

„Adina, würdest du mich bitte zum Friedhof begleiten?"
„Aber Papa, er wird doch gleich geschlossen!"
„Ja, mein Kind, gerade deshalb. Heute ist Marias 30. Todestag. Jetzt sind wenigstens die Touristen weg."

Als sie in Sichtweite des Denkmales kamen, blieben sie fasziniert stehen. Ein Mann, ziemlich groß, mit dunklem lockigem Haar hatte einen Kranz gebracht und kniete demütig nieder. Er verharrte ziemlich lange in dieser Stellung. Neben ihm stand ein etwa zehn Jahre alter Junge. Schließlich erhob er sich und schlug mit dem Sohn den Weg zum Ausgang ein, als er die beiden Personen bemerkte. Jedem eine Hand hinhaltend, begrüßte er beide gleichzeitig.

„Die Überraschung ist euch gelungen." Adina schaute von einem zum anderen. „Mal was Neues", schmunzelte Michael. „Sonst seid ihr zu uns gekommen."

„Prosit Neujahr, auf ein Glückliches Neues Jahr." Das melodische Klingen der Gläser mischte sich mit der Freude der vier Erwachsenen, wieder in der Heimat zu sein. Mochte der Teufel wissen, wie es Akim angestellt hatte, ihnen ihre ehemalige Wohnung wiederzugeben.

Michael hatte das Vermächtnis seiner Großmutter erfüllt. Er war mit seinen Eltern, seiner Frau und den beiden Kindern Sören und Maria heimgekehrt.

Große Schneeflocken schwebten sanft zur Erde. Von Fern und Nah begannen die Kirchenglocken zu läuten und verliehen dem Augenblick etwas Feierliches. Noch bevor das traditionelle Feuerwerk begann, klingelte es. Akim und Adina mit ihren Familien wünschten den Heimkehrern ein „Gutes Jahr 2200."

Während des allgemeinen Trubels nahm Akim Michael zur Seite. „Was glaubst du, werden deine Landsleute wie Heuschreckenschwärme über Deutschland herfallen?"
„Würdest du wieder nach Indien gehen?", fragte Michael.
„Nein, Deutschland ist für mich zur Heimat geworden."
„Viele meiner Landsleute denken wie du. Trotzdem werden es mehrere Hunderttausend sein, die zurück möchten. Da werden sich die Regierungen schnell etwas einfallen lassen müssen, denn wir können nicht Asylbewerber im eigenen Land sein."

Kiril Wasow   Halsbrücke

Wenn die Wirklichkeit keine Form hat
ohne Namen ist
nicht fassbar, lautlos
einfach nur das Dasein.

Die Gedanken kommen und
ich lasse sie weiter ziehen
ohne sie zu bewerten.

Der König der Komödianten
schenkt Göttertrank
den tanzenden Vagabunden
vor den Toren der Stadt

Bettler entscheiden
zwischen Brokat und Siegel
Mätressen bewundern
die Aufmerksamkeit
der betörenden Welt

Der Zirkus suggeriert:
Langeweile ausgeschlossen

Paradies im Herbst

Blätter dem Wind versprochen
mit segelnden Begegnungen
soweit er sie trägt

Sie singen einen bunten Reigen
tragen Erlebtes
übers Stoppelfeld

In dieser Zeit
ist der Duft der Blüten verschwunden
das Leben in anderen Bahnen
metamorph

Auf dem Stoppelfeld ein Rabe
krächzt

Hälfte des Lebens

Nur nicht heute   tu ich es
denken   warten   vorsätzlich;
Aufgaben entledigen
Ziele aus den Augen
verloren

für nachhaltige Kündigung
ist Anmeldung
unbedingt erforderlich;
am Vorabend gestrandet
tu ich erst mal nichts

schlafsandverklebt
liegt die Nacht
wie ein dickes Kissen
zwischen der Idee
und ihrer Ausführung

im sicheren Hafen
Zeit meines Lebens
ein bittersüßes Geheimnis bewahrt;
da wo das Glück wohnt
gibt es keine Zeit für Wunder

dennoch bleibe ich
und schreibe morgen wieder

Susanne Wasowa Halsbrücke

Feiertag im Eigenheim
sie hat die ganze Familie
in Ordnern abgeheftet

Kleine Rauchfähnchen
über den Köpfen
Kaffeeklatsch

Auf dem Bahnsteig wartende Mädchen
ihre Koffer werden mit der Zeit gefüllt

Frühlingsblick

Sonnenwarm
die Knospen sprießen
Vögel zwitschern
Bäume blühen
Ende März

Sommergelb

Strahlen in Öl
auf leuchtroten Flächen
brechen blausilbriges Wasser
die dufterfüllte Luft
lässt Schmetterlinge
einen Reigen tanzen

Herbstmelancholie

rauschend tanzen
bunte Blätter
streicheln zarte Äste
schweben und fallen
ins feuchte Gras.

Monika Wichmann — Dessau-Roßlau

Wenn man das böse Wesen bekommt

In meiner Kindheit hörte ich oft, dass meine Mutter sagte: „Da kann man ja das böse Wesen bekommen." Wie war das, wenn man es bekam? Das machte mich schon sehr neugierig.
Ida Müller, die ich Tante Ida nannte, weil sie, so glaube ich jedenfalls, um drei Ecken mit uns verwandt war, bekam einmal das böse Wesen. Die Geschichte war so:
Im Herbst, wenn die Bauern die Kartoffeln geerntet hatten, wurden diese in die große Scheune geschüttet, wo sie außerhalb der arbeitsintensiven Erntezeit von den Frauen aus der Nachbarschaft ausgelesen und sortiert wurden.
Dabei knieten die Frauen auf alten Pferdedecken und Kissen vor dem großen Kartoffelhaufen und sortierten die Kartoffeln in Saatkartoffeln für das neue Kartoffeljahr, in Einkellerungskartoffeln zum Essen für den langen Winter und in „Schwinskartoffeln" für das Vieh. Dies waren hauptsächlich die ganz kleinen und zerquetschten Kartoffeln, die der Großvater an die Schweine und die anderen Haustiere verfütterte.
Ich erinnere mich, dass mein Opa jeden Tag einen großen Topf solcher „Schwinskartoffeln" auf dem Kohleofen in der Waschküche kochte. Wenn sie gar waren, dann trug er sie, ein altes Handtuch über den Deckel und die Griffe gelegt, auf den Hof hinaus und schüttete das kochende Wasser vor dem Misthaufen ab. Anschließend kamen sie in die Kartoffelquetsche, wo ich sie durchleiern durfte.
Diese Arbeit machte ich oft und auch sehr gern, denn da konnte ich meinen Magen so richtig mit den heißen Kartoffeln vollschlagen. Ich suchte mir dir schönsten heraus, pellte sie geschickt ab, in dem ich ständig pustete und die Kartoffel von einer Hand in die andere gleiten ließ. Anschließend bestreute ich sie mit Salz und verzehr-

te sie genüsslich. Manchmal gab mir mein Opa auch ein bisschen Fett oder Butter, dann halbierte ich die Kartoffel und gab erst Salz und dann das Fett darauf. Da war aber eiliges Essen angesagt, denn das Fett machte auf der heißen Kartoffel eine schnelle Rutschpartie und landete nicht selten auf dem Fußboden oder auf meinem Pullover.

Für mich war das immer ein wahres Festessen, wo ich doch ständig Hunger hatte. Tja, nun aber zurück zur Scheune und den fleißigen Kartoffelsortiererinnen.

Jeden Tag kamen sie in der Scheune zusammen, um die aufgeschütteten Kartoffeln auszulesen. Bei dieser Arbeit hatten sie endlich einmal Gelegenheit, sich den neuesten Dorftratsch zu erzählen und auch gehörig über die Leute herzuziehen, zu lästern und natürlich auch zu lachen. Jede der Frauen wusste etwas Wichtiges, Geheimnisvolles und Interessantes zu erzählen. Meine Tante Ida war auch immer dabei.

Mitten in einer solchen Erzählung sprang die Tante auf und rannte, wie von einer Tarantel gestochen, in der Scheune herum. Sie schrie laut und riss sich dabei die dicke Wattejacke, die Weste, den Pullover und sogar das Unterhemd vom Leibe.

Alle Frauen starrten sie entgeistert an. Einige rannten zu ihr um zu helfen. – Doch es war keine Hilfe mehr notwendig. Beim Ausziehen ihres Hemdes sprang ganz erschrocken eine kleine graue Maus heraus.

Sie hatte sich wohl in den alten Decken oder unter den Kartoffeln versteckt, um sich ein warmes Plätzchen zu suchen. Dabei war sie der armen Ida in die Wäsche gekrabbelt. Das Geschrei der „Wiewer" war groß. Eilig kam der Opa angerannt. Er sah mit großen Augen die halbbekleidete Ida herumspringen und staunte nicht schlecht.

Die verwirrte Tante musste nun getröstet werden, denn sie hatte das „böse Wesen" bekommen. Das heißt, sie wäre vor Schreck bald verrückt geworden.

Meine Konfirmation

Jede Woche kam die Frau des Pastors in unsere Klasse und unterrichtete die evangelischen Kinder in der Christlichen Lehre.
Die Zeit der Religionsstunden ging nun zu Ende. Ich konnte es kaum erwarten, denn dieser Unterricht machte mir keinen Spaß. Es war langweilig und immer sehr laut. Ab der 8. Klasse übernahm der Pfarrer selbst den Unterricht und bereitete die Vierzehnjährigen auf die Konfirmation vor. Eine Woche vor Palmsonntag mussten alle Konfirmanden eine Prüfung vor der Kirchengemeinde ablegen.
Die Eltern saßen in den Kirchenbänken und hofften, dass ihre Sprösslinge die Fragen beantworten können. Nach dieser überstandenen Aufregung stand der Konfirmation nun nichts mehr im Wege. Gemeinsam machten wir die Kirche sauber und schmückten sie mit Tannengrün und Blumen aus unseren Gärten.
Die kleine Kirche in unserem Dorf ist über 300 Jahre alt. Im Inneren befinden sich einmalige Wand- und Deckengemälde, eine wertvolle Orgel und ein sehr schöner Altar. Die Ruhe und der Frieden in dem alten Gemäuer haben mich als Kind immer sehr beeindruckt.

Am Tag der Einsegnung wurde der Weg vom Haus eines jeden Konfirmanden bis zu dem des anderen mit kleingeschnittenem Fichtengrün bestreut. So ging das bis zur Kirche und dann bis zum Altar. Links und rechts neben dem Altar standen antike hochlehnige Stühle. Auf der linken Seite saßen die Mädchen und auf der rechten die Jungen. Die Konfirmation war in unserem Dorf ein großer Höhepunkt. Schon Wochen vorher begann man mit den Vorbereitungen.
Es war Tradition, dass die Mädchen für diesen Ehrentag drei neue Kleider geschneidert bekamen. Das erste Kleid brauchte man für die Prüfung. Das zweite Kleid, ein schwarzes, zur Einsegnung. Das dritte Kleid war für die Feierlichkeiten am Abend bestimmt. Für meine Mutter war das ein großes Problem, denn sie konnte mir niemals drei neue Kleider nähen lassen. Dazu hatten wir kein Geld. So

bekam ich ein Kleid zur Prüfung, das hat sich selbst genäht. Dieses war dann auch mein drittes Kleid. Zur Einsegnung musste ich das Kleid meiner Schwester anziehen, das sie vor drei Jahren zu ihrer Konfirmation getragen hatte.
Dieses Schwarze mit dem weißen Spitzenkragen und den weißen Aufschlägen an den Ärmeln hing fein säuberlich auf einem Bügel. Als es nun so weit war, es anzuziehen, begann ein verzweifelter Kampf. Das Kleid passte mir nicht. Es war zu eng. Ich hatte wohl in den letzten Monaten zugenommen. Was nun? Panik war angesagt. Doch meine Mutter war eine schlaue Frau. Sie wusste sich immer zu helfen. Sie trennte das Kleid an der linken Seitennaht auf und zog es mir über den Kopf. Nun nähte sie es an mir wieder zusammen. Dabei musste ich den Bauch tüchtig einziehen und nur ganz kleine Atemzüge machen.
„So", sagte meine Mutter, „den Bauch musst du eingezogen lassen und du darfst nicht zu tief Luft holen, sonst platzt alles wieder auf."

Meine Schwestern fanden, ich sähe gut aus und ich gefiel mir ja auch, als ich in den Spiegel schaute. --- Nur das A t m e n, das war nicht einfach. Kerzengerade ging ich auf dem mit Fichtengrün bestreuten Weg zur Kirche. In der Hand trug ich das Gesangbuch meiner verstorbenen Großmutter, auf dem ein feines weißes Spitzentaschentuch lag.
Vor dem Pfarrhaus trafen sich die Konfirmanden. Als die Kirchenglocken anfingen zu läuten, gingen wir zusammen mit dem Pfarrer langsam und feierlich zur Kirche. Beim Eintritt begann die Orgel zu spielen und die Eltern und Verwandten standen von ihren Plätzen auf. Nachdem das Orgelspiel beendet war, setzten wir uns auf die hochlehnigen Stühle und lauschten andächtig den Worten des Pfarrers. Er sprach zu den Konfirmanden und auch zu den Eltern. In der kleinen Kirche war eine sehr feierliche Stimmung. Jeder Konfirmand wurde nun aufgerufen. Er ging zum Altar und erhielt den Segen. Dabei kniete er auf der oberen Altarstufe nieder und der Pfarrer legte ihm die Hand auf den Kopf. Alle Jugendlichen erhielten einen persönlichen Bibelspruch überreicht. Als ich mit ein-

gezogenem Bauch und kurzatmig vor dem Altar kniete, da geschah es. Die Naht an meinem Kleid knackte kurz, sie begann sich selbstständig zu machen. Ganz fest presste ich meinen linken Arm an die Rippen, um ein weiteres Einreißen zu verhindern. So nahm ich meinen Bibelspruch entgegen und ging zu meinem Platz zurück.

Mein Spruch lautete:
„Ich will mit dir sein. Ich will dich nicht verlassen,
noch von dir weichen, so spricht der Herr.
Sei getrost und unverzagt!"

Meine Mutter hatte das Malheur mitbekommen. Sie schaute mich fest an. In ihren Augen konnte ich lesen: Halt aus Monika, es ist gleich alles vorbei.
Nun waren wir vollwertige Mitglieder in der Kirchengemeinde und durften am Abendmahl teilnehmen. Nach der Feierstunde ging ich zusammen mit meiner Mutter, meinen Geschwistern und unseren Gästen nach Hause. Endlich konnte ich das schwarze Gewand ausziehen und wieder tief durchatmen. Das war eine große Erlösung.
Gemeinsam tranken wir Kaffee und aßen den herrlichen selbstgebackenen Kuchen. Die Konfirmanden trafen sich nach dem Kaffeetrinken und dann noch einmal nach dem Abendbrot zu einem Spaziergang durch das Dorf.
Meine Konfirmation war nun vorbei. Sie war für mich ein bedeutsames Erlebnis. Ich denke aber auch an die ausgestandenen Ängste zurück.

Der Moorträger

Vor vielen Jahren war ich in Bad Schmiedeberg zur Kur. Sie sollte mir helfen, meine Schmerzen in den Gelenken erträglicher zu machen.
Die Behandlungen waren gut und vor allem war das Personal sehr freundlich. Die Moorbehandlungen standen immer an erster Stelle. Ich bekam Moorbäder und -packungen im Wechsel. Der heilsame Schlamm wurde in der Moorküche vorbereitet. Diese Aufgabe erledigte der „Moorträger". Wir nannten ihn so, weil wir ihn täglich mit seinem kleinen Tafelwagen von der Moorküche durch den Flur zum Behandlungsraum fahren sahen.
Er war nicht groß, ein kleines Männchen mit vielen Runzeln im Gesicht und großen Ohren, einer Stupsnase und kleinen Äugelchen. Auf dem Kopf trug er eine Schirmmütze, die vom vielen Anfassen am Schild vorne glänzte. Zum Schutz seiner Kleidung trug er einen dunkelblauen Kittel. Sein Rücken war von der schweren Arbeit gebeugt.

Der Transport des frischen und das Wegbringen des benutzten Moores – das lief reibungslos ab. Alles wäre daher normal gewesen, doch die Sache hatte einen Haken. Denn genau in diesem engen Flur, wo der kleine Mann mit seiner Karre vorbeikam, mussten wir Frauen uns umziehen. Es gab damals keine Kabinen und so zogen wir uns splitternackt aus und huschten in den Raum, wo die Badefrau schon auf uns wartete.

Ohne das wertvolle heiße Moor ging nichts. Der Moorträger brachte es. Als er kam, bedeckten wir Frauen verschämt unsere Brüste mit den Armen und drehten ihm den Rücken zu. Er war schließlich und endlich ein Mann!
Als die Badefrau das sah, lachte sie laut und sagte: „Hört mal Mädels, vor dem braucht ihr euch nicht zu schämen, der ist blind!"

Unbeeindruckt von diesem Geschwätz um ihn herum schüttete unser Freund auf jede Pritsche einen Eimer mit heißem Moor. Dann

verschwand er wieder mit seinem kleinen Wagen, auf dem die leeren Eimer schepperten. Wir wurden nun mit vielen Scherzen von der Badefrau an den verschiedensten Stellen unseres Körpers mit der schwarzen Heilerde eingepappt. Sie fragte auch:
„Na, meine Kleene, wo tut's denn noch weh?" Und wo wir noch Beschwerden hatten, da pappte sie noch etwas hin. Resolut wickelte sie uns dann in Folie und warme Decken ein. Da sah man aus wie eine Mumie. 20 Minuten mussten wir nun ruhen und tüchtig schwitzen. Ab und zu kam sie vorbei und wischte uns den Schweiß von der Stirn, der durch die Hitze der Moorpackung nur so über das Gesicht lief.
Wenn unsere Zeit um war, schabte die Badefrau das Moor vom Körper ab und husch ging es unter die Dusche.
Doch, da stand er schon wieder mit seinen schweren Eimern und ging der Badefrau zur Hand.
Als ich später das Badehaus verließ, sah ich unseren blinden Moorträger. Er saß auf der Bank und las Zeitung.

Er mag ja „blind" gewesen sein, aber ich glaube, er hatte seinen Spaß dabei!

Zu den Autorinnen und Autoren

ADLER, BARBARA

Mein langjähriger Wohnort ist Chemnitz. Ich wurde 1925 geboren, mein erstes Gedicht allerdings erst, als ich bereits 49 Jahre alt war. Innere Erlebnisse wollten eine Stimme erhalten. Das Schreiben hat mir geholfen, Schweres zu verarbeiten, aber auch das, was meine Seele erfreute, lebendig zu erhalten. Auch das Nachdenken über unser Dasein als Menschen wurde so intensiver und präziser. Kleine Ergänzung des Herausgebers: Barbara Adler hat im Selbstverlag ein Büchlein unter dem Titel „Es muss nicht eine Rose sein ..." herausgebracht und ist seit vielen Jahren aktives Mitglied eines Chemnitzer Lesekreises.

ALBRECHT, MATTHIAS

wurde 1961 in Leipzig geboren. Ab 1978 als Bühnentechniker an den Städtischen Theatern Leipzig beschäftigt, wechselte er 1983 zum Untersuchungshaftvollzug und wurde zu Beginn der neunziger Jahre in das Beamtenverhältnis auf Lebenszeit übernommen. In seiner Freizeit widmete er sich unter anderem der Ölmalerei und stand dem Studentenfilmstudio einer Leipziger Universität eine Zeit lang als Kameramann und Schnitt-Techniker zur Verfügung. Erst die politische Wende ermöglichte es ihm, der Leidenschaft – seinen Gedanken in prosaischer und belletristischer Form Ausdruck zu verleihen – nachgehen zu können, ohne das Damoklesschwert der Zensur fürchten zu müssen. Matthias Albrecht hat seit dem Jahr 2006 fünf Publikationen veröffentlicht und ist Mitglied im Freien Deutschen Autorenverband (FDA) – Landesverband Sachsen.

BATEREAU, THEKLA

Jahrgang 1947, Abitur, nach Ausbildung zur medizinisch-technischen Radiologieassistentin Abschluss als Diplom-Medizin-Pädagogin an der Humboldt-Universität zu Berlin, Abschluss als Krankenschwester, Tätigkeiten in leitender Funktion in Aus-, Weiter- und Fortbildung in Sachsen-Anhalt, Baden-Württemberg, Hessen und Niedersachsen. Seit 2005 freiberuflich tätig als Konflikt- und Krisenmanagerin/Organisationsberaterin, geschieden, ein Sohn, Hobbys: Schreiben von Kurzgeschichten seit 1995, Veröffentlichungen über Edition Freiberg Dresden und Projekte-Verlag Halle, Malen, Fotografieren, irisches Stepptanzen.

BIERAWSKI, RUTH

Ich lebe in einem idyllischen Dorf bei Eisenach, bin verheiratet und im „unruhigen Ruhestand". Ich habe die Fächer Deutsch und Kunst studiert und war viele Jahre als Lehrerin tätig. Seit über 20 Jahren beschäftige ich mich schreibend mit Lyrik und Prosa. Bisher existieren vier Gedichtbände und ein Prosaband von mir. Der Prosaband „Eine Liebe über Grenzen – eine grenzenlose Liebe?" (Erzählungen und Kurzgeschichten) ist im Mai 2010 im Projekte Verlag Cornelius in Halle an der Saale erschienen. Ich bin Mitglied des Verbandes Freier Deutscher Autoren.

CHEEMA, REGINA

Ich, Regina Cheema, wurde 1970 in Dresden geboren. Nach erfolgreichem Abschluss der 10. Klasse machte ich meinen Facharbeiter im VEB Herrenmode Dresden. Ich bin berufstätig und Mutter von zwei Kindern. Von früher Jugend an galt mein Interesse der Literatur. Seit vielen Jahren schreibe ich Gedichte, die mir immer halfen, einige Dinge in meinem Leben klarer zu sehen. Ich freue mich sehr, in dieser Anthologie einige davon veröffentlichen zu dürfen. Ein großes Dankeschön sage ich dem Verleger Heinz Freiberg, der mir dies ermöglichte.

CROSTEWITZ, HANNELORE

Wenn Sie wissen möchten, wer ich bin, können Sie entweder
- das aus meinen literarischen Veröffentlichungen – Prosa und Lyrik – erlesen oder
- sich von mir Texte erstellen lassen oder
- individuell mit mir arbeiten, indem ich Ihren Text lektoriere oder
- die Leiterin der Textwerkstatt DIALOG e.V. aufsuchen oder
- der Moderatorin begegnen

Man kann allerdings auch
- bei meinen zwei Söhnen nachfragen
- auf die ehemalige Schauwerbegestalterin zurückgreifen
- in 04420 Markranstädt, Am Bogen 9 b, anklopfen

DARSEN, REINA

Jahrgang 1935, ledig, einen Sohn. Sie war beruflich u. a. als Fräser (Zerspaner) und Ingenieur für Werkstofftechnik in Kraftwerken tätig. Seit 1990 im Vorruhestand. Von 1995 bis 2005 ehrenamtliche Tätigkeit in der Interessenvereinigung für Jugendweihe e.V. Danach hat sie mit dem Schreiben begonnen und bisher große Teile einer stark autobiografischen Familiensaga zu Papier gebracht. Gegenwärtig schreibt sie Kurzgeschichten und Gedichte über das Leben sowie Essays und Satiren. Seit Oktober 2005 ist sie Mitglied des Freien Deutschen Autorenverbandes, Landesverband Sachsen-Anhalt. Veröffentlichungen: Zwei Essays und eine Satire in der Anthologie: „Die Gedanken sind frei" sowie zwei Kurzgeschichten in der Anthologie „Man braucht nur eine Insel" bei der Edition Freiberg in Dresden.

DEISSNER, WILMA

Geboren in Golpa bei Gräfenhainichen · Gelernte Stenotypistin · War als Stadtgeschichtliche Mitarbeiterin in Gräfenhainichen für die Aufarbeitung und das Erbe Paul Gerhardts tätig · Hat Paul

Gerhardt deutschland-, europa- und weltweit bekannt gemacht, Broschüren, Aufsätze sowie CDs und DVDs über die Stadt Gräfenhainichen und ihren großen Sohn erarbeitet und herausgegeben · Gründete 2003 den Paul-Gerhardt-Freundeskreis und hat seitdem den Vorsitz inne · Sie ist seit 2004 in der 3. Wahlperiode als Stadträtin und seit April 2011 als Ortschaftsrätin tätig · Seit 2005 ist sie Mitglied im Zirkel „Pegasus" unter Leitung von Otto Hildebrandt · Die erste Kurzgeschichte schrieb sie im Mai 2009 unter dem Titel „Der grüne Käfer" · Erhielt 2010 den „Wanderuhu" für den besten Beitrag in der Zeitschrift „Ferienland Dübener Heide" und gehört seit 2011 der AG „Straße der deutschen Sprache" – Neue Fruchtbringende Gesellschaft e.V. an

DEUCHLER, RITA

Geboren am 3. Oktober 1954 im Frühaufsteherland Sachsen-Anhalt. Begonnen hat alles 1998 mit einem Dankeschön-Gedicht für eine Unbekannte während einer Kur. Erst fünf Jahre später begann ich intensiv zu schreiben, denn ich wurde Mitglied im Verein „Lyrikfreunde" e.V. Inzwischen habe ich 2009 und 2010 im Selbstverlag zwei Jahreskalender mit Gedichten von mir veröffentlicht. Einige Gedichte erschienen auch in den Anthologien „Die Gedanken sind frei" und „Man braucht nur eine Insel" der Edition Freiberg in den Jahren 2009 und 2010. Im vergangenen Jahr wurde ich Mitglied im Freien Deutschen Autorenverband. Ich spüre, dass ich in Lesungen mit meinen Worten die Herzen der Menschen erreichen kann.

DORBRITZ, GERHARD

In seinen einleitenden Worten zu seinem jüngsten Buch „Das hat es auch gegeben" betont Gerhard Dorbritz u. a. folgendes: „Ich schreibe als Zeitzeuge. Dazu gehören, so finde ich, auch Beiträge aus meinem Leben im Dorf, im Krieg, in der Fabrik, in der Verwaltung, aber auch aus der Arbeit auf geistig-kulturellem Gebiet. Ich

hoffe, als Nestor noch die 50. Burgfestwoche 2013 in Bad Belzig zu erleben." Der Unterzeichner dieser Zeilen ist stolz darauf, 1993 die erste Broschüre von Gerhard Dorbritz „Der Roederhof in Belzig" (kein romantisches Anwesen, sondern das Außenlager des KZ Ravensbrück/Sachsenhausen) gedruckt zu haben. Gerhard Dorbritz wurde am 18. Januar 1926 geboren, lebt seit vielen Jahren in Bad Belzig und wurde anlässlich seines 80. Geburtstages als fünfter Ehrenbürger seiner Heimatstadt geehrt. Herzlichen Glückwunsch!
H. F.

FREIBERG, HEINZ

„Wer schreibt, der bleibt!" Wann ich dieses geflügelte Wort zum ersten Mal gehört habe, das weiß ich nicht mehr. Es muss recht früh gewesen sein, denn bereits mit fünfzehn schrieb ich meine Autobiografie unter der Überschrift: „Mein Leben". Das kleinkarierte Heftchen gibt es heute noch. Ich schrieb Liebesbriefe, mein erstes Gedicht, dann ein zweites und drittes. Ich schrieb als vierter Mann beim Skat, als Volkskorrespondent für meine Heimatzeitung in der Lutherstadt Wittenberg, als „Schreibender Arbeiter" in mehreren Zirkeln, als Redakteur für die Betriebszeitung „Elbit Rundblick" und die „Freiheit". Später schrieb ich Artikel für die „Grauen Panther", Leserbriefe für verschiedene Zeitungen, Vor- und Nachworte für Bücher, Liebesgedichte für meine Frau Gerlinde und „Hallo-hier-bin-ich-Gedichte" für meine Enkeltochter Charlotte Luise in Berlin. – Einmal habe ich auch eine Kündigung geschrieben, weil ich nicht mehr schreiben wollte, was ich schreiben sollte.

FÜRST, GERHARD ALBERT

Gebürtiger Bayreuther, Jahrgang 1936. Aufgewachsen in Feuchtwangen, Mittelfranken. Abitur an der Oberrealschule mit Gymnasium in Dinkelsbühl. Seit 1958 in den USA. Studium auf internationaler Ebene. Lehrer für Sozialkunde und Sprachen an der Kalamazoo Central High School, i. R. und Lehrbeauftragter für

Sozialwissenschaft an der Western Michigan University, i. R. Passionierter Weltreisender und vielseitiger Sportler mit vielen Privatinteressen, so unter anderem engagierter zweisprachiger Hobbydichter, Keramiker und aktiver „Internetler". :-)

GEBHARDT, REGINE

Geboren 1944 in Dohna/Pirna (Sachsen), verheiratet, zwei Söhne. Von 1961 bis 1964 Studium in Köthen, Ausbildung zur Grundschullehrerin mit der Fachbetonung Musik. 1968 Studium in Berlin-Pankow, Fachlehrer für Musik an Sekundarschulen. Zehn Jahre Mitglied des Madrigalchores in Dessau. Arbeit mit Schülern an literarisch-musikalischen Events, Frühlings- und Weihnachtskonzerten. Verfassen von Gedichten und Erzählungen mit Schülern. Seit 2007 Mitglied des FDA, Landesverband Sachsen-Anhalt. Ich schreibe mit Vorliebe Lyrik und bin Hobbyfotografin. Zahlreiche Veröffentlichungen u. a. in der „LITERA-TOUR" des FDA sowie in den Anthologien für Vorschul- und Grundschulkinder „Eulenblumen und Pustespiegel" und bei der Edition Freiberg. Mein erster Lyrikband mit eigenen Fotografien ist im Oktober 2010 unter dem Titel „Licht und Schatten" erschienen.

GEILERT, SILKE

Geboren wurde ich 1961 in Karl-Marx-Stadt, wuchs hier auf und studierte Betriebswirtschaft. Im Jahr 1985 heiratete ich und habe inzwischen drei Kinder. Seit einigen Jahren schreibe ich Gedichte und Kurzgeschichten über Menschen, denen ich begegne, und Episoden des Alltags, die mich im Inneren berühren. Ich nehme am schriftstellerischen Schaffen der Schreibwerkstatt „Schreibformat C" im Kraftwerk Chemnitz teil. Meine Texte stelle ich dem Publikum bei Lesungen vor. Sie werden auch in Büchern und Zeitungen veröffentlicht.

HENNING, RAMONA

Ich wurde 1960 in Karl-Marx-Stadt (wieder in Chemnitz umbenannt) geboren und bin als Bürokauffrau in einem renommierten Autohaus tätig. Schriftstellerische Schwerpunkte sind Gedichte und kurze Prosatexte für jeden Anlass. Erste Gedichte von mir wurden 2008 in der „Autorenwerkstatt" des R. G. Fischer Verlages, Frankfurt am Main, veröffentlicht. 2009 und 2010 erschienen weitere Texte in den Anthologien „Die Gedanken sind frei" und „Man braucht nur eine Insel" beim Verlag Edition Freiberg, Dresden.

HINTZ, MARION

geborene Göckel, am 07. Mai 1962 in Bad Liebenstein/Thüringen zur Welt gekommen. 1981 Umzug nach Neukirchen bei Freiberg in Sachsen und Gründung einer Familie, verheiratet, zwei Söhne. Erste Schreibversuche mit Gedichten. 2007 Veröffentlichung des Romans „Feuer über Australien" beim Projekte Verlag Halle/Saale. Zwei Jahre später Veröffentlichung des Fortsetzungsromans „Das Geheimnis des blauen Opals" bei der Edition Freiberg Dresden. Im Dezember 2010 erschien dort ein stark limitiertes, „handgemachtes" Buch unter dem Titel „Sündiges Verlangen".

KEIL, ROSEMARIE

1951 in Freiberg/Sachsen geboren; Studium der Chemie und Mathematik in Dresden; Tätigkeit als Lehrerin, Programmiererin, Leiterin Qualitätskontrolle, Sachbearbeiterin einer Krankenkasse; jetzt im Vorruhestand; verheiratet, eine Tochter; Veröffentlichungen: „Ende eines Sommers. Abschied von Ostpreußen" – Eine Reiseerzählung, Freiberg 2003, sowie in Zeitschriften, Anthologien und in Publikationen der Ostpreußischen Landsmannschaft; Mitglied der Autorengemeinschaft WORT e.V. Freiberg/Sachsen.

KLEMM, SIGRID

Im Kriegswinter 1941 in Chemnitz geboren. Kinderjahre oft auf dem Land verbracht. Grundschule, Berufsschule, gelernte Möbelfachverkäuferin. Der Berufswunsch Porzellanmalerin blieb leider eine Vision. Zweitberuf im Fach Fernmeldetechnik, tätig im Post- und Fernmeldewesen, später bei der Telekom. Vorruhestand mit 55, Zeit für Kreativität. Geschieden, drei Kinder. Mein zweites Leben widme ich meinem Mann und den beiden Hobbys Malen und Schreiben. Bereits 1957 erste Volkshochschulkurse im Zeichnen und Malen, weitere Malkurse in der Folge. Eigene Ausstellungen und Beteiligungen an Gemeinschaftspräsentationen. Aktiv tätig im Malzirkel „Farbe und Gefühl". Erste Texte (Gedichte und Kurzgeschichten) wurden in verschiedenen Anthologien und in einem eigenen Buch veröffentlicht. Seit 2005 Mitglied im „1. Chemnitzer Autorenverein" e.V. und in der Schreibwerkstatt „Schreibformat C".

KLIGGE, HEIDRUN

Geboren am 25. Dezember 1958 in Dessau. Wuchs in der Dessauer Fichtenbreite 87 auf. Nach dem Abschluss der 10. Klasse an der POS III in Ziebigk absolvierte sie eine Lehre als Finanzkaufmann bei der Stadtsparkasse Dessau und arbeitete dort bis 2004 unter anderem als Filialleiterin in der Betriebsfiliale Elmo. Das Schreiben machte sie schon als Schulkind zu ihrem Hobby. Mit 12 Jahren ging sie in den Schülerzirkel unter Leitung von Erich Trittig. Von 1973 – 1992 war sie Mitglied im Zirkel „Schreibender Arbeiter" des VEB ABUS Dessau, seit 1993 ist sie im Zirkel „Prosa und Lyrik" bei der Dessauer Schriftstellerin Ursula Hörig und seit 2006 Mitglied im FDA, Landesverband Sachsen-Anhalt. Sie schreibt Prosa und Lyrik. Heidrun Kligge ist seit 1981 verheiratet und hat zwei Töchter. In Kleinkühnau, einem Ortsteil von Dessau-Roßlau, ist sie ehrenamtlich tätig, so u. a. im Heimatverein und als Ortschronistin. Veröffentlichungen in verschiedenen Zeitungen und

Anthologien, Preis beim „ND"-Wettbewerb „Mein 1989". Im Eigenverlag hat sie 2004 das Buch „Lebenszeichen", 2008 das Hörbuch „Lebensträume" und 2011 „Die Sparigs – eine Familie aus Merseburg" herausgegeben.

KOČÍ, GERDA

In Dresden geboren, ausgebombt, unter den Trümmern hervorgezogen. Vater in Russland gefallen. Schule (wie üblich) 10 Jahre. Säuglingsschwester; zwischenzeitlich aber auch tätig in einer Kinderkrippe, bei der Blutspende und im ambulanten Pflegedienst. Vier Kinder, drei Enkelkinder, die die „Trabioma" erfanden. Seit dem Rentenalter endlich Zeit zum Schreiben! Mitglied der Schreibwerkstatt „Schreibstrahl" Dresden. Veröffentlichungen in der Anthologie „Plattengeflüster". Anmerkung des Verlegers: Gerda Kočí hat nachdenkliche, tiefe Gedichte und Kurzgeschichten geschrieben. Sie kann aber auch ganz anders und hat wunderbare, humorvolle Gedichte in sächsischem Dialekt verfasst, die sie bei jeder sich bietenden Möglichkeit in der Öffentlichkeit selbst vorträgt. Anfang des Jahres erschien im Diskurs Verlag Dresden ihr Debütband unter dem Titel „Trabioma Querbeet" mit einer CD in sächsischer Mundart.

KOTT, CHARLOTT RUTH

1937 geboren in Leipzig. Ausbildung zur Schriftsetzerin an der Gutenbergschule Leipzig. Seit 1954 in Braunschweig. 1981 bis 1985 Gaststudium an der HBK Braunschweig, bei Prof. Peter Voigt und Peter Sorge. Stipendium des Landes Niedersachsen für die Internationale Sommerakademie in Salzburg, bei Arik Brauer und für ein Studium in Frankreich. Bis 2004 Mitglied der GEDOK Niedersachsen, Gruppe Bildende Kunst und Literatur. Seit 1991 Mitglied im Verein Artistique International Séguret. Mitglied im IGBK und seit 2004 im Bund Bildender Künstler Braunschweig. Arbeitet als freie Malerin und Bildhauerin in Braunschweig. Zahlreiche Einzel-

und Gruppenausstellungen im In- und Ausland. Publikationen in Katalogen, Anthologien und Zeitschriften. Mehrere eigene Buchveröffentlichungen, so beispielsweise „Bleiläuse", 2010 bei BoD Norderstedt. Illustratorin des Gedichtbandes von Erich Krause, „Die Bekehrung der Diebe oder die Macht der Liebe", Engelsdorfer Verlag, 2010.

KOTT, KARL-HEINZ †

Karl-Heinz Kott wurde 1955 in Braunschweig geboren und arbeitete viele Jahre lang als gelernter Offsetdrucker in der bekannten Firma Westermann. Er schrieb Gedichte und Kurzgeschichten. Am 31. Oktober 2010 wurde er von seinem schweren Leiden erlöst. Charlott Ruth Kott hat ihrem Sohn mit einem Dialog und literarischen „Fundstücken" ein Denkmal gesetzt.

KRAUSE, ERICH

1929: Geburt in Baden bei Wien · 1929 bis 1943: Beginn der „Weltreise" von Österreich in die Tschechische Republik, die Südafrikanische Union und zurück in das Sudentenland · 1945: Letzter Einzug zum Kriegseinsatz · 1945 bis 1946: In tschechischer Gefangenschaft · 1946: Aussiedlung von Einsiedel nach Mittweida · 1946 bis 1947: Weber in einer Baumwollweberei · 1947 bis 1949: Bauschlosserlehre in Mittweida · 1949 bis 1952: Besuch der ABF (Arbeiter-und-Bauern-Fakultät) in Leipzig · 1952 bis 1959: Studium an der Technischen Hochschule Dresden mit Abschluss als Diplom-Ingenieur · 1959 bis 1973: Verschiedene Funktionen im VEB Chemische Werke Buna, Schkopau, u. a. als Direktor für Technik und Investitionen · 1973 bis 1990: Technischer Direktor im Plastwerk Ammendorf · Ab 1990: Vorruhe, Rentner und ehrenamtliche Tätigkeit · Seit 2004: Verstärkte literarische und publizistische Aktivitäten, Veröffentlichung von zwei Büchern im Projekte Verlag Halle/Saale, einen Gedichtband im Engelsdorfer Verlag Leipzig sowie zahlreicher populärwissenschaftlicher Beiträge zum Stand der Kernfusion und der Energiesicherung in der heutigen Welt.

KRIEGLER, HARALD

1945 in Ketzelsdorf (Sudetenland) geboren. 1946 Aussiedlung nach Bitterfeld (Sachsen-Anhalt). Nach Besuch der Polytechnischen Oberschule Ausbildung zum Schriftsetzer. Nach Grundwehrdienst zwei abgebrochene Studiengänge. Ab 1970 als Arbeitsvorbereiter in einer Druckerei tätig. Ab 1974 Veröffentlichung von Aphorismen und Kurzprosa in der Satirezeitschrift „Eulenspiegel", Tageszeitungen und in Anthologien (Mitteldeutscher Verlag). Ab 1990 Veröffentlichungen von „Gedankensplittern" in der „Hannoverschen Allgemeinen Zeitung", satirischen Gedichten, Limericks und Kurzgeschichten im Magazin „Nebelspalter" (Schweiz), in diversen Anthologien und in Publikationen im Eigenverlag.

KULB, HEINZ

Geboren am 28. Mai 1951 in der Lutherstadt Wittenberg, nahm er eine für damalige Verhältnisse typische Entwicklung: Abschluss der 10. Klasse, Berufsausbildung Chemielaborant, Abitur an der Volkshochschule, Studium der Kultur- und Kunstwissenschaften mit Diplomabschluss an der Humboldt-Universität Berlin. Nach der Wende war er langjährig Journalist und Redakteur im privaten Hörfunk und Fernsehen. Seit 2005 ist er freiberuflich als Dozent und Journalist tätig. Seine Schreibversuche gehen bis in seine Kindheit zurück. Erst jetzt fasste er den Entschluss, Texte auch zu veröffentlichen bzw. öffentlich zu präsentieren.

KUNDE, TINA (DANILINA)

Die Autorin wurde im Ural geboren. Sie ist Diplomtechnologin für Leichtindustrie und zudem studierte Volkswirtschaftlerin. Als Verantwortliche für das Sachgebiet Arbeitsrecht hat sie in einem der Dresdner Forschungsinstitute der AdW der DDR, später als Bibliothekarin und Übersetzerin gearbeitet. Seit 1971 lebt sie in Dresden. Im Jahre 2003 erschien ihr erster Gedichtband „Gestern, heute, morgen ...". Im Jahr darauf folgte der zweite „Du und Ich" und 2005: „Wirrwarr der Gefühle", „Mit Dir" sowie „Ohne Dich". Tina Kunde ist Mitglied des Verbandes deutscher Schriftsteller (VS).

LANGE, MARION

Wohnhaft im Ersten deutschen Buchdorf Mühlbeck-Friedersdorf. Neue Anschrift: 06774 Muldestausee, Ortsteil Mühlbeck, Karl-Marx-Straße 2a. Geboren am 17. September 1961 in Wolfen. Erlernter Beruf: Facharbeiter für Schreibtechnik; jetzige Tätigkeit: Verwaltungsfachangestellte in der kommunalen Verwaltung; Weiterbildung: Erfolgreicher Abschluss der „Schule des Schreibens" an der Axel Anderson Akademie in Hamburg. Veröffentlichte Werke: 2006 „Der erfüllte Traum"; 2007 „Die Reise ins Heimatdorf", „Ein Schiff wird kommen" und „Kochen und Backen mit Marion Lange"; 2008 „Micky Möwe auf Entdeckungsreise"; 2009 „Die Wiesenzwerge und der Schatz vom Goitzschesee"; 2010 „Ausgesetzt"; 2011 „Die Hunde Paula und Fritz begegnen Schweinchen Lilly im Ostseebad Zinnowitz". Dabei handelt es sich vorwiegend um Kurzgeschichten und Kinderbücher. Zusatz des Verlegers: Marion Lange organisierte die jährlichen Goitzschetreffen der Literaturfreunde 2011 bereits zum 3. Mal mit großem Erfolg.

LINDNER, EVA

Geboren 1958 in Burgstädt, als Schüler im Buchklub der Schule, erlernter Beruf Wirtschaftskauffrau, verheiratet, ein Sohn, langjährig tätig als Chefsekretärin, später im Vertriebs- sowie Verlagswesen, seit sieben Jahren selbstständig, unterstütze meine Kunden im Büro, bei der Textgestaltung und Veranstaltungsorganisation. Abgesehen von einigen Geburtstags- und Faschingsreimen in meiner Jugend begann ich 2003, angeregt von Autorinnen des Lyrikfreunde e.V. Mühlau, mit dem Schreiben von Gedichten. Inhaltlich geht es darin vorwiegend um die Gefühlswelt, die Natur und den Alltag.

Ich gehöre zum „harten Kern" der Schreibwerkstatt „Schreibformat C" in Chemnitz. Da ich mich weiterentwickeln will, möchte ich den dortigen Gedankenaustausch und die konstruktive Kritik nicht mehr missen. 2008 veröffentlichte ich meinen ersten eigenen Gedichtband „Roter Mohn". Außerdem sind meine Werke in sechs Büchern des SFC und des Lyrikfreunde e.V. zu finden.

LOMSCHÉ, SIGRID

Geboren am 05. März 1942 in Halle an der Saale. Pädagogikstudium in Leipzig. Von 1962 bis 2003 Lehrerein und Schulleiterin einer Grundschule. Sie arbeitete und verfasste in dieser Zeit Texte für Kinder und gab 2007 eine Broschüre mit Lyrik- und Prosatexten heraus. Arbeiten von ihr erschienen im „GÄSTEMAGAZIN" des Eisenmoorbades im Kurort Bad Schmiedeberg und in der ersten großen Anthologie der Edition Freiberg „Die Gedanken sind frei" im Jahr 2009. Ihre literarische Miniatur unter der Überschrift „Meine Seele bleibt ein Stern" fand bisher guten Absatz. Seit 2006 ist Sigrid Lomsché Mitglied im Freien Deutschen Autorenverband des Landes Sachsen-Anhalt. Im März 2009 wurde sie zur Vorsitzenden ihres Landesverbandes gewählt.

LUTZKE, LEONHARD

Der Autor Leonhard Lutzke, geboren 1928 in Schlesien, erlernte 1942 das Tischlerhandwerk. Er arbeitete später 43 Jahre im Waggonbau Ammendorf Halle in der Montage, davon 23 Jahre als Reparaturglaser auf dem Bauhof. Nebenbei fertigte er in eigener Werkstatt kunstgewerbliche Gegenstände aus Holz. Er wurde 40 Jahre als Volkskunstschaffender anerkannt und erreichte 1975 in einem Wettbewerb im heutigen Sachsen-Anhalt den 1. Preis. Im Jahr 2000 brachte er den ersten Gedichtband „Verliebt in Holz und Lyrik" heraus, 2008 zum 80. Geburtstag, den zweiten unter dem Motto „Ein lyrischer Eintopf" voll illustriert.

MAINZER, GÜNTHER

1931 in einer Arbeiterfamilie geboren · Modelltischerlehre · Abitur an der Arbeiter-und-Bauern-Fakultät Halle/Saale · Studium am Pädagogischen Institut Leningrad · Physikdozent und Studien-Direktor an der ABF II in Halle · Vorsitzender der Universitätsgewerkschaftsleitung an der Martin-Luther-Universität Halle-Wittenberg, im Folgenden kurz MLU genannt · Direktor für Internationale Beziehungen an der MLU · Rentner mit Ehrenamt · Seit Sommer 2004 Vorsitzender des Senioren-Kreativ-Vereins Halle e.V. · Autor des Buches „Wohin – Gedanken zur Zeit", erschienen 2007 im Projekte Verlag Halle/Saale.

MODRACH, SIEGFRIED

1935 in Königsberg/Pr. geboren. Durch den Krieg der Nazis die Heimat verloren und in der DDR wiedergefunden. Nach dem Abitur 1953 Besuch einer Offiziersschule und bis 1990 Offizier der NVA. Als solcher 1960 – 1990 im Militärverlag der DDR tätig. In dieser Zeit Studium der Journalistik und der Militärgeschichte. Nunmehr Rentner. Seit Kindheit male und singe ich gern, und auf der Oberschule fing ich mit Gedichten an. Alle diese für mich mehr oder weniger „brotlosen" Künste sind besonders seit 1989 für mein Leben unverzichtbar geworden. Ich bin Mitglied des „Friedrichshainer Autorenkreises" in Berlin.

NEUGEBAUER, ANNEMARIE

Geboren am 10. Oktober 1925 in Hettstedt, Achtklassenabschluss, 3-jährige Lehre als Großhandelskaufmann, Rentnerin. Mitglied im Zirkel „Schreibender Arbeiter" seit 1974. Schrieb Kindergeschichten für das „Butzemannhaus" (Radio DDR) und zwei Bilderbuchgeschichten für das Fernsehen der DDR. Ab 1975 Mitglied des Schriftstellerverbandes Halle – Arbeitskreis Kinder- und Jugendliteratur. Zirkelleiterin des Zirkels „Schreibender Schüler" Roßlau von 1983 bis 1990. Zahlreiche Veröffentlichungen in früheren Betriebs- und Tageszeitungen sowie in den Anthologien „Rosslauer Prolog", „Rosslauer Burggeschichten", „LITERA-TOUR", „Federkiel", „Die Gedanken sind frei" und „Man braucht nur eine Insel".

NIEBURG, INGEBORG

Geboren am 19.12.1932 in Ohlau/Niederschlesien, geschieden, zwei Söhne. Am 20. Januar 1945 Flucht vor der näher kommenden Front. In einem Dorf bei Marienbad das Kriegsende erlebt. Nach Massenquartier- und Lager-Aufenthalten im November 1946 mit ihrer Mutter in Libbesdorf, Kreis Köthen, eine Bleibe gefunden. Noch auf der Flucht erkrankte im Januar 1946 die ältere Schwester an Tuberkulose und starb im November 1947 in Köthen. 1953 erkrankte sie ebenfalls an Tb, überstand aber die Krankheit. Nach der Schulentlassung (Juli 1947) Arbeit in der Landwirtschaft. Am 1. November 1949 Beginn der Lehre als Maschinenschlosser im damaligen SAG-Betrieb Polysius, später Meisterstudium. Von 1969 – 1972 Ingenieur-Studium (Maschinenbau). 1972 im Abus-„Zirkel schreibender Arbeiter" Gleichgesinnte gefunden. Von da an wurde das Schreiben noch intensiver ihr Wegbegleiter. Lyrik und Prosa in Anthologien und verschiedenen Zeitungen veröffentlicht, darüber hinaus viele Jahre als Volkskorrespondentin tätig.

PIEHLER, RUTH

Die „Graue Pantherin" wurde 1923 geboren, wohnt in Gera und ist immer noch tagtäglich auf den Beinen; ehrenamtlich, das versteht sich bei ihr von selbst. Sie ist eine echte Preußin und verleugnet das nicht. Von Vater und Mutter wurde sie zur Ehrlichkeit, zu Pflichtbewusstsein, Fleiß, Disziplin und Hilfsbereitschaft erzogen. Nach diesen Maximen hat sie stets gelebt – und wer sie auch nur ein bisschen kennt, weiß – das bleibt auch so; selbst in den Stunden schwerster Prüfung. Ruth Pieler arbeitete viele Jahre als selbstständige Damen-Schneidermeisterin, studierte in Weimar und war nach einem Fachschulabschluss als Staatlich geprüfte Modegestalterin tätig. Auf ihre beiden Söhne ist sie sehr stolz. Für ihr gemeinnütziges Engagement wurde sie hoch geehrt. Sie erhielt u. a. das Verdienstkreuz am Bande des Verdienstordens der Bundesrepublik Deutschland. Im Jahr 2006 erschien unter dem Titel „Panther-Herz in Not oder die Rückkehr ins Leben" bei der Edition Freiberg ihr erstes kleines Büchlein, das regional zu einem Bestseller wurde. Ihre Liebesgeschichte unter der Überschrift „Ein Augenblick, gelebt im Paradiese..." ist in ihrer Heimatstadt Gera ein Renner. Die ersten fünf Kapitel der rührenden Geschichte sind in dieser Anthologie abgedruckt.

PÖSGER, M. E.

Geboren in Berlin · Wohnhaft in Wien · Studium der Indologie, Indogermanistik, Tibetologie und Buddhismuskunde, Medizin, Musiktheorie und -wissenschaft · Magister der Philosophie · Universitätsprojekte · Studienaufenthalte in verschiedenen europäischen Städten und Reisen bis nach Indien · Lyrische Texte, Dialoge (Vergangenheitsbewältigung), phantastische Kritik mit Besinnung auf unsere kulturellen und demokratischen Werte · Klavier-Supervision bei Wolfgang Saschowa · Konzertante Aufführungen durch Zusammenwirken von Text und Musik unter der Überschrift „Literarische Musik".

PUHLMANN, ANNI

1943 in Tilsit/Ostpreußen geboren · aufgewachsen im Thüringer Wald · Lehrerstudium in Weimar und Leipzig · seit 1964 wohnhaft im Landkreis Wittenberg · einige Jahre Volkskorrespondentin der regionalen Tageszeitung · Mitglied des Zirkels „Schreibender Arbeiter" (Leitung: Heinz Freiberg) · Diplomlehrerin · verheiratet, 2 Söhne, 4 Enkel · Leitung eines Zirkels „Schreibender Schüler" und Gestaltung von Kulturprogrammen mit teilweise eigenen Texten und Choreografien · seit 2004 im Ruhestand · Honorardozentin an der Kreisvolkshochschule (Englisch für Senioren) · Tierschützerin und Hobbyschreiberin.

RICHTER, VERA

Die im Jahre 1940 geborene Autorin arbeitete 33 Jahre als Angestellte. Sie begann vor mehr als zwanzig Jahren damit, in ihrer Freizeit heiter-satirische Kurzgeschichten zu schreiben, in deren Mittelpunkt kritikwürdige Verhältnisse und Personen stehen. Diese wurden bis zur Wende in einer Berliner Wochenzeitschrift und nach der Wende in Zeitungen und Zeitschriften veröffentlicht. Mit einer Glosse machte sie in einer in mehreren europäischen Ländern erscheinenden Frauenzeitschrift auf sich aufmerksam. Im Dr. Frank-Verlag Gera erschien 2006 ihre Erzählung „Mensch, Oma Herta". Die Goethegesellschaft Gera veröffentlichte ihre eingereichten Kurzgeschichten zu bisher drei Schreibwettbewerben in Anthologien.

ROCHNER, WINFRIED

Geboren in Schlesien · wohnhaft in Berlin · verheiratet, zwei Kinder · 1945 Flucht über die Tschechoslowakei nach Sandersdorf bei Bitterfeld · Abgeschlossene Schlosserlehre 1951 · Studium im Maschinenbau mit einem Ingenieurabschluss · Tätig als Anlagenbauer, Konstrukteur, Berufsschullehrer, Hauptabteilungsleiter und Fachdirektor · 1990 bis 2000 Geschäftsführer im Verein „Arbeiten für Behinderte in Berlin" · Aktivitäten in der Bürgerbewegung · Bezirksverordneter „Bündnis 90" · Hobbys: Handwerkliche Arbeiten und klassische Musik.

SCHMIDT, GISELA

In einem telefonischen Blitz-Interview war folgendes zu erfahren: +++ Geboren am 07.02.42 in Gera +++ Besuch der Grundschule +++ Kaufmännische Lehre +++ Besuch der Volkshochschule mit Abschluss Abitur +++ Arbeit als Disponentin +++ Bis zur „Wende" tätig im Institut für Organisation des Gesundheitsschutzes Gera +++ Danach – ohne auch nur einen Tag arbeitslos zu sein – Aufbau des „Studienkreises" Bochum, Außenstelle Gera +++ Dort tätig bis zur Pensionierung +++ Verheiratet mit Dr. med. Siegfried Schmidt, zwei Söhne +++ Lebt in Gera in einem Vier-Generationen-Haus gemeinsam mit ihrer Mutter, ihrem Ehemann, einem Sohn, der Schwiegertochter und zwei Enkelkindern +++

SPIELER, SIEGLIND

Geboren 1934 in Freiberg, Forstarbeiterin, Spielzeughandwerkerin, Fachschule für Bibliothekare „Erich Weinert" Leipzig, Bibliothekarin, langjährige Tätigkeit in der Stadtbücherei Freiberg, fünf Kinder, heute Rentnerin, schreibt seit 1970 Kindheitserinnerungen, Erzählungen und Gedichte, seit 1995 Mitglied der „AG Wort" e.V. Freiberg. Veröffentlichungen: „Einkehr im Augenblick", Gedichte, 2002, Peter Segler Verlag Freiberg; „Gesichter im Zeitfenster", Erzählungen, 2006, Edition Freiberg Dresden, „Tanz im Erdenwind", Gedichte, 2008, Deutscher Lyrikverlag Aachen sowie in Anthologien, Jahrbüchern, Zeitschriften und im Literaturkalender 2010 der Edition Freiberg Dresden.

STRAUSS, JO

Geboren 1935 in Berlin, lebt in der Hauptstadt. Beruf: Werbefachmann bis 1996, jetzt Rentner. Schreibt seit 2000 Prosa und Lyrik. Bisher erschienen fünf Novellen und fünf Gedichtbände sowie Textbeiträge in Anthologien. Editiert seit 2006 im Selbstverlag, koordinierte Zusammenarbeit mit der Heinz-Freiberg-Edition Dresden. Seit 2009 Mitglied im Freien Deutschen Autorenverband, Landesverband Berlin. Präsentation eigener Buchprodukte seit 2006 am Ausstellungsstand der Edition Freiberg zur Leipziger Frühjahrsbuchmesse. Anmerkung des Verlegers: Jo Strauß wird anlässlich des 5. Autoren-Verleger-Treffens am 01. und 02. Oktober

2011 in Mittweida seine erste Personalausstellung mit bildnerischen Werken präsentieren.

UHLIG, SIGRID

Geboren in Königsberg/Ostpreußen · Acht Jahre Grundschule · Zwei Jahre Berufsausbildung zur Postbetriebsfacharbeiterin · Fernstudium mit Abschluss Ing.-Ök. · Habe in der achten Klasse angefangen, Lyrik zu schreiben, bin aber heute ganz weg davon. · 1984 habe ich mich dem Zirkel „Schreibender Arbeiter" angeschlossen. Zirkelleiter war und ist die Schriftstellerin Ursula Hörig. · Wir sind unter dem Namen „Lyrik und Prosa" tätig. · 2006 trat ich in den Freien Deutschen Autorenverband, Landesverband Sachsen-Anhalt, ein. · Aktive Arbeit in der Kinderautoren-Werkstatt „Die Hamster" Dessau · Veröffentlichungen in Anthologien und der regionalen Presse.

WASOW, KIRIL

Geboren 1971 in Freiberg; Lehre zum Elektroniker an der Bergakademie Freiberg, Technikum in Dresden, ab 1995 technischer Angestellter der Stadtwerke Freiberg; Schreibende Beschäftigung hauptsächlich mit Lyrik; Mitglied in der Autorengemeinschaft AG WORT und im Freiberger Kunstverein; November 2005 erstes Buch „Spiegelmond" in Eigenproduktion, zweites Buch „Stammbuchblümchen" bei Edition Freiberg im Januar 2011; Mitgestaltung und Teilnahme an Lesungen, Vernissagen und Performances.

WASOWA, SUSANNE

1959 in Heilbronn geboren und aufgewachsen; künstlerische Erfahrungen und Ausbildung in ihrer Geburtsstadt; aus dem Wunsch Modedesignerin wird bodenständige Schneiderin im Handwerk, ab 1997 Atelierpräsenz in Tuttendorf/Mittelsachsen; Mitglied in der AG WORT Freiberg sowie im Tharandter und Freiberger Kunstverein; Kurztexte in „Freiberger Lesehefte" und „Gedankenfontäne"; Debütband: „Geheimnis Augen-Blick" 2009, LeseVerweilen mit Bildern.

WICHMANN, MONIKA

Geboren in Thüringen, lebt jetzt in Dessau-Roßlau, verheiratet, zwei Töchter, von Beruf Lehrerin. Seit 2006 Mitglied im Freien Deutschen Autorenverband (FDA) – Landesverband Sachsen-Anhalt. Ihr Interesse gilt dem Lesen, Wandern, der Natur und natürlich dem Schreiben, insbesondere von Geschichten, die einen Bezug zu ihrer Vergangenheit und ihrer Liebe zur Heimat und den Menschen haben. Veröffentlichungen in verschiedenen Zeitungen und Anthologien, Teilnahme an Lesungen und Herausgabe einer CD.

Inhaltsverzeichnis Seite

Frontispiz	5
Vorwort des Verlegers	7
Adler, Barbara	8
Albrecht, Matthias	14
Batereau, Thekla	23
Bierawski, Ruth	32
Cheema, Regina	37
Crostewitz, Hannelore	42
Darsen, Reina	47
Deißner, Wilma	49
Deuchler, Rita	62
Dorbritz, Gerhard	68
Freiberg, Heinz	74
Fürst, Gerhard Albert	79
Gebhardt, Regine	86
Geilert, Silke	93
Henning, Ramona	98
Hintz, Marion	105
Keil, Rosemarie	114
Klemm, Sigrid	121
Kligge, Heidrun	128
Kočí, Gerda	138
Kott, Charlott Ruth	144
Kott, Karl-Heinz	151
Krause, Erich	163
Kriegler, Harald	171
Kulb, Heinz	172
Kunde, Tina (Danilina)	180
Lange, Marion	187
Lindner, Eva	191
Lomsché, Sigrid	197

Lutzke, Leonhard	204
Mainzer, Günther	211
Modrach, Siegfried	221
Neugebauer, Annemarie	229
Nieburg, Ingeborg	242
Piehler, Ruth	249
Pösger, M. E.	257
Puhlmann, Anni	267
Richter, Vera	274
Rochner, Winfried	277
Schmidt, Gisela	285
Spieler, Sieglind	288
Strauß, Jo	293
Uhlig, Sigrid	299
Wasow, Kiril	305
Wasowa, Susanne	308
Wichmann, Monika	310
Zu den Autorinnen und Autoren	317
Inhaltsverzeichnis	337